全本全注全译丛书

中华经典名著

檀作文　万　希◎译注

幼学琼林 二

中华書局

卷二

祖孙父子

【题解】

"祖孙父子","祖孙"指祖父和孙子,"父子"指父亲和儿子。祖孙父子(及其配偶),组成中国传统核心家庭,是传统中国最核心的人伦关系。

本篇24联,讲的是祖孙父子称谓及相关成语典故。

何谓五伦? 君臣、父子、兄弟、夫妇、朋友①;何谓九族? 高、曾、祖、考、己身、子、孙、曾、玄②。

始祖,曰鼻祖③;远孙,曰耳孙④。

父子创造,曰肯构肯堂⑤;父子俱贤,曰是父是子⑥。

祖称王父⑦,父曰严君⑧。

【注释】

① 何谓五伦:君臣、父子、兄弟、夫妇、朋友:语本《孟子·滕文公上》:"人之有道也,饱食暖衣,逸居而无教,则近于禽兽,圣人有忧之,使契为司徒,教以人伦:父子有亲,君臣有义,夫妇有别,长

幼有叙,朋友有信。"五伦,古代指君臣、父子、兄弟、夫妇、朋友五种伦理关系。伦,辈分、人伦,指礼教所规定的人与人之间的关系;特指尊卑长幼之间的等级关系。

②何谓九族:高、曾、祖、考、己身、子、孙、曾、玄:语本《尚书·尧典》:"克明俊德,以亲九族。"西汉·孔安国传:"以睦高祖、玄孙之亲。"暨《尔雅·释亲》:"父为考,母为妣。父之考为王父,父之妣为王母。王父之考为曾祖王父,王父之妣为曾祖王母。曾祖王父之考为高祖王父,曾祖王父之妣为高祖王母。……子之子为孙,孙之子为曾孙,曾孙之子为玄孙。"九族,以自己为本位,往上推到第四代是高祖,往下推到第四代是玄孙,自己连同以上所有人,合称为"九族"。高,指高祖。从自己往上推及的第四代祖先,也即祖父的祖父。曾,指曾祖。父亲的祖父。祖,指祖父,即爷爷。考,对已故父亲的称呼。《礼记·曲礼下》:"生曰父曰母曰妻,死曰考曰妣曰嫔。"《公羊传·隐公元年》:"惠公者何? 隐之考也。"东汉·何休注:"生称'父',死称'考'。"古代父亲健在有时也称"考"。《周易·蛊卦》:"干父之蛊,意承考也。"唐·孔颖达疏:"对文,父没称'考';若散而言之,生亦称'考'。"《尔雅·释亲》:"父为'考',母为'妣'。"晋·郭璞注引《尚书》"大伤厥考心""如丧考妣",认为"考"与"妣",均"非死生之异称"。或者,"考"称父,古无死生之异;后世则仅用作父死后之称。己身,自己,自身。曾,指曾孙,即儿子的孙子。玄,指玄孙,即孙子的孙子。

③鼻祖:始祖,有世系可考的最初的祖先。《汉书·扬雄传上》:"有周氏之蝉嫣兮,或鼻祖于汾隅。"唐·颜师古注引西汉·刘德曰:"鼻,始也。"又曰:"雄自言系出周氏而食采于扬,故云始祖于汾隅也。"

④耳孙:远代子孙,也做"仍孙"。《汉书·惠帝纪》:"上造以上及内外公孙耳孙有罪当刑及当为城旦舂者,皆耐为鬼薪白粲。"唐·颜师古注引东汉·应劭曰:"耳孙者,玄孙之子也。言去其曾

高益远,但耳闻之也。"又引东汉·李斐曰:"耳孙,曾孙也。"又引晋·晋灼曰:"耳孙,玄孙之曾孙也。"唐·颜师古注:"耳孙,诸说不同。据《平纪》及《诸侯王表》,说梁孝王玄孙之耳孙。耳,音仍。……据《尔雅》:'曾孙之子为玄孙,玄孙之子为来孙,来孙之子为昆孙,昆孙之子为仍孙。'从己而数,是为八叶,则与晋说相同。'仍''耳'声相近,盖一号也。"按,《类篇·耳部》:"昆孙之子为耳孙。"后多以"耳孙"泛指远代子孙。

⑤父子创造,日肯构肯堂:语本《尚书·大诰》:"若考作室,既底法,厥子乃弗肯堂,矧肯构?"西汉·孔安国传:"以作室喻治政也,父已致法,子乃不肯为堂基,况肯构立屋乎?"好比建房子,父亲已经制定了方案,儿子连堂基墙脚都不肯立,哪里会肯建屋子呢?后因以"肯堂肯构"或"肯构肯堂"比喻子能继承父业。

⑥父子俱贤,日是父是子:语本《法言·孝至》:"石奋、石建,父子之美也。无是父,无是子;无是子,无是父。"汉代扬雄赞美汉武帝时期大臣石奋、石建父子都很贤良,说:没有这样的父亲,就没有这样的儿子;没有这样的儿子,就没有这样的父亲。后遂以"是父是子"谓子肖其父,父子俱贤,

⑦祖称王父:语本《尔雅·释亲》:"父之考为'王父'。"暨《尚书·牧誓》:"昏弃厥遗王父母弟不迪。"唐·孔颖达疏:"《释亲》云'父之考为王父',则王父是祖也。"王父,祖父。《汉书·外戚传下·孝元傅昭仪》:"少傅阎崇以为《春秋》不以父命废王父命。"唐·颜师古注:"王父,谓祖也。"

⑧父曰严君:语本《周易·家人卦》:"家人有严君焉,父母之谓也。"严君,父母之称。又特指父亲。旧谓父严母慈,故多称父为"严父""严君"。晋·潘尼《乘舆箴》:"国事明王,家奉严君。"

【译文】

什么是"五伦"?指君臣、父子、兄弟、夫妇、朋友这五种人伦关系;

什么是"九族"？指高祖父、曾祖父、祖父、父亲、自己、儿子、孙子、曾孙、玄孙。

最早的祖先，称为"鼻祖"；远代的子孙，叫作"耳孙"。

父子共同开创事业，称"肯构肯堂"；父子都很贤德规矩，称"是父是子"。

祖父，又称"王父"；父亲，又叫"严君"。

父母俱存，谓之椿萱并茂[1]；子孙发达，谓之兰桂腾芳[2]。

桥木高而仰，似父之道；梓木低而俯，如子之卑[3]。

不痴不聋，不作阿家阿翁[4]；得亲顺亲，方可为人为子[5]。

盖父愆，名为干蛊[6]；育义子，乃曰螟蛉[7]。

【注释】

[1] 椿萱（chūn xuān）并茂：比喻父母都健在。《庄子·逍遥游》谓大椿长寿，后世因以"椿"称父。《诗经·卫风·伯兮》："焉得谖草，言树之背。"毛传："谖草令人忘忧。背，北堂也。"唐·陆德明释文："谖，本又作'萱'。"谓北堂树萱，可以令人忘忧。古制，北堂为主妇之居室。后因以"萱堂"指母亲的居室，并借以指母亲。谖草，萱草。后世因以萱称母。"椿""萱"连用，代称父母。唐·牟融《送徐浩》诗："知君此去情偏切，堂上椿萱雪满头。"

[2] 兰桂腾芳：比喻子孙显贵发达。《晋书·谢安传》："（谢玄）少颖悟，与从兄朗俱为叔父安所器重。安尝戒约子侄，因曰：'子弟亦何豫人事，而正欲使其佳？'诸人莫有言者。玄答曰：'譬如芝兰玉树，欲使其生于庭阶耳。'"后因以"芝兰玉树"喻优秀子弟。《宋史·窦仪传》："仪学问优博，风度峻整。弟俨、侃、偁、僖，皆相继登科。冯道与禹钧有旧，尝赠诗，有'灵椿一株老，丹桂五枝

芳'之句,缙绅多讽诵之,当时号为'窦氏五龙'。"宋·王应麟
《小学绀珠·氏族·五桂》:"范致君、致明、致虚、致祥、致厚,相
继登第,有五桂堂。"旧称进士登第为"折桂"。宋代窦仪兄弟五
人、范致君兄弟五人皆相继登科,时人誉为"五桂"。故"兰桂齐
芳""兰桂腾芳"喻子孙兴旺发达。腾芳,散发出浓郁的香气。

③"桥木高而仰"四句:语本《尚书大传》:"伯禽与康叔朝于成王,
见乎周公,三见而三笞之。二子有骇色,乃问于商子曰:'吾二
子见于周公,三见而三笞之,何也?'商子曰:'南山之阳有木名
"桥",南山之阴有木名"梓",二子盍往观焉!'于是二子如其言
而往观之,见桥木高而仰,梓木晋而俯。反以告商子。商子曰:
'桥者,父道也;梓者,子道也。'"《文选·任昉〈王文宪集序〉》
唐·李善注亦引。又,西汉·刘向《说苑·建本》:"伯禽与康叔
封朝于成王,见周公,三见而三笞。康叔有骇色,谓伯禽曰:'有
商子者,贤人也,与子见之。'康叔封与伯禽见商子,曰:'某某也,
日吾二子者朝乎成王,见周公,三见而三笞,其说何也?'商子曰:
'二子盍相与观乎南山之阳? 有木焉名曰"桥"。'二子者往观乎
南山之阳,见桥竦焉实而仰,反以告乎商子。商子曰:'桥者,父道
也。'商子曰:'二子盍相与观乎南山之阴? 有木焉名曰"梓"。'
二子者往观乎南山之阴,见梓勃焉实而俯,反以告商子。商子曰:
'梓者,子道也。'二子者明日见乎周公,入门而趋,登堂而跪。周
公拂其首,劳而食之,曰:'安见君子?'二子对曰:'见商子。'周
公曰:'君子哉! 商子也。'"后因称父子为"桥梓(zǐ)"。

④不痴不聋,不作阿家(gū)阿翁:语本唐·赵璘《因话录》卷一:
"郭暧尝与升平公主琴瑟不调,暧骂公主:'倚乃父为天子耶? 我
父嫌天子不作!'公主恚啼,奔车奏之。上曰:'汝不知。他父实
嫌天子不作。使不嫌,社稷岂汝家有也?'因泣下,但命公主还。
尚父拘暧,自诣朝堂待罪。上召而慰之曰:'谚云"不痴不聋,不

作阿家阿翁。"小儿女子闺帏之言,大臣安用听?'锡赍以遣之。尚父杖暧数十而已。"《资治通鉴·唐纪·唐代宗大历二年》:"郭暧尝与升平公主争言,暧曰:'汝倚乃父为天子邪?我父薄天子不为!'公主惠,奔车奏之。上曰:'此非汝所知。彼诚如是,使彼欲为天子,天下岂汝家所有邪?'慰谕令归。子仪闻之,囚暧,入待罪。上曰:'鄙谚有之:"不痴不聋,不作家翁。"儿女子闺房之言,何足听也!'子仪归,杖暧数十。"即本之《因话录》。郭子仪的儿子郭暧娶唐代宗的女儿升平公主为妻,夫妻吵架,郭暧说自己的父亲只是懒得做天子而已,公主向唐代宗告状,郭子仪上朝请罪,唐代宗拿谚语"不痴不聋,不作阿家阿翁"安慰郭子仪,让他不要将小夫妻吵架的话放在心上。又,《宋书·庾炳之传》及《南史·庾仲文传》(按,庾炳之,字仲文)载何尚之对宋文帝说:"不痴不聋,不成姑公。"《隋书·长孙平传》及《北史·长孙平传》皆载有人密告大都督邴绍非毁朝政,隋文帝将诛之,长孙平说:"不痴不聋,不作大家翁。"则南北朝时早就有此谚语。不痴不聋,指故意不闻不问。阿家阿翁,指公公婆婆。家,通"姑",丈夫的母亲;翁,丈夫的父亲。

⑤得亲顺亲,方可为人为子:语本《孟子·离娄上》:"天下大悦而将归己,视天下悦而归己犹草芥也,惟舜为然。不得乎亲,不可以为人。不顺乎亲,不可以为子。舜尽事亲之道而瞽瞍厎豫,瞽瞍厎豫而天下化,瞽瞍厎豫而天下之为父子者定,此之谓大孝。"朱子集注:"言舜视天下之归己如草芥,而惟欲得其亲而顺之也。得者,曲为承顺以得其心之悦而已。顺则有以谕之于道,心与之一而未始有违,尤人所难也。为人盖泛言之,为子则愈密矣。"得亲,得到父母的欢心。顺亲,顺从父母的意旨。

⑥盖父愆(qiān),名为干蛊(gàn gǔ):语本《周易·蛊卦》:"干父之蛊。有子,考无咎。厉,终吉。"三国魏·王弼注:"蛊者,有事而

待能之时也。可以有为,其在此时矣。"唐·孔颖达疏:"'蛊者,有事待能之时'者,物既蛊坏,须有事营为,所作之事,非贤能不可。"孔疏另引褚氏云:"蛊者惑也。物既惑乱,终致损坏,当须有事也,有为治理也。故《序卦》云:'蛊者,事也。'"谓物蛊必有事,非谓训蛊为事义当然也。蛊义为惑,不可径训为事。干蛊,即"干父之蛊"。原义为儿子能完成父亲未完成的事业,并能挽回纠正父亲的过失。后世用"干父之蛊",则多指儿子能继承父亲的志向,完成父亲未能完成的事业。盖父愆,挽回父亲的过失。

⑦育义子,乃曰螟蛉(míng líng):语本《诗经·小雅·小宛》:"螟蛉有子,蜾蠃负之。"毛传:"螟蛉,桑虫也。蜾蠃,蒲卢也。负,持也。"郑笺:"蒲卢取桑虫之子,负持而去,煦妪养之,以成其子。"螟蛉是一种绿色小虫,蜾蠃是一种寄生蜂。蜾蠃常捕捉螟蛉存放在窝里,产卵在它们身体里,卵孵化后就拿螟蛉做食物。古人误认为蜾蠃不产子,喂养螟蛉为子,因此用"螟蛉"比喻义子。义子,俗称干儿子,指无血缘关系而被收养的儿子。

【译文】

父母双双健在,喻为"椿萱并茂";子孙事业发达,就说"兰桂腾芳"。

桥木高大,枝条向上,好像父亲的威严仪表;梓木低矮,枝条下垂,如同儿子的谦卑姿态。

不懂装聋作哑,当不好公公婆婆;懂得孝顺讨好父母,才能做好儿子。

继承父亲的事业,挽救父亲的过失,叫作"干蛊";收养的干儿子,称为"螟蛉"。

生子当如孙仲谋,曹操羡孙权之语①;生子须如李亚子,朱温叹存勖之词②。

菽水承欢，贫士养亲之乐③；义方是训，父亲教子之严④。

绍箕裘⑤，子承父业；恢先绪⑥，子振家声⑦。

具庆下，父母皆存⑧；重庆下，祖父俱在⑨。

燕翼诒谋⑩，乃称裕后之祖⑪；克绳祖武⑫，是称象贤之孙⑬。

【注释】

①生子当如孙仲谋，曹操羡孙权之语：语本《三国志·吴书·吴主传》南朝宋·裴松之注。"十八年正月，曹公攻濡须，权与相拒月余。曹公望权军，叹其齐肃，乃退。"南朝宋·裴松之注引《吴历》曰："曹公出濡须，作油船，夜渡洲上。权以水军围取，得三千余人，其没溺者亦数千人。权数挑战，公坚守不出。权乃自来，乘轻船，从濡须口入公军。诸将皆以为是挑战者，欲击之。公曰：'此必孙权欲身见吾军部伍也。'敕军中皆精严，弓弩不得妄发。权行五六里，回还作鼓吹。公见舟船器仗军伍整肃，喟然叹曰：'生子当如孙仲谋，刘景升儿子若豚犬耳。'权为笺与曹公，说：'春水方生，公宜速去。'别纸言：'足下不死，孤不得安。'曹公语诸将曰：'孙权不欺孤。'乃彻军还。"曹操见孙权治军有方，感叹生儿子就要像孙权那样有本事，不能像刘表的儿子那样没出息（只会投降）。孙仲谋，三国时期吴国的开国皇帝吴大帝孙权（182—252），字仲谋，吴郡富春（今浙江富阳）人。东汉末，继其兄孙策据有江东六郡。汉献帝建安十三年（208），联结刘备，大破曹操于赤壁，据有江表。曹丕称帝，册封孙权为吴王。黄武元年（222），孙权在彝陵之战中打败刘备。黄龙元年（229），孙权称帝于武昌，国号吴，旋迁都建业。在位时曾遣船航海，至夷洲（即今台湾）。又在山越地区设郡县，促进江南开发。设农官，行屯田。

但赋役繁重,用刑残酷,人民反抗者多。在帝位二十四年(229—252),卒谥大皇帝。曹操(155—220),字孟德,一名吉利,小名阿瞒,东汉末沛国谯(今安徽亳州)人。曹嵩子。少有权术。年二十举孝廉为郎,迁顿丘令。拜骑都尉,参与镇压黄巾军,迁济南相。汉献帝初平三年(192),任兖州牧,分化诱降黄巾军,编其精锐为青州兵。建安元年(196),迎汉献帝都许,用汉献帝名义发号施令。先后破吕布、袁术、袁绍,逐渐统一北方。建安十三年(208)进位丞相,率军南下,在赤壁为孙权、刘备联军所败。建安十八年(213),封魏公;建安二十一年(216),封魏王。建安二十五年(220)卒,谥曰武王。次年,其子曹丕代汉,追尊其为武皇帝,庙号太祖。曹操是汉末三国之际杰出的政治家、军事家、文学家。用人唯才,抑制豪强,加强集权,兴修水利,以利于社会经济之恢复与发展。精通兵法,著《孙子略解》《兵书接要》等。曹操善诗文,其作品多抒发政治抱负,反映东汉末人民苦难,辞气慷慨。

②生子须如李亚子,朱温叹存勖(xù)之词:语本《旧五代史·唐书·庄宗纪》:"五月辛未朔,晨雾晦暝,帝率亲军伏三垂岗下。诘旦,天复昏雾,进军直抵夹城。……梁军大恐,南向而奔,投戈委甲,喧塞行路,斩万余级,获其将副招讨使符道昭洎大将三百人,刍粟百万。梁招讨使康怀英得百余骑,出天井关而遁。梁祖闻其败也,既惧而叹曰:'生子当如是,李氏不亡矣!吾家诸子乃豚犬尔。'"又,《资治通鉴·后梁纪·梁太祖开平二年》:"五月,辛未朔,晋王伏兵三垂冈下,诘旦大雾,进兵直抵夹寨。……梁兵大溃,南走,招讨使符道昭马倒,为晋人所杀。失亡将校士卒以万计,委弃资粮、器械山积。……康怀贞以百余骑自天井关遁归。帝闻夹寨不守,大惊,既而叹曰:'生子当如李亚子,克用为不亡矣!至如吾儿,豚犬耳!'"唐昭宗天祐五年、后梁开平二年(908),晋王李克用病逝,年仅二十四岁的儿子李存勖继位,亲自率军解潞州之

围,在三垂冈下大破梁军,后梁皇帝朱温感叹生儿子要生像李存
勖那样有本事的。李亚子,即后唐庄宗李存勖(885—926),小字
亚子,沙陀部人,本姓朱耶氏,唐懿宗咸通间赐姓李。晋王李克用
之长子。唐昭宗乾宁后先后遥领隰、汾、晋三州刺史。天祐五年
(908)嗣晋王之位。其后与后梁激战十五年,终灭后梁,建立后
唐。同光元年(923)即皇帝位。在位三年,耽于享乐,宠信伶人,
朝政紊乱,同光四年(926),死于乱中。庙号庄宗。两《五代史》
有本纪。朱温(852—912),小名朱三,宋州砀山(今属安徽)人。
五代后梁太祖。后梁王朝创建者。少孤。初从黄巢为同州防御
使。唐僖宗中和二年(882)降唐,为河中行营招讨副使,赐名"全
忠"。以败黄巢军、破秦宗权、拒李克用诸功,封梁王,累官宣武、宣
义、护国、忠武四镇节度使。天祐元年(904)杀唐昭宗,四年(907)
代唐称帝,建国号梁,史称"后梁"。更名"晃",改元开平,建都
汴州,杀唐哀帝。在位六年,乾化二年(912)为子朱友珪所杀。

③菽(shū)水承欢,贫士养亲之乐:语本《礼记·檀弓下》:"子路
曰:'伤哉贫也。生无以为养,死无以为礼也。'孔子曰:'啜菽饮
水,尽其欢,斯之谓孝。敛手足形,还葬而无椁,称其财。斯之谓
礼。'"东汉·郑玄注:"王云:熬豆而食曰'啜菽'。"唐·孔颖达
疏:"谓使亲尽其欢乐,此之谓孝。""菽"是豆类的总称。啜菽,
指吃豆粥。菽水,指最普通的食物。承欢,博取欢心,特指侍奉
父母。孔子教导子路,哪怕是只能给父母提供最普通的食物,但
只要能让父母快乐,就是尽孝。菽水承欢,后用以比喻虽然贫穷
困窘但仍然尽心孝养父母。贫士,也作"贫仕",指穷士,穷儒生。
养亲,奉养父母。表示奉养父母这一义项的"养",旧读去声。

④义方是训,父亲教子之严:语本《左传·隐公三年》:"(卫)公子州
吁,嬖人之子也,有宠而好兵,公弗禁,庄姜恶之。石碏谏曰:'臣
闻爱子,教之以义方,弗纳于邪。骄、奢、淫、泆,所自邪也。'"卫

庄公宠爱公子州吁太过，老臣石碏谏言爱护孩子，应该教育他正确的规范和道理。后遂以"义方"指教子的正道，或曰"家教"。《三字经》："窦燕山，有义方。教五子，名俱扬。"训，教训，教导。严，儒家倡导教育子弟，应以严为标准。《三字经》："养不教，父之过。教不严，师之堕。"

⑤绍箕裘（jī qiú）：语出《礼记·学记》："良冶之子，必学为裘；良弓之子，必学为箕。"唐·孔颖达疏："积世善冶之家，其子弟见其父兄世业钩铸金铁，使之柔合以补治破器，皆令全好，故此子弟仍能学为袍裘，补续兽皮，片片相合，以至完全也。……善为弓之家，使干角挠屈调和成其弓，故其子弟亦睹其父兄世业，仍学取柳和软挠之成箕也。"良冶、良弓，指善于冶金、造弓的人。意为子弟由于耳濡目染，往往继承父兄之业。后因以"箕裘"比喻祖上的事业。

⑥恢先绪：恢复光大祖先的功业。先绪，祖先的功业。晋·夏侯谌《昆弟诰》："维我后府君侯，祗服哲命，钦明文思，以熙柔我家道，丕隆我先绪。"

⑦家声：家族世代相传的名声。《史记·李将军列传》："单于既得陵，素闻其家声，及战又壮，乃以其女妻陵而贵之。"

⑧具庆下，父母皆存：旧时填写履历，父母俱存者，书"具庆下"。具庆下，指父母都健在。五代·王定保《唐摭言》卷三："宝历年中，杨嗣复相公具庆下，继放两榜。"明·宋濂《〈望云图诗〉序》："人之壮年有大父母、父母俱存而号重庆者矣；下此，则父与母无故而号具庆者矣。"

⑨重庆下，祖父俱在：重庆下，指祖父母与父母俱存。宋·杨万里《题曾景山通判寿衍堂》诗："人家具庆已燕喜，人家重庆更奇伟。"宋·楼钥《跋金花帖子绫本小录》："祖、父俱存者，今曰'重庆'。"

⑩燕翼诒（yí）谋：语本《诗经·大雅·文王有声》："丰水有芑，武王岂不仕。诒厥孙谋，以燕翼子。"毛传："芑，草也。仕，事。燕，

安。翼，敬也。"郑笺："诒，犹传也。孙，顺也。丰水犹以其润泽生草，武王岂不以其功业为事乎？以之为事，故传其所以顺天下之谋，以安其敬事之子孙，谓使行之也。"孔疏："言丰水之傍有芑菜，丰水是无情之物，犹以润泽而生菜为己事，况武王岂不以功业为事乎？言实以功业为事，思得泽及后人，故遗传其所以顺天下之谋，以安敬事之子孙。"歌颂周武王深谋远虑，泽及子孙。后以"燕翼诒谋"谓善为子孙后代谋划。

⑪裕后：遗惠后代，为后代造福。

⑫克绳祖武：语本《诗经·大雅·下武》："昭兹来许，绳其祖武。於万斯年，受天之祐。"朱子集传："来，后世也。许，犹所也。绳，继。武，迹也。言武王之道昭明如此，来世能继其迹，则久荷天禄而不替矣。"后遂以"克绳祖武"比喻能够继承祖先的功业。克，能。绳，继承。祖，祖辈。武，足迹。

⑬象贤：指能够效法先人的贤德。《仪礼·士冠礼》："继世以立诸侯，象贤也。"东汉·郑玄注："象，法也。为子孙能法先祖之贤，故使之继世也。"

【译文】

"生子当如孙仲谋"，这是曹操羡慕孙权才华出众说的话；"生子须如李亚子"，这是朱温赞叹李存勖勇武过人说的话。

"菽水承欢"，指贫穷人家用豆子和清水孝养双亲，也能博取父母的欢心；"义方是训"，指父亲给儿子传授做人的道理，体现了长辈教育的严格。

"绍箕裘"，指儿子继承父亲的志向，如同继承制作箕、裘的手艺；"恢先绪"，指儿子要振兴家族的声望，就必须发扬重建祖先的功业。

"具庆下"，是说父母双双健在；"重庆下"，是说祖父母和父母都健在。

"燕翼诒谋"，用来赞美能够为后代谋划的祖先；"克绳祖武"，用来夸奖能够效法先人贤德的孝子贤孙。

称人有令子^①，曰麟趾呈祥^②；称宦有贤郎^③，曰凤毛济美^④。

弑父自立，隋杨广之天性何存^⑤？杀子媚君，齐易牙之人心奚在^⑥？

分甘以娱目，王羲之弄孙自乐^⑦；问安惟点颔，郭子仪厥孙最多^⑧。

和丸教子，仲郢母之贤^⑨；戏彩娱亲，老莱子之孝^⑩。

毛义捧檄，为亲之存^⑪；伯俞泣杖，因母之老^⑫。

【注释】

①令子：如同说佳儿、贤郎、好儿子。多用于称赞他人之子。《南史·任昉传》："（任昉）四岁诵诗数十篇，八岁能属文，自制《月仪》，辞义甚美。褚彦回尝谓遥曰：'闻卿有令子，相为喜之。所谓百不为多，一不为少。'"

②麟趾呈祥：旧时用于贺人生子。此处指子孙贤能。《诗经·周南·麟之趾》："麟之趾，振振公子，于嗟麟兮。"朱子集传："兴也。……趾，足也。麟之足不践生草、不履生虫。振振，仁厚貌。于嗟，叹辞。文王后妃德修于身，而子孙宗族皆化于善，故诗人以'麟之趾'兴公之子。言麟性仁厚，故其趾亦仁厚。文王后妃仁厚，故其子亦仁厚。"后世遂以"麟趾呈祥"喻子孙贤能、门庭鼎盛。

③宦：官员，官吏。

④凤毛济美：旧时比喻父亲做官，儿子能继承父业。多用于称颂贤良父兄有优秀子弟，比喻后继者能与前人的业绩比肩并发扬光大。清·李宝嘉《官场现形记》第三十四回："你不听见说他们世兄即日也要保道台？真正是凤毛济美，可钦可敬。"凤毛，凤

凰的羽毛。比喻珍贵稀少之物。南北朝人称人子才似其父者为"凤毛"。南朝宋·刘义庆《世说新语·容止》:"王敬伦风姿似父,作侍中,加授桓公公服,从大门入。桓公望之曰:'大奴固自有凤毛。'"《南齐书·谢超宗传》:"谢超宗,陈郡阳夏人也。祖灵运,宋临川内史。父凤,元嘉中坐灵运事,同徙岭南,早卒。超宗元嘉末得还。与慧休道人来往,好学,有文辞,盛得名誉。解褐奉朝请。新安王子鸾,孝武帝宠子,超宗以选补王国常侍。王母殷淑仪卒,超宗作诔奏之,帝大嗟赏,曰:'超宗殊有凤毛,恐灵运复出。'"《北齐书·武成十二王传》:"北平王贞,字仁坚,武成第五子也。沉审宽恕。帝常曰:'此儿得我凤毛。'"济美,语出《左传·文公十八年》:"世济其美,不陨其名。"晋·杜预注:"济,成也。"唐·孔颖达疏:"世济其美,后世承前世之美。"指在以前的基础上使美好的东西发扬光大。

⑤弑(shì)父自立,隋杨广之天性何存:弑父自立,指隋炀帝杨广杀死自己的父亲隋文帝杨坚,登上帝位。此事不见载于《隋书》。《资治通鉴》据《大业略纪》载之。《资治通鉴·隋纪·隋文帝仁寿四年》:"杨素闻之,以白太子,矫诏执述、岩,系大理狱;追东宫兵士帖上台宿卫,门禁出入,并取宇文述、郭衍节度;令右庶子张衡入寝殿侍疾,尽遣后宫出就别室;俄而上崩。故中外颇有异论。"《资治通鉴考异》卷八则详录隋唐·赵毅《大业略纪》及唐·马总《通历》所记隋炀帝弑父事。杨广(569—618),隋朝皇帝。一名英,小字阿麼。隋文帝次子。开皇元年(581)封晋王,八年(588)统军伐陈,历任并州、扬州总管,镇守一方。开皇二十年(600)勾结杨素谗陷其兄杨勇,夺得太子位。仁寿四年(604)乘父病重杀之自立。即位后,好大喜功,屡兴兵戎,穷奢极欲,大兴土木。造西苑,置离宫,开运河沟通海河、黄河、淮河、长江水系;修长城,辟驰道,种种工程所役人民以百万计,致生产严重破

坏，饥馑不绝，民怨沸腾，群雄蜂起。后南巡江都，沉溺酒色，为宇文化及所杀。在位十四年。唐时谥炀皇帝，因而后世又称"隋炀帝"。天性，儒家伦理认为父子之情，乃是天生。

⑥杀子媚君，齐易牙之人心奚（xī）在：语本《史记·齐太公世家》："管仲病，桓公问曰：'群臣谁可相者？'管仲曰：'知臣莫如君。'公曰：'易牙如何？'对曰：'杀子以适君，非人情，不可。'"易牙杀子媚君之事，《吕氏春秋》《韩非子》二书言之最详。《吕氏春秋·先识览·知接》："管仲有疾，桓公往问之，曰：'仲父之疾病矣，将何以教寡人？'管仲曰：'齐鄙人有谚曰："居者无载，行者无埋。"今臣将有远行，胡可以问？'桓公曰：'愿仲父之无让也。'管仲对曰：'愿君之远易牙、竖刀、常之巫、卫公子启方。'公曰：'易牙烹其子以慊寡人，犹尚可疑邪？'管仲对曰：'人之情，非不爱其子也。其子之忍，又将何有于君？'"《韩非子·二柄》："桓公好味，易牙蒸其子首而进之。"《韩非子·十过》："管仲老，不能用事，休居于家，桓公从而问之曰：'仲父家居有病，即不幸而不起，政安迁之？'管仲曰：'臣老矣，不可问也。虽然，臣闻之："知臣莫若君，知子莫若父。"君其试以心决之。'……公曰：'然则易牙何如？'管仲曰：'不可。夫易牙为君主味，君之所未尝食唯人肉耳，易牙蒸其子首而进之，君所知也。人之情莫不爱其子，今蒸其子以为膳于君，其子弗爱，又安能爱君乎！'"《韩非子·难一》："管仲有病，桓公往问之，曰：'仲父病，不幸卒于大命，将奚以告寡人？'管仲曰：'微君言，臣故将谒之。愿君去竖刁，除易牙，远卫公子开方。易牙为君主味，君惟人肉未尝，易牙烝其子首而进之。夫人情莫不爱其子，今弗爱其子，安能爱君？君妒而好内，竖刁自宫以治内，人情莫不爱其身，身且不爱，安能爱君？开方事君十五年，齐、卫之间不容数日行，弃其母久宦不归，其母不爱，安能爱君？臣闻之："矜伪不长，盖虚不久。"愿君去此三子者也。'管仲卒死，而桓

公弗行，及桓公死，虫出尸不葬。"媚君，讨好国君。媚，献媚，讨好。易牙，春秋时期齐国人。又称"狄牙""雍巫"。善烹饪，任雍人（主烹割之官），为齐桓公近臣。相传曾杀其子烹为羹以献齐桓公。管仲曾谏齐桓公远易牙，不听。齐桓公将卒，易牙与竖刁、开方乱齐。奚，何。

⑦分甘以娱目，王羲之弄孙自乐：语本《晋书·王羲之传》所载王羲之与谢万书："顷东游还，修植桑果，今盛敷荣，率诸子，抱弱孙，游观其间，有一味之甘，割而分之，以娱目前。"王羲之写信给谢万，说自己隐居在家，打理果树，有好吃的果实，就分给孙子吃，自娱自乐。分甘，把甘甜好吃的食品分给别人。《后汉书·杨震传》"虽有推燥居湿之勤"唐·李贤注引《孝经援神契》："母之于子也，鞠养殷勤，推燥居湿，绝少分甘。"本谓分享甘美之味，后亦以喻慈爱、友好、关切等。娱目，悦目，养眼。王羲之（303—361，一说321—379），字逸少，东晋琅邪临沂（今山东临沂）人。王导从子，郗鉴婿。起家秘书郎，官至右军将军、会稽内史。世称"王右军"。与王述不和，辞官，居会稽山阴，游山水，修服食，世事五斗米道。工书法，初从卫夫人学。后博采众长，精研体势。草书学张芝，正书学钟繇。一变汉魏质朴书风，创造新体，自成一家。与钟繇并称"钟王"，后世尊为"书圣"。弄孙，逗弄孙子玩儿。《晋书·石季龙传》："但抱子弄孙日为乐耳。"又，多以"含饴弄孙"四字连用。意为含着饴糖逗小孙子，形容老人自娱晚年，不问他事的乐趣。《东观汉记·明德马皇后传》："穰岁之后，惟子之志，吾但当含饴弄孙，不能复知政事。"

⑧问安惟点颔（hàn），郭子仪厥（jué）孙最多：语本《新唐书·郭子仪传》："八子七婿，皆贵显朝廷。诸孙数十，不能尽识，至问安，但颔之而已。"唐朝郭子仪的八个儿子和七个女婿，都是朝廷显贵。孙辈多达数十人，郭子仪认不全，孙子们给郭子仪问安，郭

子仪叫不上名字,只能点头示意。问安,问候尊长起居,问好。点颔,点头。颔,下巴。郭子仪(697—781),唐华州郑县(今陕西华州)人。约唐玄宗开元末中武举科,天宝中累迁朔方节度右兵马使。十四载(755)安禄山反,诏为朔方节度使,率本军东讨。唐肃宗至德元载(756)加兵部尚书,拜相。至德二年为关内、河东副元帅,收复二京,封代国公。乾元元年(758)进中书令。唐代宗宝应元年(762)进封汾阳郡王,出镇绛州。广德元年(763)吐蕃据京师,诏为关内副元帅,率军逐之。其后累镇河中、邠宁等。唐德宗即位,召还朝,赐号尚父,进太尉。建中二年(781)卒,谥忠武。生平见新、旧《唐书》本传。厥,其,他。这里指郭子仪。

⑨和丸教子,仲郢(yǐng)母之贤:语本《新唐书·柳仲郢传》:"仲郢字谕蒙。母韩,即皋女也。善训子,故仲郢幼嗜学,尝和熊胆丸,使夜咀咽以助勤。"唐朝柳仲郢的母亲曾经用熊胆、黄连、苦参合成丸药,让儿子夜读时服用以提神。后用为母亲教子勤学之典。仲郢,即柳仲郢(?—864),字谕蒙,唐京兆华原(今陕西铜川耀州区)人。唐宪宗元和十三年(818)进士,为校书郎,迁谏议大夫。唐宣宗大中末累擢刑部尚书,封河东县男。唐懿宗咸通初出为山南西道节度使。始官京兆,以严为治;出为河南尹,以宽为政。卒于镇。有《柳仲郢集》。

⑩戏彩娱亲,老莱子之孝:老莱子戏彩娱亲故事,广为古代类书征引。《艺文类聚(卷二十)·人部四·孝》引《列女传》曰:"老莱子孝养二亲,行年七十,婴儿自娱,着五色采衣,尝取浆上堂,跌仆,因卧地为小儿啼,或弄乌鸟于亲侧。"《初学记(卷十七)·人部上·孝》引《孝子传》曰:"老莱子至孝,奉二亲。行年七十,着五彩褊襡衣,弄雏鸟于亲侧。"《太平御览(卷四百十三)·人事部五十四·孝中》引师觉授《孝子传》曰:"老莱子者,楚人。行年七十,父母俱存,至孝蒸蒸。常着斑斓之衣,为亲取饮。上堂脚跌,

恐伤父母之心，因僵仆为婴儿啼。孔子曰：'父母老，常言不称老，为其伤老也。若老莱子，可谓不失孺子之心矣。'"戏彩娱亲，穿着彩色的衣服，手舞足蹈，以讨父母欢心。比喻孝养父母。老莱子，春秋末楚国人。隐士。相传事亲孝，年七十尚着五彩衣为儿啼以娱其亲。楚王闻其贤，欲聘之。其妻以为不能为人所制，一起逃往江南。又传著书十五篇，为道家之言，与孔子同时。

⑪毛义捧檄（xí），为亲之存：语本《后汉书·刘赵淳于江刘周赵传》："中兴，庐江毛义少节，家贫，以孝行称。南阳人张奉慕其名，往候之。坐定而府檄适至，以义守令。义奉檄而入，喜动颜色。奉者，志尚士也，心贱之，自恨来，固辞而去。及义母死，去官行服。数辟公府，为县令，进退必以礼。后举贤良，公车征，遂不至。张奉叹曰：'贤者固不可测。往日之喜，乃为亲屈也。斯盖所谓"家贫亲老，不择官而仕"者也。'建初中，章帝下诏褒宠义，赐谷千斛，常以八月长吏问起居，加赐羊酒。寿终于家。"东汉人毛义以孝闻名。张奉去拜访他，刚好州府公文派到，要毛义去任县令，毛义拿到公文，表现出很高兴的样子。张奉因此看不起他。后来母亲死了，毛义毅然辞官。朝廷征辟，谢辞不出。张奉这才知道毛义当初出来做官，不过是为了奉养老母而已，感叹自己知人不深。后以"奉（捧）檄"为为母出仕的典故。毛义，字少节，东汉庐江（今属安徽）人。家贫，以孝行称。为安邑令。及母死，去官行服。后举贤良，公车屡征不至。建初中，汉章帝下诏褒宠，赐谷千斛。亲，父母双亲。此指（毛义的）母亲。

⑫伯俞泣杖，因母之老：语本西汉·刘向《说苑·建本》："伯俞有过，其母笞之，泣。其母曰：'他日笞子，未尝见泣。今泣，何也？'对曰：'他日俞得罪，笞尝痛。今母之力不能使痛，是以泣。'"汉代韩伯俞很孝顺，母亲有时发火用手杖打他。他不加分辨也不啼哭。后来母亲又因故生气，拿起手杖打他，但是由于年高体弱，打

在身上一点儿也不重,韩伯俞却哭了起来。母亲问他这次为什么哭了,韩伯俞回答说:"以前挨打能感到疼痛,这次却不觉得疼,足见母亲年老体弱,所以心里悲哀,才情不自禁地哭泣。"伯俞,亦作"伯瑜"。姓韩,西汉人。著名孝子。刘向《说苑》载有"伯俞泣杖"的典故。

【译文】

称赞人家有好儿子,说"麟趾呈祥";夸奖做官人家有好儿子,说"凤毛济美"。

杀害父亲,自立为帝,隋炀帝杨广天性何存?杀掉儿子,讨好国君,齐国人易牙的人心何在?

把甘美的食物分给孩子以悦目,是说王羲之逗弄孙儿,自娱自乐;晚辈排队问安,只能点头应付,是说郭子仪的孙辈多到认不全。

用熊胆和成药丸,供儿子夜读提神,柳仲郢的母亲真是教子有方;年纪一大把,还穿着彩色衣衫,逗老父老母笑,老莱子真懂孝顺之道。

毛义捧着官府的委任状,面有喜色,是因为母亲健在,可以尽奉养之道;韩伯俞被杖打却感觉不到疼,便悲伤啼哭,是因为母亲日渐衰老。

慈母望子,倚门倚闾①;游子思亲,陟岵陟屺②。

爱无差等,曰兄子如邻子③;分有相同,曰吾翁即若翁④。

长男为主器⑤,令子可克家⑥。

子光前,曰充闾⑦;子过父,曰跨灶⑧。

宁馨、英畏⑨,皆是羡人之儿;国器、掌珠⑩,悉是称人之子。

可爱者子孙之多,若螽斯之蛰蛰⑪;堪羡者后人之盛,如瓜瓞之绵绵⑫。

【注释】

①慈母望子，倚门倚闾（lú）：语本《战国策·齐策六》："王孙贾年十五，事闵王。王出走，失王之处。其母曰：'女朝出而晚来，则吾倚门而望；女暮出而不还，则吾倚闾而望。女今事王，王出走，女不知其处，女尚何归？'"倚门倚闾，指倚在门口、巷口眺望远处。形容父母盼望子女归来的迫切心情。后因以"倚门"或"倚闾"谓父母望子归来之心殷切。闾，古代里巷的门。

②游子思亲，陟（zhì）岵（hù）陟屺（qǐ）：语本《诗经·魏风·陟岵》："陟彼岵兮，瞻望父兮。父曰嗟！予子行役，夙夜无已。上慎旃哉！犹来无止！陟彼屺兮，瞻望母兮。母曰：嗟！予季行役，夙夜无寐。上慎旃哉！犹来无弃！"毛序："《陟岵》，孝子行役，思念父母也。国迫而数侵削，役乎大国，父母兄弟离散，而作是诗也。"毛传："山无草木曰'岵'"，"山有草木曰'屺'"。郑笺："孝子行役，思其父之戒，乃登彼岵山，以遥瞻望其父所在之处。""此又思母之戒，而登屺山而望之也。"后遂以"陟岵陟屺"比喻长期在外服役的人想念父母。游子，离家远游的人。

③爱无差等，曰兄子如邻子：语本《孟子·滕文公上》："夷子曰：'儒者之道，古之人"若保赤子"，此言何谓也？之则以为爱无差等，施由亲始。'徐子以告孟子。孟子曰：'夫夷子信以为人之亲其兄之子为若亲其邻之赤子乎？彼有取尔也。赤子匍匐将入井，非赤子之罪也。'"夷子为战国时墨家学者。爱无差等，墨家主张兼爱，提倡爱他人不应有等级差别。

④分（fèn）有相同，曰吾翁即若翁：语本《史记·项羽本纪》："当此时，彭越数反梁地，绝楚粮食，项王患之。为高俎，置太公其上，告汉王曰：'今不急下，吾烹太公。'汉王曰：'吾与项羽俱北面受命怀王，曰"约为兄弟"，吾翁即若翁，必欲烹而翁，则幸分我一杯羹。'"楚汉相争时，项羽抓住了刘邦的父亲，逼刘邦说你不投降

的话,我把你爹烹杀了,刘邦说你我在怀王面前结为兄弟,我爹就是你爹。分,名分。此指父子名分。

⑤长男为主器:语本《周易·序卦》:"主器者莫若长子,故受之以《震》。"震卦为长子之象。古代国君的长子主宗庙祭器,因以称太子为"主器"。后称人之长子亦为"主器"。

⑥令子可克家:语本《周易·蒙卦》:"纳妇吉,子克家。"唐·孔颖达疏:"子孙能克荷家事,故云'子克家'也。"后遂以"克家"指儿子能承担家事,继承家业。

⑦子光前,曰充闾:语本《晋书·贾充传》:"贾充,字公闾,平阳襄陵人也。父逵,魏豫州刺史、阳里亭侯。逵晚始生充,言后当有充闾之庆,故以为名字焉。"光前,光大前人的功业,功业胜过前人。充闾,指光大门庭。后遂用为贺人生子之词。

⑧跨灶:喻指儿子胜过父亲。一说,马前蹄的空处名叫"灶门","跨灶"本指骏马奔驰时后蹄印反而处在前蹄印之前,引申为儿子胜过父亲。清·高士奇《天禄识馀·跨灶》引《海客日谈》:"马前蹄之上有两空处,名'灶门'。马之良者,后蹄印地之痕,反在前蹄印地之前,故名'跨灶'。言后步趱过前步也。"一说,灶上有釜(与"父"同音),故生子过父者,谓之"跨灶"。

⑨宁馨(xīn):语出《晋书·王衍传》:"衍字夷甫,神情明秀,风姿详雅。总角尝造山涛,涛嗟叹良久,既去,目而送之曰:'何物老妪,生宁馨儿!然误天下苍生者,未必非此人也。'"宁馨,是晋、宋时俗语,"如此""这样"之意。王衍自幼清秀异常,山涛见了他,大发感慨,说是哪个妈妈竟然生出这样好的孩子。后世遂用为对孩子的美称,犹言"好孩子"。英畏:英俊可畏,多用以形容青少年。典出《晋书·桓温传》:"桓温,字元子,宣城太守彝之子也。生未期而太原温峤见之,曰:'此儿有奇骨,可试使啼。'及闻其声,曰:'真英物也!'以峤所赏,故遂名之曰'温'。""英畏"一词,不常见,

但清人文章中还是有的。他本改"英畏"为"英物",实无必要。

⑩国器:国家所需的器材用具,可以治国的人才。新、旧两《唐书》载高郢称赞年幼的张仲方长大后必为"国器",后遂以"国器"为赞誉别人家儿子的美辞。《旧唐书·张九龄传》:"九皋曾孙仲方,少朗秀。为儿童时,父友高郢见而奇之,曰:'此子非常,必为国器,吾获高位,必振发之。'后郢为御史大夫,首请仲方为御史。"《新唐书·张九龄传》:"九龄弟九皋,亦有名,终岭南节度使。其曾孙仲方。仲方,生歧秀,父友高郢见,异之,曰:'是儿必为国器,使吾得位,将振起之。'贞元中,擢进士、宏辞,为集贤校理,以母丧免。会郢拜御史大夫,表为御史。进累仓部员外郎。"掌珠:即掌上明珠。比喻极其珍贵之物。多指极受父母钟爱的儿女。南朝梁·江淹《伤爱子赋》:"曾悯怜之惨悽,痛掌珠之爱子。"唐·白居易《哭崔儿》诗:"掌珠一颗儿三岁,发雪千茎父六旬。"

⑪可爱者子孙之多,若螽(zhōng)斯之蛰蛰(zhé):语本《诗经·周南·螽斯》:"螽斯羽,揖揖兮。宜尔子孙,蛰蛰兮。"毛序:"《螽斯》,后妃子孙众多也。言若螽斯不妒忌,则子孙众多也。"毛传:"蛰蛰,和集也。"后遂以"螽斯之蛰蛰"比喻子孙众多。

⑫堪羡者后人之盛,如瓜瓞(dié)之绵绵:语本《诗经·大雅·绵》:"绵绵瓜瓞,民之初生,自土沮漆。"朱子集传:"绵绵,不绝貌。大曰'瓜',小曰'瓞'。瓜之近本初生常小,其蔓不绝,至末而后大也。"瓜瓞之绵绵,指一根连绵不断的藤上结了许多大大小小的瓜。后遂用作祝颂人子孙昌盛之辞。瓞,小瓜。

【译文】

形容慈母期盼儿子归来,就说"倚门倚闾";形容游子渴望回家尽孝,就说"陟岵陟屺"。

怜爱晚辈,不分亲疏,就说"兄子如邻子";名分相当,如同兄弟,就说"我翁即你翁"。

长子长大后主持祭祀工作，好儿子以后必定能振兴门庭。

儿子有出息，给先人带来荣光，称为"充闾"；儿子的成就超过父亲，叫作"跨灶"。

"宁馨""英畏"，是对别人有好儿子的艳美之语；"国器""掌珠"，都是夸赞别人有好儿子的恭维之词。

子孙众多，让人喜爱，就像"螽斯之蛰蛰"；后代兴旺，令人羡慕，就如"瓜瓞之绵绵"。

兄弟

【题解】

本篇13联，讲的都是和兄弟相关的成语典故。传统中国重视兄弟关系，提倡兄弟之间要相亲相爱、互帮互助，不宜争强斗胜，彼此伤害。

天下无不是底父母①，世间最难得者兄弟②。

须贻同气之光③，毋伤手足之雅④。

玉昆金友⑤，羡兄弟之俱贤；伯埙仲篪⑥，谓声气之相应⑦。

兄弟既翕⑧，谓之花萼相辉⑨；兄弟联芳，谓之棠棣竞秀⑩。

患难相顾，似鹡鸰之在原⑪；手足分离⑫，如雁行之折翼⑬。

【注释】

①天下无不是底父母：语本宋·朱熹《孟子集注·离娄上》引宋·罗从彦（字仲素）语。《孟子集注·离娄上》末章："天下大悦而将归己。视天下悦而归己，犹草芥也。惟舜为然。不得乎亲，不可以为人；不顺乎亲，不可以为子。舜尽事亲之道而瞽瞍厎豫，瞽瞍厎豫而天下化，瞽瞍厎豫而天下之为父子者定，此之谓'大

孝'。"朱注引李氏曰："舜之所以能使瞽瞍厎豫者,尽事亲之道,
其为子职,不见父母之非而已。昔罗仲素语此云:'只为天下无不
是厎父母。'了翁闻而善之曰:'惟如此而后天下之为父子者定。
彼臣弑其君、子弑其父者,常始于见其有不是处耳。'"不是,不
对,不正确。厎,犹"的"。

② 世间最难得者兄弟:语本《北齐书·循吏传·苏琼》:"有百姓乙
普明兄弟争田,积年不断,各相援引,乃至百人。琼召普明兄弟对
众人谕之曰:'天下难得者兄弟,易求者田地,假令得地失兄弟心
如何?'因而下泪,从人莫不洒泣。普明弟兄叩头乞外更思,分异
十年,遂还同住。"

③ 贻(yí):赠送,给予。同气:谓形体各别,气息相通。一般指父
(母)子(女)或兄弟(姊妹)关系。《吕氏春秋·季秋纪·精通》:
"父母之于子也,子之于父母也,一体而两分,同气而异息。"三国
魏·曹植《求自试表》:"而臣敢陈闻于陛下者,诚与国分形同气,
忧患共之者也。"《宋书·傅隆传》:"父子至亲,分形同气。"《梁
书·武陵王纪传》:"友于兄弟,分形共气。"北齐·颜之推《颜氏
家训·兄弟》:"兄弟者,分形连气之人也。"

④ 手足:喻兄弟。西汉·焦赣《易林·益之蒙》:"饮酒醉酣,跳起争
斗,手足纷拏,伯伤仲僵。"唐·李华《吊古战场文》:"谁无兄弟,
如足如手? 谁无夫妇,如宾如友?"雅:美好情谊。

⑤ 玉昆金友:对兄弟的美称。昆、友,均指兄弟。《南史·王铨传》:
"铨虽学业不及弟锡,而孝行齐焉,时人以为铨、锡二王,可谓'玉
昆金友'。"北朝魏·崔鸿《十六国春秋·前凉录·辛攀》:"辛
攀,字怀远,陇西狄道人也。兄鉴旷,弟宝迅,皆以才识著名。秦、
雍为之谚曰:'三龙一门,金友玉昆。'"

⑥ 伯埙(xūn)仲篪(chí):语本《诗经·小雅·何人斯》:"伯氏吹
埙,仲氏吹篪。"毛传:"土曰'埙',竹曰'篪'。"郑笺:"伯仲喻兄

弟也。我与女恩如兄弟,其相应和如埙篪。"伯、仲,均为兄弟排行的次第,"伯"是老大,"仲"是老二。埙,陶土烧制的乐器。篪,竹制的乐器。埙篪合奏,乐音和谐,旧时用来比喻兄弟和睦。

⑦声气之相应:相同的声音互相应和,相同的气味互相融合,指心心相印,息息相关。

⑧兄弟既翕(xī):语出《诗经·小雅·棠棣》:"兄弟既翕,和乐且湛。"毛传:"翕,合也。"

⑨花萼(è)相辉:花朵与花萼相互辉映。比喻兄弟友爱,手足情深。萼,花蒂。唐玄宗曾兴建花萼楼,也叫"花萼相辉之楼",兄弟五人在楼上喝酒听歌。后人便用"花萼"代称兄弟。《旧唐书·睿宗诸子传》:"初,玄宗兄弟圣历初出阁,列第于东都积善坊,五人分院同居,号'五王宅'。大足元年,从幸西京,赐宅于兴庆坊,亦号'五王宅'。及先天之后,兴庆是龙潜旧邸,因以为宫。宪于胜业东南角赐宅,申王捴、岐王范于安兴坊东南赐宅,薛王业于胜业西北角赐宅,邸第相望,环于宫侧。玄宗于兴庆宫西南置楼,西面题曰花萼相辉之楼,南面题曰勤政务本之楼。玄宗时登楼,闻诸王音乐之声,咸召登楼同榻宴谑,或便幸其第,赐金分帛,厚其欢赏。诸王每日于侧门朝见,归宅之后,即奏乐。纵饮,击球斗鸡,或近郊从禽,或别墅追赏,不绝于岁月矣。游践之所,中使相望,以为天子友悌,近古无比,故人无间然。"《新唐书》亦载。

⑩兄弟联芳,谓之棠棣(dì)竞秀:语本《诗经·小雅·常棣》:"常棣之华,鄂不韡韡。凡今之人,莫如兄弟。"毛传:"常棣,棣也。鄂犹鄂鄂然,言外发也。韡韡,光明也。"郑笺:"承华者曰'鄂'。不,当作'柎'。柎,鄂足也。鄂足得华之光明则韡韡然盛兴者,喻弟以敬事兄,兄以荣覆弟,恩义之显亦韡韡然。"联芳,像鲜花一般相依绽放。比喻兄弟都很贤良美善,或荣耀贵显。唐·王维《谢弟缙新授左散骑常侍状》:"不材之木,跗萼联芳。断行之雁,

飞鸣接翼。"棠棣竞秀，比喻兄弟都很贤良。棠棣，树名。即郁李。《诗经·小雅·常棣》篇，是一首申述兄弟应该互相友爱的诗。常棣，也作"棠棣"。后常用以指兄弟。竞秀，竞相开放。

⑪患难相顾，似鹡鸰（jí líng）之在原：语本《诗经·小雅·常棣》："脊令在原，兄弟急难。"毛传："脊令，雝渠也。飞则鸣，行则摇，不能自舍耳。急难，言兄弟之相救于急难。"郑笺："雝渠，水鸟，而今在原，失其常处，则飞则鸣，求其类，天性也，犹兄弟之于急难。"后因以"脊令在原"喻兄弟友爱，急难相顾。相顾，互相照顾，互相照应。北齐·颜之推《颜氏家训·兄弟》："二亲既殁，兄弟相顾，当如形之与影，声之与响。"鹡鸰，又作"脊令"，是一种水鸟。最常见的一种，身体小，头顶黑色，前额纯白色，嘴细长，尾和翅膀都很长，黑色，有白斑，腹部白色。吃昆虫和小鱼等，属受保护鸟类。据传当它在陆地原野上时，会非常不安，并飞行鸣叫寻找同类。古人便用"鹡鸰"来比喻兄弟。

⑫手足分离：喻指兄弟分开。

⑬雁行：《礼记·王制》："父之齿随行，兄之齿雁行，朋友不相逾。"宋元·陈澔集说："父之齿，兄之齿，谓其人年与父等，或与兄等也。随行，随其后也；雁行，并行而稍后也。"后因以比喻兄弟。翼，翅膀。

【译文】

天下没有不正确的父母，世上最难得的是兄弟之情。

兄弟之间，要相互支持，不能相互伤害美好的情谊。

"玉昆金友"，赞誉兄弟之间和睦谦让、德才兼备；"伯埙仲篪"，形容兄弟之间意气相合、亲密知心。

形容兄弟和睦融洽，称"花萼相辉"；比喻兄弟都很出色，说"棠棣竞秀"。

兄弟在患难中彼此关怀照应，好比原本生活在水中的鹡鸰鸟儿突然来到陆地,更加思念牵挂它的同类;兄弟分离,简直就像飞行的雁群中有一只折断了翅膀,跟不上队伍,从此落单。

元方、季方俱盛德,祖太丘称为难弟难兄^①;宋郊、宋祁俱中元,当时人号为大宋小宋^②。

荀氏兄弟,得八龙之佳誉^③;河东伯仲,有三凤之美名^④。

东征破斧,周公大义灭亲^⑤;遇贼争死,赵孝以身代弟^⑥。

【注释】

①元方、季方俱盛德,祖太丘称为难弟难兄:语本南朝宋·刘义庆《世说新语·德行》:"陈元方子长文,有英才,与季方子孝先各论其父功德,争之不能决。咨之太丘。太丘曰:'元方难为兄,季方难为弟。'"南朝梁·刘孝标注:"一作'元方难为弟,季方难为兄'。"陈太丘(陈寔)的两个儿子元方(陈纪)、季方(陈谌)都很优秀。有一次,元方的儿子长文(陈群)和季方的儿子孝先(陈忠)争论谁的父亲更优秀,陈太丘说"元方难为兄,季方难为弟",意思是说兄弟二人都很贤德,难分高下。后遂以"难弟难兄"(或"难兄难弟")指兄弟二人才德俱佳,难分高下。元方,陈纪,字元方,东汉颍川许(今河南许昌)人。陈寔子。与弟陈谌俱以至德称。及遭党锢,发愤著书,号曰《陈子》。党禁解,四府并辟,无所屈就。董卓入洛阳,不得已到京师,累迁尚书令。汉献帝建安初,拜大鸿胪卒。季方,陈谌,字季方,东汉颍川许(今河南许昌)人。陈寔子。与兄陈纪俱以至德称。父子并著高名,时号"三君"。早卒。盛德,语出《周易·系辞上》:"日新之谓'盛德'。"祖太丘,指陈元方、陈季方兄弟的父亲陈寔。祖,即祖父,是相对于元方、季方二人之子而言。太丘,是汉代的县名,治所

在今河南永城西北。陈寔曾担任太丘的地方官,后人称为"陈太丘"。陈寔(104—187),字仲弓,东汉颍川许(今河南许昌)人。少为县吏,有志好学,县令邓邵使受业太学。除太丘长,修德清静,百姓以安。党锢祸起,人多逃避求免,陈寔自请囚禁。遇赦得出。居乡间,累征不就。卒于家,海内往吊者三万余人。谥文范先生。与子纪、谌,并著高名,时号"三君"。

②宋郊、宋祁(qí)俱中元,当时人号为大宋小宋:语本《宋史·宋祁传》:"祁字子京,与兄庠同时举进士,礼部奏祁第一,庠第三。章献太后不欲以弟先兄,乃擢庠第一,而置祁第十。人呼曰'二宋',以大小别之。"后因称兄弟齐名者为"大小宋"。宋郊,宋庠(996—1066),字公序,原名"郊",入仕后改名"庠",宋安州安陆(今湖北安陆)人,后徙开封雍丘(今河南杞县)。宋仁宗天圣二年(1024)进士,初仕襄州通判,召直史馆,历三司户部判官、同修起居注、左正言、翰林学士、参知政事、枢密使,官至同中书门下平章事,深为仁宗亲信。庆历三年(1043)因其子与匪人交结,出知河南府,徙知许州、河阳。不久召回任枢密使,封莒国公。与副使程戡不协,再出知郑州、相州。宋英宗即位,改封郑国公,知亳州,以司空致仕。治平三年(1066)卒,年七十一。谥元宪。宋庠与其弟宋祁均以文学知名,有集四十四卷,已散佚。清四库馆臣从《永乐大典》辑得宋庠诗文,编为《元宪集》四十卷。另著有《国语补音》。事见宋·王圭《华阳集》卷四十八《宋元宪公神道碑》,《宋史》卷二百八十四有传。宋祁(998—1061),字子京,宋安州安陆(今湖北安陆)人,后迁开封雍丘(今河南杞县)。宋庠弟。兄弟齐名,时称"二宋"。宋仁宗天圣二年(1024)进士。累迁太常博士,同知礼仪院,按试新乐,预修《广业记》。历知制诰、翰林学士。任史馆修撰,与欧阳修同修《新唐书》。出知许、亳、成德、定、益等州军,除三司使。《新唐书》成,进工部尚书,拜

翰林学士承旨。卒谥景文。有《宋景文集》《益部方物略记》《笔记》等。其《玉楼春》词"红杏枝头春意闹"一句,广为世人传诵,有"红杏尚书"之号。中元,科举时期称解试(后称"乡试")、省试(后称"会试")、殿试(后称"廷试")第一为解元、会元、状元,合称"三元"。宋·赵昇《朝野类要·举业》:"解试、省试并为魁者,谓之'双元';若又为殿魁者,谓之'三元'。"宋郊(宋庠)、宋祁兄弟为同科进士,礼部本取宋祁第一、宋郊(宋庠)第三;章献太后改为宋郊(宋庠)第一、宋祁第十。兄弟俩皆取中,故称"俱中元"。后世亦以"中元"指考试高中。

③荀氏兄弟,得八龙之佳誉:语本《后汉书·荀淑传》:"荀淑字季和,颍川颍阴人,荀卿十一世孙也。少有高行,博学而不好章句,多为俗儒所非,而州里称其知人。安帝时,征拜郎中,后再迁当涂长。去职还乡里。当世名贤李固、李膺等皆师宗之。及梁太后临朝,有日食地震之变,诏公卿举贤良方正,光禄勋杜乔、少府房植举淑对策,讥刺贵幸,为大将军梁冀所忌,出补朗陵侯相。莅事明理,称为'神君'。顷之,弃官归,闲居养志。产业每增,辄以赡宗族知友。年六十七,建和三年卒。李膺时为尚书,自表师丧。二县皆为立祠。有子八人:俭,绲,靖,焘,汪,爽,肃,专,并有名称,时人谓之'八龙'。"又,《世说新语·德行》:"陈太丘诣荀朗陵,贫俭无仆役,乃使元方将车,季方持杖后从,长文尚小,载着车中。既至,荀使叔慈应门,慈明行酒,余六龙下食。文若亦小,坐着膝前。于时太史奏:'真人东行。'"东汉人荀淑的八个儿子,都很有才华而且贤良孝顺,当时人称为"八龙"。

④河东伯仲,有三凤之美名:语本《旧唐书·薛元敬传》:"元敬,隋选部侍郎迈子也。有文学,少与收及收族兄德音齐名,时人谓之'河东三凤'。收为长离,德音为鸑鷟,元敬以年最小为鹓雏。"《新唐书》亦载。唐朝河东人薛收和侄子薛元敬、族兄薛德音都

以贤德著称,被称为"河东三凤"。伯仲,指兄弟的次第。亦代称兄弟。《诗经·小雅·何人斯》"伯氏吹埙,仲氏吹篪"汉·郑玄笺:"伯仲,喻兄弟也。""河东三凤"中的薛收、薛德音二人为宗族兄弟,薛元敬的父亲薛迈与薛收是兄弟。

⑤东征破斧,周公大义灭亲:语本《诗经·豳风·我斧》:"既破我斧,又缺我斨。周公东征,四国是皇。"毛传:"隋銎曰'斧'。""四国,管、蔡、商、奄也。皇,匡也。"东汉·郑玄笺:"周公既反,摄政,东伐此四国,诛其君罪,正其民人而已。"又,《韩诗外传》卷七:"武王崩,成王幼,周公承文、武之业,履天子之位,听天子之政,征夷狄之乱,诛管、蔡之罪,抱成王而朝诸侯,诛赏制断,无所顾问,威动天地,振恐海内,可谓能武矣。"《史记·周本纪》:"成王少,周初定天下,周公恐诸侯畔周,公乃摄行政当国。管叔、蔡叔群弟疑周公,与武庚作乱,畔周。周公奉成王命,伐诛武庚、管叔,放蔡叔。"西周初年,管叔、蔡叔联合武庚叛乱,周公发兵东征,平乱。东征,指周公发兵东征,平定管、蔡、商、奄四国叛乱一事。破斧,指兵器(战斧)在激烈的战斗中受损。周公,即周公旦,西周王族。姬姓,名旦,亦称"叔旦"。周文王子,周武王弟。辅佐周武王伐纣灭商。武王卒,成王幼,周公摄政。东平武庚、管叔、蔡叔之叛。复营洛邑为东都,作为统治中原的中心。又制定礼乐制度,分封诸侯,使天下臻于大治。成王长,还政于王。周公封国在鲁,因留任中央辅佐成王,而使长子伯禽代为就封,故周公为鲁国始祖。周公卒后,成王赐鲁国天子礼乐以褒其德。后世尊周公为圣贤典范,生平事迹见《史记·鲁周公世家》。大义灭亲,语出《左传·隐公四年》:"州吁未能和其民,厚问定君于石子。石子曰:'王觐为可。'曰:'何以得觐?'曰:'陈桓公方有宠于王,陈、卫方睦,若朝陈使请,必可得也。'厚从州吁如陈。石碏使告于陈曰:'卫国褊小,老夫耄矣,无能为也。此二人者,实弑寡君,

敢即图之。'陈人执之而请莅于卫。九月，卫人使右宰丑莅杀州吁于濮，石碏使其宰獳羊肩莅杀石厚于陈。君子曰：'石碏，纯臣也，恶州吁而厚与焉。"大义灭亲"，其是之谓乎！'"春秋时卫国大夫石碏之子石厚与公子州吁杀卫桓公，而立州吁为君，石碏设计杀州吁、石厚，《左传》赞之为"大义灭亲"。此处指周公在东征战役中平定管、蔡等国的叛乱，并以公理正义为重，诛杀了造反作乱的哥哥管叔鲜和弟弟蔡叔度。"大义灭亲"意指为了维护君臣大义，而牺牲亲属间的私情。

⑥遇贼争死，赵孝以身代弟：语本《后汉书·赵孝传》："及天下乱，人相食。孝弟礼为饿贼所得，孝闻之，即自缚诣贼，曰：'礼久饿羸瘦，不如孝肥饱。'贼大惊，并放之，谓曰：'可且归，更持米糒来。'孝求不能得，复往报贼，愿就亨。众异之，遂不害。"遇贼争死，遇到盗贼，争着去死。赵孝，字长平，两汉之际沛国蕲（今安徽宿州）人。其父赵普，乃王莽朝田禾将军，任其为郎。他每次告假回家，都自己挑担步行。天下大乱时，弟弟赵礼被匪徒抓走，他主动要求代替弟弟受死。匪徒被他感动，将他兄弟二人释放。汉明帝素闻其行，拜谏议大夫，迁长乐卫尉。后告归，卒于家。

【译文】

陈元方、陈季方兄弟品德都很高尚，在太丘担任过地方长官的父亲陈寔称他们是"难弟难兄"；宋郊、宋祁兄弟同科考中进士，被当时的人们称为"大宋小宋"。

荀家八兄弟个个品学兼优，获得"八龙"的盛誉；河东人薛收和族兄薛德音、侄子薛元敬都德才兼备，享有"三凤"的美名。

《诗经》"东征破斧"，写的是周公为了维护公理正义，在东征战争中铁面无私地杀掉了造反作乱的兄弟的故事；"遇贼争死"，说的是东汉赵孝在匪徒面前，争着代替弟弟送死，匪徒反而放了他们的故事。

煮豆燃萁,谓其相害^①;斗粟尺布,讥其不容^②。

兄弟阋墙,即兄弟之斗很^③;天生羽翼,谓兄弟之相亲^④。

姜家大被以同眠^⑤,宋君灼艾而分痛^⑥。

田氏分财,忽瘁庭前之荆树^⑦;夷、齐让国,共采首阳之蕨薇^⑧。

虽曰安宁之日,不如友生;其实凡今之人,莫如兄弟^⑨。

【注释】

①煮豆燃萁(qí),谓其相害:语本南朝宋·刘义庆《世说新语·文学》:"文帝尝令东阿王七步作诗,不成者行大法。应声便为诗曰:'煮豆持作羹,漉菽以为汁。萁在釜下然,豆在釜中泣;本是同根生,相煎何太急?'帝深有惭色。"相传三国时,魏文帝曹丕命令弟弟东阿王曹植在七步之内作诗一首,如作不成就将其处死。曹植才思敏捷,应声吟出《七步诗》。曹丕听后,深感羞愧,最终没有加害曹植。后世遂以"煮豆燃萁"比喻兄弟互相残害。萁,大豆的豆秸,是大豆脱粒后剩下的茎,晒干后可以当柴烧。

②斗粟(dǒu sù)尺布,讥其不容:语本《史记·淮南衡山列传》:"孝文十二年,民有作歌歌淮南厉王曰:'一尺布,尚可缝。一斗粟,尚可舂。兄弟二人不能相容。'上闻之,乃叹曰:'尧、舜放逐骨肉,周公杀管、蔡,天下称圣。何者?不以私害公。天下岂以我为贪淮南王地邪?'乃徙城阳王王淮南故地,而追尊谥淮南王为厉王,置园复如诸侯仪。"西汉时期,汉文帝的弟弟淮南厉王刘长在谋反失败后,被流放到蜀郡,在路上绝食而死。当时流传一首民谣:"一尺布,尚可缝。一斗粟,尚可舂。兄弟二人不能相容。"意思是说,即使一尺布料,也还可以缝制成衣服,大家一起来穿;即使一斗谷粟,也还可以做好了供大家分食,可是天下如此之大,骨肉兄弟居

然反目成仇不能相容。后以"斗粟尺布"讥兄弟不和,不能相容。

③兄弟阋(xì)墙,即兄弟之斗很:语本《诗经·小雅·常棣》:"兄弟阋于墙,外御其务。"毛传:"阋,很也。"郑笺:"御,禁。务,侮也。兄弟虽内阋而外御侮也。"朱子集传:"阋,斗很也。"是说兄弟在家里争吵,遇到外来欺侮时就一致对外。阋墙,兄弟在家里吵架。阋,争吵,争斗。"兄弟阋墙"单用,也比喻内部争斗。斗很,亦作"斗狠"。以狠争胜。指斗殴。《孟子·离娄下》:"好勇斗很,以危父母。"宋·孙奭疏:"好勇暴,好争斗,好顽很,以惊危父母。"

④天生羽翼,谓兄弟之相亲:语本《旧唐书·睿宗诸子传》:"玄宗既笃于昆季,虽有谗言交构其间,而友爱如初。宪尤恭谨畏慎,未曾干议时政及与人交结,玄宗尤加信重之。尝与宪及岐王范等书曰:'昔魏文帝诗云:"西山一何高,高出殊无极。上有两仙童,不饮亦不食。赐我一丸药,光耀有五色。服药四五日,身轻生羽翼。"朕每思服药而求羽翼,何如骨肉兄弟天生之羽翼乎?'"《新唐书》亦载。唐玄宗和同胞兄弟非常友爱,说即便服食仙药能生出羽翼,又哪里比得上同胞兄弟这样天生的羽翼呢?天生羽翼,比喻同胞兄弟与生俱来的骨肉之亲。羽翼,指翅膀,禽鸟赖以飞翔。引申为辅佐、帮助。

⑤姜家大被以同眠:语本《后汉书·姜肱传》:"姜肱字伯淮,彭城广戚人也。家世名族。肱与二弟仲海、季江,俱以孝行著闻。其友爱天至,常共卧起。及各娶妻,兄弟相恋,不能别寝,以系嗣当立,乃递往就室。"唐·李贤注引《谢承书》曰:"肱性笃孝,事继母恪勤。母既年少,又严厉。肱感《恺风》之孝,兄弟同被而寝,不入房室,以慰母心。"东汉人姜肱、姜仲海、姜季江三兄弟感情极好,睡觉同盖一条大被子,后因以"姜被"指兄弟和兄弟之情。

⑥宋君灼(zhuó)艾而分痛:语本《宋史·太祖纪》:"太宗尝病亟,帝往视之,亲为灼艾。太宗觉痛,帝亦取艾自炙。"宋太祖赵匡胤

的弟弟赵匡义（宋太宗）有一次生病，宋太祖去探望他并亲自为他烧艾治病。赵匡义连声喊疼，宋太祖于是将热艾往自己身上灼烧，认为这样做可以感受并分担弟弟的痛苦。宋君，指宋太祖赵匡胤。灼艾，中医疗法之一。燃烧艾绒熏灸人体一定的穴位。艾，是一种多年生草本植物，老叶可制成绒，供艾灸用。

⑦田氏分财，忽瘁（cuì）庭前之荆树：语本《初学记（卷十八）·人部中·离别》引吴均《续齐谐记》曰："京兆人田真，兄弟三人，共分财各居。堂前有一株紫荆，华甚茂，共议破为三，待明截之。忽一夕，树即枯死。真见之，惊谓诸弟曰：'本同株，当分析便憔悴，况人兄弟孔怀，而可离异，是人不如树木也。'兄弟相感更合。"《太平御览》卷四百二十一《人事部》亦引之，而尤详："《续齐谐记》曰：'田真兄弟三人，家巨富，而殊不睦。忽共议分财，金银珍物各以斛量。田业生资平均如一，惟堂前一株紫荆树，花叶美茂，共议欲破为三，人各一分，待明就截之。尔夕，树即枯死状火燃，叶萎枝摧，根茎焦悴。真至，携门而往之，大惊，谓语弟曰："树本同株，闻当分析，所以焦悴，是人不如树木也。"因悲不自胜，便不复解树，树应声，遂更青翠，华色繁美。兄弟相感，更合财产，遂成纯孝之门。真以汉成帝时为太中大夫。'"汉成帝时京兆人田真、田广、田庆三兄弟分家，门前一棵紫荆树一夜之间枯死。田氏兄弟大发感慨，同株的树听说要分开便枯死了，树且有情，何况于人？于是决定不分家。瘁，憔悴，枯槁。荆树，即紫荆，落叶乔木或灌木。叶圆心形，春开红紫色花。供观赏。树皮、木材、根均可入药。

⑧夷、齐让国，共采首阳之蕨（jué）薇：语本《史记·伯夷列传》："伯夷、叔齐，孤竹君之二子也。父欲立叔齐。及父卒，叔齐让伯夷。伯夷曰：'父命也。'遂逃去。叔齐亦不肯立而逃之。国人立其中子。于是伯夷、叔齐闻西伯昌善养老，盍往归焉。及至，西伯卒，

武王载木主，号为文王，东伐纣。伯夷、叔齐叩马而谏曰：'父死不葬，爱及干戈，可谓孝乎？以臣弑君，可谓仁乎？'左右欲兵之。太公曰：'此义人也。'扶而去之。武王已平殷乱，天下宗周，而伯夷、叔齐耻之，义不食周粟，隐于首阳山，采薇而食之。及饿且死，作歌。其辞曰：'登彼西山兮，采其薇矣。以暴易暴兮，不知其非矣。神农、虞、夏忽焉没兮，我安适归矣？于嗟徂兮，命之衰矣！'遂饿死于首阳山。"商朝末年孤竹国国君的长子伯夷和三子叔齐，兄弟相互谦让，不就国君之位。他们认为周武王伐纣是以暴易暴，耻食周粟，隐居于首阳山，采薇而食，最终饿死。伯夷、叔齐是商周之际著名人物，兄弟让国和耻食周粟的故事广为流传，司马迁采前代传说而书之。夷、齐，指伯夷、叔齐，相传为商朝末年孤竹国国君的长子和三子。首阳，山名。相传为伯夷、叔齐采薇隐居处。《论语·季氏》："伯夷、叔齐，饿于首阳之下，民到于今称之。"三国魏·何晏集解引东汉·马融曰："首阳山在河东蒲坂，华山之北，河曲之中。"蒲坂故城，在今山西永济南。

⑨"虽曰安宁之日"四句：语本《诗经·小雅·常棣》："常棣之华，鄂不韡韡。凡今之人，莫如兄弟。……丧乱既平，既安且宁。虽有兄弟，不如友生。"友生，朋友。

【译文】

"煮豆燃萁"，比喻兄弟自相残害；"斗粟尺布"，嘲讽兄弟不能相容。"兄弟阋墙"，是说兄弟吵架斗气；"天生羽翼"，比喻兄弟和睦互助。

姜家兄弟同盖一条大被子睡觉，感情十分深厚；宋太祖拿艾条灼烧自己，分担兄弟的痛楚。

田家三兄弟打算分割家产，院中的紫荆树突然枯萎了；伯夷、叔齐兄弟谦让国君的位置，一起到首阳山过起采摘野菜的隐居生活。

虽说平常无事的时候，兄弟好像不如朋友亲密；其实在现实关系中，朋友不如兄弟可靠。

夫妇

【题解】

本篇19联,讲的都是和夫妻相关的成语典故。古人重视齐家,讲究夫唱妇随,提倡相敬如宾。

孤阴则不生,独阳则不长,故天地配以阴阳[①];男以女为室,女以男为家,故人生偶以夫妇[②]。

阴阳和而后雨泽降,夫妇和而后家道成[③]。

夫谓妻曰拙荆[④],又曰内子[⑤];妻称夫曰藁砧[⑥],又曰良人[⑦]。

贺人娶妻,曰荣谐伉俪[⑧];留物与妻,曰归遗细君[⑨]。

受室[⑩],即是娶妻;纳宠[⑪],谓人娶妾[⑫]。

【注释】

①“孤阴则不生”三句:语本程朱理学。《朱子语类》卷六十五:“如‘乾元资始,坤元资生’,则独阳不生,独阴不成,造化周流,须是并用。”(道夫)《朱子语类》卷九十五:“问:‘“天地万物之理,无独必有对。”对是物也,理安得有对?’曰:‘如高下小大清浊之类,皆是。’曰:‘高下小大清浊,又是物也,如何?’曰:‘有高必有下,有大必有小,皆是理必当如此。如天之生物,不能独阴,必有阳;不能独阳,必有阴;皆是对。这对处,不是理对。其所以有对者,是理合当恁地。’”(淳)中国古人将观察到的各种对立又相联的大自然现象,如天地、日月、昼夜、寒暑、男女、上下等,归纳为“阴”和“阳”两个对立的范畴,并以双方变化的原理来说明世界的运动,由此产生《易》学。程朱理学解《易》,说阴阳,好言“孤阴不生”“独阳不长”。

②"男以女为室"三句：语本《孟子·滕文公下》："丈夫生而愿为之
有室，女子生而愿为之有家。父母之心，人皆有之。"朱子集注：
"男以女为室，女以男为家。"室家，指夫妇。《诗经·周南·桃
夭》："桃之夭夭，灼灼其华。之子于归，宜其室家。"孔疏："《左
传》曰：'女有家，男有室。'室家，谓夫妇也。"朱子集传："室谓夫
妇所居，家谓一门之内。"偶，此处用作动词，为……配偶、配对。

③阴阳和而后雨泽降，夫妇和而后家道成：《诗经·邶风·谷风》：
"习习谷风，以阴以雨。"毛传："兴也。习习，和舒貌。东风谓之
'谷风'。阴阳和而谷风至，夫妇和则室家成，室家成而继嗣生。"
朱子集传："妇人为夫所弃，故作此诗以叙其悲怨之情。言阴阳和
而后雨泽降，如夫妇和而后家道成。"雨泽，雨水。家道，室家之
道，即夫妻之道。又，古人认为降雨是阴阳二气和合的结果。若
阴阳二气不能和合，则不能降雨。《周易·小畜卦》"密云不雨，自
我西郊"，三国魏·王弼注："夫能为雨者，阳上薄阴，阴能固之，
然后烝而为雨。今不能制初九之复道，固九二之牵复，九三更以
不能复为劣也。下方尚往，施岂得行？故密云而不能为雨，尚往
故也。"《周易·小过卦》："六五：密云不雨，自我西郊，公弋取彼
在穴。"王弼注："六得五位，阴之盛也。故密云不雨，至于西郊
也。夫雨者，阴在与上，而阳薄之而不得通，则烝而为雨。今艮止
于下而不交焉，故不雨也。是故小畜尚往而亨，则不雨也；小过阳
不上交，亦不雨也。"

④拙荆（zhuō jīng）：《太平御览》卷七百十八引《列女传》曰："梁鸿
妻孟光，荆钗布裙。"东汉隐士梁鸿的妻子孟光生活俭朴，以荆枝作
钗，粗布为裙。后来人便用"拙荆"谦称自己的妻子，"拙"为谦辞。

⑤内子：原为古代称卿大夫的嫡妻。《左传·僖公二十四年》："（赵
姬）以叔隗为内子，而己下之。"晋·杜预注："卿之嫡妻为内子。"
《国语·楚语上》："司马子期欲以妾为内子，访之左史倚相。"《礼

记·曾子问》："大夫内子有殷事,亦之君所,朝夕否。"东汉·郑
玄注："内子,大夫妻也。"后用作妻子的通称。多用作己妻之称。
唐·权德舆《七夕见与诸孙题乞巧文》诗："外孙争乞巧,内子共
题文。"

⑥藁砧（gǎo zhēn）：农村常用的一种铡草工具。"藁"指稻草,"砧"
指垫在下面的砧板,用铁（铡草刀）铡草。古代处死刑,罪人席藁
伏于砧上,用铁斩之。"铁"谐音"夫",后来妇女便用"藁砧"作
为称呼丈夫的隐语。《玉台新咏·古绝句》："藁砧今何在? 山上
复有山。何当大刀头,破镜飞上天。"

⑦良人：古时女子对丈夫的称呼。《孟子·离娄下》："齐人有一妻一
妾而处室者,其良人出,必餍酒肉而后反。"东汉·赵岐注："良
人,夫也。"

⑧伉俪（kàng lì）：指妻子,配偶。《左传·昭公二年》："晋少姜卒。
公如晋,及河,晋侯使士文伯来辞曰:'非伉俪也,请君无辱。'"
唐·孔颖达疏："言少姜是妾,非敌身对耦之人也。"《国语·周语
中》："今陈侯不念胤续之常,弃其伉俪妃嫔,而帅其卿佐以淫于夏
氏。"三国吴·韦昭注："伉,对也。俪,偶也。"《文选·左思〈咏
史〉》（其七）："买臣因采樵,伉俪不安宅。"唐·张铣注："伉俪,
谓妻也。"

⑨留物与妻,曰归遗（wèi）细君：语本《汉书·东方朔传》："伏日,
诏赐从官肉。大官丞日晏不来,朔独拔剑割肉,谓其同官曰:'伏
日当蚤归,请受赐。'即怀肉去。大官奏之。朔入,上曰:'昨赐
肉,不待诏,以剑割肉而去之,何也?'朔免冠谢。上曰:'先生起
自责也!'朔再拜曰:'朔来! 朔来! 受赐不待诏,何无礼也! 拔
剑割肉,一何壮也! 割之不多,又何廉也! 归遗细君,又何仁也!'
上笑曰:'使先生自责,乃反自誉!'复赐酒一石,肉百斤,归遗细
君。"唐·颜师古注："细君,朔妻之名。一说,细,小也。朔辄自

比于诸侯,谓其妻曰'小君'。"遗,留给,给予,赠送。

⑩受室:娶妻。《左传·桓公六年》:"今以君命奔齐之急,而受室以归,是以师昏也。"室,家室。指妻子。

⑪纳宠:指纳妾。宠,内宠,所宠爱的人。指姬妾。

⑫妾:古代男子在正妻之外另娶的女人。

【译文】

单有"阴"无法繁衍生命,单有"阳"无法养育后代,所以天地万物是由阴、阳配合相联;男人娶女人作为妻室,女人嫁给男人组成家庭,所以人生来就要寻找配偶结为夫妇。

自然界阴阳调和,才能降下雨水;夫妻和睦,才能家庭兴旺。

丈夫称妻子为"拙荆",又称"内子";妻子称丈夫为"藁砧",又称"良人"。

祝贺别人娶妻,说"荣谐伉俪";带东西回家给妻子,称"归遗细君"。

"受室",是说娶妻;"纳宠",是说纳妾。

正妻谓之嫡①,众妾谓之庶②。

称人妻曰尊夫人③,称人妾曰如夫人④。

结发系是初婚⑤,续弦乃是再娶⑥。

妇人重婚,曰再醮⑦;男子无偶,曰鳏居⑧。

如鼓瑟琴,夫妻好合之谓⑨;琴瑟不调⑩,夫妻反目之词⑪。

牝鸡司晨,比妇人之主事⑫;河东狮吼,讥男子之畏妻⑬。

杀妻求将,吴起何其忍心⑭;蒸梨出妻,曾子善全孝道⑮。

张敞为妻画眉,媚态可哂⑯;董氏对夫封发,贞节堪夸⑰。

【注释】

①正妻:旧指嫡妻,相对于妾而言。《韩非子·奸劫弑臣》:"楚庄王

之弟春申君有爱妾曰'余'，春申君之正妻曰'甲'。"嫡（dí）：中国古代宗法制度中指正妻。也指正妻生下的儿子。此处取前义。唐·陆德明释文："嫡，正夫人也。"

②庶（shù）：与"嫡"相对，指妾或妾生的子女。《释名·释亲属》："嫡，敌也，与匹相敌也。庶，摭也，拾摭之也。谓拾摭微陋待遇之也。"

③尊夫人：古时对他人母亲的敬称。明清以来用作对他人之妻的敬称。"尊"为敬辞。唐·韩愈《祭左司李员外太夫人文》："谨以清酌庶羞之奠，敬祭于某县太君郑氏尊夫人之灵。"清·俞樾《茶香室丛钞·尊夫人》："按尊夫人之称，今人以称其妻，不知古人以称其母也。"

④如夫人：原指与夫人地位相同，后用来称妾。《左传·僖公十七年》："齐侯好内，多内宠，内嬖如夫人者六人。长卫姬，生武孟；少卫姬，生惠公；郑姬，生孝公，葛嬴，生昭公；密姬，生懿公；宋华子，生公子雍。"

⑤结发：指初成年结婚的夫妻。特指元配夫妻。《文选·苏武〈诗〉之三》："结发为夫妇，恩爱两不疑。"唐·李善注："结发，始成人也。谓男年二十，女年十五时，取笄冠为义也。《汉书》李广曰：'结发而与匈奴战也。'"

⑥续弦：指妻子死后再娶。古代常以"琴瑟"比喻夫妇，琴瑟有弦，所以称丧妻为"断弦"，再娶为"续弦"。

⑦再醮（jiào）：再次结婚。古代男女婚嫁时，父母为他们举行酌酒祭神的仪式叫"醮"。元明以后专指妇女再嫁。《孔子家语·本命》："（女子）夫死从子，言无再醮之端。"三国魏·王肃注："始嫁言醮礼，无再醮之端，言不改事人也。"

⑧鳏（guān）居：指男子独身无妻室。《孟子·梁惠王下》："老而无妻曰'鳏'，老而无夫曰'寡'，老而无子曰'独'，幼而无父曰'孤'。"

⑨如鼓瑟琴，夫妻好合之谓：语本《诗经·小雅·常棣》："妻子好合，如鼓瑟琴。"郑笺："好合，志意合也。合者，如鼓瑟琴之声相应和也。"朱子集传："言妻子好合如瑟琴之和。"琴与瑟两种乐器一起演奏，声音和谐悦耳，常用来比喻夫妻相处。

⑩琴瑟不调（tiáo）：谓琴瑟合奏时，声音没有调整得和谐。比喻夫妻不和。唐·赵璘《因话录》卷一："郭暧尝与升平公主琴瑟不调。"

⑪夫妻反目：指夫妻不和睦、关系破裂。《周易·小畜卦》："夫妻反目。"唐·孔颖达疏："夫妻乖戾，故反目相视。"唐·李肇《唐国史补》卷下："贞元十二年，驸马王士平与义阳公主反目。"

⑫牝（pìn）鸡司晨，比妇人之主事：语本《尚书·牧誓》："牝鸡无晨。牝鸡之晨，惟家之索。"西汉·孔安国传："喻妇人知外事。雌代雄鸣则家尽，妇夺夫政则国亡。"母鸡早晨打鸣，比喻妇人掌权，这在古代中国社会被认为是不正当、不吉利的事。牝，鸟兽中的雌性。司，掌管。《新唐书·后妃传上·文德长孙皇后》："与帝言，或及天下事，辞曰：'牝鸡司晨，家之穷也，可乎？'"

⑬河东狮吼，讥男子之畏妻：宋·洪迈《容斋三笔·陈季常》："陈慥字季常，公弼之子，居于黄州之岐亭，自称'龙丘先生'，又曰'方山子'。好宾客，喜畜声妓，然其妻柳氏绝凶妒，故东坡有诗云：'龙丘居士亦可怜，谈空说有夜不眠。忽闻河东师子吼，拄杖落手心茫然。'河东师子，指柳氏也。""河东"是柳姓的郡望，暗指陈妻柳氏。师（狮）子吼，佛家以喻威严。陈慥好谈佛，故东坡借佛家语以戏之。后用以比喻妒悍的妻子发怒，并借以嘲笑惧内的人。

⑭杀妻求将，吴起何其忍心：语本《史记·孙子吴起列传》："齐人攻鲁，鲁欲将吴起。吴起取齐女为妻，而鲁疑之。吴起于是欲就名，遂杀其妻，以明不与齐也，鲁卒以为将。将而攻齐，大破之。"战国时齐国讨伐鲁国，鲁国想任用吴起为大将，但担心吴起的妻子是齐国人而犹豫不决。吴起为取得鲁国的信任，杀掉他的妻子，

以表示自己和齐国没有关系。后来便用"杀妻求将"比喻为了追求功名利禄而不惜伤天害理。

⑮蒸梨出妻，曾子善全孝道：语本《孔子家语·七十二弟子解》："参后母遇之无恩，而供养不衰。及其妻以藜烝不熟，因出之。人曰：'非七出也。'参曰：'藜烝，小物耳。吾欲使熟，而不用吾命，况大事乎？'遂出之，终身不取妻。"又，《白虎通·谏诤》："传曰：'曾子去妻，黎蒸不熟。'问曰：'妇有七出，不蒸亦预乎？'曰：'吾闻之也，绝交令可友，弃妻令可嫁也。黎蒸不熟而已，何问其故乎？此为隐之也。'"孔子弟子曾参对后母极为孝顺，其妻给后妈蒸藜没蒸熟，曾参认为妻子不孝顺，于是将她休了。蒸梨，即"蒸藜"。后人用以指代妇人的过失或作出妻的典故时多将"藜"写作"梨"。藜，一年生草本植物，茎直立，嫩叶可吃，俗称"灰条菜"。茎可以做拐杖，称"藜杖"。出妻，休妻。

⑯张敞为妻画眉，媚态可哂（shěn）：语本《汉书·张敞传》："（张敞）又为妇画眉，长安中传张京兆眉怃。有司以奏敞。上问之，对曰：'臣闻闺房之内，夫妇之私，有过于画眉者。'上爱其能，弗备责也。然终不得大位。"张敞（？—前47），字子高，西汉京兆杜陵（今陕西西安）人，原籍河东平阳（今山西临汾）。汉昭帝时，为太仆丞。汉宣帝时，任太中大夫，以违大将军霍光意旨，出为函谷关都尉。后任京兆尹，一日捕得数百人，穷治所犯，市无偷盗。与杨恽友善，恽以坐大逆罪被杀，敞免归。数月，起用为冀州刺史，盗贼屏息。汉元帝欲以为左冯翊，病卒。曾为妻画眉，被劾奏。汉宣帝问之，对以闺房之内，有过于画眉者。帝不之责。媚态，谄媚（此指讨好妻子）的样子。哂，嘲笑。

⑰董氏对夫封发，贞节堪夸：语本《新唐书·列女传·贾直言妻董》："直言坐事，贬岭南，以妻少，乃诀曰：'生死不可期，吾去，可亟嫁，无须也。'董不答，引绳束发，封以帛，使直言署，曰：'非君

手不解。'直言贬二十年乃还,署帛宛然。及汤沐,发堕无余。"唐
朝人贾直言被贬岭南,临行前劝妻子董氏改嫁,但董氏封束发髻、
誓不改嫁。二十年后贾直言归来,董氏的头发仍然封包如故。贞
节,忠贞的节操,礼教所提倡的女子不失身、不改嫁的道德行为。

【译文】

正妻称为"嫡",众妾叫作"庶"。

"尊夫人",是对别人妻子的敬称;"如夫人",是对别人妾的称呼。

初次结婚,称为"结发";妻子死后再娶,叫作"续弦"。

女人再婚,称为"再醮";男人无妻独居,叫作"鳏居"。

"如鼓瑟琴",是比喻夫妻和睦;"琴瑟不调",是形容夫妇翻脸。

"牝鸡司晨",比喻女人掌权;"河东狮吼",嘲笑男人怕老婆。

杀掉妻子以谋取将官之职,吴起怎么能够忍心;因为蔾没蒸熟将妻
子休掉,曾子善于顾全孝道。

张敞为妻子描画眉毛,谄媚的姿态真是好笑;董氏封裹秀发等丈夫
归来,对爱情的忠贞值得夸赞褒扬。

冀郤缺夫妻,相敬如宾①;陈仲子夫妇,灌园食力②。

不弃糟糠,宋弘回光武之语③;举案齐眉,梁鸿配孟光
之贤④。

苏蕙织回文⑤,乐昌分破镜⑥,是夫妇之生离;张瞻炊臼
梦⑦,庄子鼓盆歌⑧,是夫妇之死别。

鲍宣之妻,提瓮出汲,雅得顺从之道⑨;齐御之妻,窥御
激夫,可称内助之贤⑩。

可怪者买臣之妻,因贫求去,不思覆水难收⑪;可丑者
相如之妻,黉夜私奔,但识丝桐有意⑫。

要知:身修而后家齐⑬,夫义自然妇顺⑭。

【注释】

①冀郤（xì）缺夫妻，相敬如宾：语本《左传·僖公三十三年》："初，白季使，过冀，见冀缺耨，其妻饁之。敬，相待如宾。与之归，言诸文公曰：'敬，德之聚也。能敬必有德，德以治民，君请用之。臣闻之，出门如宾，承事如祭，仁之则也。'公曰：'其父有罪，可乎？'对曰：'舜之罪也殛鲧，其举也兴禹。管敬仲，桓之贼也，实相以济。《康诰》曰："父不慈，子不祗，兄不友，弟不共，不相及也。"《诗》曰："采葑采菲，无以下体。"君取节焉可也。'文公以为下军大夫。反自箕，襄公以三命命先且居将中军，以再命命先茅之县赏胥臣曰：'举郤缺，子之功也。'以一命命郤缺为卿，复与之冀。"冀郤缺（？—前597？），即春秋时期晋国上卿郤成子。姬姓，郤氏，名缺，因食邑在冀（山西河津东北），又称"冀缺"。其父郤芮因反对晋文公被杀，采邑冀被剥夺。郤缺躬耕于冀之野，妻子给他送饭，二人夫妇相敬。白季（胥臣）过而见之，以为有德，荐于晋文公。任下军大夫。晋襄公元年（前627），俘白狄君，复予冀为采邑。晋成公六年（前601）代赵盾为中军元帅执政。晋景公时，行和戎策，使众狄归服。卒谥成。相敬如宾，周人重宾主之礼，对待宾客极为恭敬。晋国郤芮躬耕于冀之野，妻子送饭，二人相敬如宾。后遂用作夫妻相互尊重之成语。

②陈仲子夫妇，灌园食力：语本《列女传·楚於陵妻》："楚王闻於陵子终贤，欲以为相，使使者持金百镒，往聘迎之，於陵子终曰：'仆有箕帚之妾，请入与计之。'即入，谓其妻曰：'楚王欲以我为相，遣使者持金来。今日为相，明日结驷连骑，食方丈于前，可乎？'妻曰：'夫子织屦以为食，非与物无治也。左琴右书，乐亦在其中矣。夫结驷连骑，所安不过容膝。食方丈于前，所甘不过一肉。今以容膝之安、一肉之味而怀楚国之忧，其可乎？乱世多害，妾恐先生之不保命也。'于是子终出，谢使者而不许也。遂相与逃，而

为人灌园。君子谓於陵妻为有德行。"战国时陈仲子谢绝楚王礼聘，夫妻灌园，自食其力。陈仲子，又称"陈仲""田仲""於陵仲子"等。本名陈定，字子终，战国时期著名隐士。本为齐国贵族，其兄食禄万钟，以为不义，与妻躬耕于於陵（今山东邹平）。楚王闻其贤，使使往聘，其妻以"乱世多害，恐不保命"相劝，乃辞谢使者，相逃而去，为人灌园。《孟子·滕文公下》载匡章曰："陈仲子岂不诚廉士哉？居於陵，三日不食，耳无闻，目无见也。井上有李，螬食实者过半矣，匍匐往将食之，三咽，然后耳有闻，目有见。"

③ 不弃糟糠（zāo kāng），宋弘回光武之语：语本《后汉书·宋弘传》："时帝姊湖阳公主新寡，帝与共论朝臣，微观其意。主曰：'宋公威容德器，群臣莫及。'帝曰：'方且图之。'后弘被引见，帝令主坐屏风后，因谓弘曰：'谚言"贵易交，富易妻"，人情乎？'弘曰：'臣闻"贫贱之知不可忘，糟糠之妻不下堂"。'帝顾谓主曰：'事不谐矣。'"光武帝刘秀想要大臣宋弘抛弃妻子，改娶他姐姐湖阳公主，宋弘说"贫贱之知不可忘，糟糠之妻不下堂"，一口回绝了。糟糠，原指酒糟、米糠等粗劣食品，是旧时穷人用来充饥的食物。因东汉宋弘以"贫贱之知不可忘，糟糠之妻不下堂"为由，回绝光武帝想让他改娶湖阳公主的意图，后因以"糟糠"称曾共患难的妻子。宋弘（？—40？），字仲子，京兆长安（今陕西西安）人。西汉哀帝平帝间为侍中。新莽时任共工（少府）。光武帝即位，征拜太中大夫。建武二年（26）迁大司空，封宣平侯。所得租俸分赡九族，家无资产，以清行致称。推举贤士三十余人，后多有任公卿者。光武帝曾欲以寡姊湖阳公主妻之，乃以"贫贱之知不可忘，糟糠之妻不下堂"拒之。后以事免归。光武，指东汉开国皇帝光武帝刘秀。刘秀（前6—57），字文叔，南阳蔡阳（今湖北枣阳）人。汉高祖九世孙。王莽末，刘秀起兵春陵，加入绿林军，大破莽兵于昆阳，镇压并收编铜马等农民军。建武元年（25）称

帝,定都洛阳(今属河南)。镇压赤眉军,讨平公孙述、隗嚣等,统一全国。屡诏释放奴婢,免罪徒为庶民,减轻租税徭役,兴修水利,裁并四百余县,精简官吏,朝廷中加重尚书职权,地方上废除掌军权之都尉,加强了中央集权。在位三十三年。

④举案齐眉,梁鸿配孟光之贤:语本《后汉书·逸民传·梁鸿》:"遂至吴,依大家皋伯通,居庑下,为人赁舂。每归,妻为具食,不敢于鸿前仰视,举案齐眉。伯通察而异之,曰:'彼佣能使其妻敬之如此,非凡人也。'乃方舍之于家。鸿潜闭著书十余篇。"清·王先谦集解引清·沈钦韩曰:"举案高至眉,敬之至。"案,古时有脚的托盘,放下来可以当作饭桌。东汉梁鸿的妻子孟光每次给他备饭时,把托盘举得跟眉毛一样高,以示尊敬。后遂以"举案齐眉"泛指夫妻相敬爱。梁鸿,字伯鸾,东汉扶风平陵(今陕西咸阳)人。受业太学,家贫而尚节介,博览无不通。娶孟光为妻,貌丑而贤,共入霸陵山中,以耕织为业。作《五噫之歌》,以讥刺时政,汉章帝使人追捕,逃亡齐鲁,后至吴,为人赁舂,妻为具食,举案齐眉。闭户著书,疾困而卒。孟光,东汉隐士梁鸿之妻,字德曜,东汉扶风平陵(今陕西咸阳)人。夫妻隐居于霸陵山中,以耕织为生。后至吴。梁鸿为佣工,每食时,孟光必举案齐眉,以示敬爱。是古代贤妻的典型。

⑤苏蕙(huì)织回文:语本《晋书·列女传·窦滔妻苏氏》:"窦滔妻苏氏,始平人也,名蕙,字若兰,善属文。滔,苻坚时为秦州刺史,被徙流沙,苏氏思之,织锦为回文旋图诗以赠滔。宛转循环以读之,词甚凄惋,凡八百四十字,文多不录。"苏蕙,字若兰,东晋始平(治在今陕西咸阳西北)人。是东晋十六国时期前秦秦州刺史窦滔的妻子。织回文,苏蕙曾经把回文诗作为图案制成彩锦寄给流放远方的丈夫窦滔。回文,即回文诗,是一种顺着读倒着读都通顺的诗文。如南朝齐·王融《春游回文诗》:"枝分柳塞北,

叶暗榆关东。垂条逐絮转，落蕊散花丛。池莲照晓月，幔锦拂朝风。低吹杂纶羽，薄粉艳妆红。离情隔远道，叹结深闺中。"倒过来读，不仅文字通顺，且押韵，还是一首完整的诗。

⑥乐昌分破镜：语本《本事诗·情感》："陈太子舍人徐德言之妻，后主叔宝之妹，封乐昌公主，才色冠绝。时陈政方乱，德言知不相保，谓其妻曰：'以君之才容，国亡必入权豪之家，斯永绝矣。倘情缘未断，犹冀相见，宜有以信之。'乃破一镜，人执其半，约曰：'他日必以正月望日卖于都市，我当在，即以是日访之。'及陈亡，其妻果入越公杨素之家，宠嬖殊厚。德言流离辛苦，仅能至京，遂以正月望日访于都市。有苍头卖半镜者，大高其价，人皆笑之。德言直引至其居，设食，具言其故，出半镜以合之，仍题诗曰：'镜与人俱去，镜归人不归。无复嫦娥影，空留明月辉。'陈氏得诗，涕泣不食。素知之，怆然改容，即召德言，还其妻，仍厚遗之。闻者无不感叹。仍与德言、陈氏偕饮，令陈氏为诗，曰：'今日何迁次，新官对旧官。笑啼俱不敢，方验作人难。'遂与德言归江南，竟以终老。"南朝时陈国太子舍人徐德言与妻乐昌公主担心亡国后两人分离，便打破一枚铜镜然后各拿一片，后来两人果然失散，但最终凭借各自手中的破镜而重新团聚。后遂以"破镜重圆"比喻夫妻离散或决裂后重又团聚或和好。

⑦张瞻炊臼(jiù)梦：语本唐·段成式《酉阳杂俎·梦》："卜人徐道昇，言江淮有王生者，榜言解梦。贾客张瞻将归，梦炊于臼中。问王生，生言：'君归不见妻矣。臼中炊，固无釜也。'贾客至家，妻果卒已数月，方知王生之言不诬矣。"唐朝商人张瞻梦见用石臼做饭，算卦的王生告诉他说，你见不到妻子了。用石臼做饭表明没有"釜"（古代的一种锅），"无釜"与"无妇"近音，也就是说妻子没了。后来便用"炊臼"比喻丧妻。石臼，用石凿成的舂米谷等物的器具。

⑧庄子鼓盆歌：语本《庄子·至乐》："庄子妻死，惠子吊之，庄子则方箕踞鼓盆而歌。"庄子的妻子死了，惠子去吊唁，看到庄子蹲在地上，敲着盆子唱歌。后以鼓盆之戚谓丧妻之痛。

⑨"鲍宣之妻"三句：语本《后汉书·列女传·鲍宣妻》："勃海鲍宣妻者，桓氏之女也，字少君。宣尝就少君父学，父奇其清苦，故以女妻之，装送资贿甚盛。宣不悦，谓妻曰：'少君生富骄，习美饰，而吾实贫贱，不敢当礼。'妻曰：'大人以先生修德守约，故使贱妾侍执巾栉。即奉承君子，唯命是从。'宣笑曰：'能如是，是吾志也。'妻乃悉归侍御服饰，更着短布裳，与宣共挽鹿车归乡里。拜姑礼毕，提瓮出汲，修行妇道，乡邦称之。"汉代人鲍宣家境贫寒，他老师欣赏他的为人和学识，便将女儿桓少君嫁给他。桓少君也有很高的品德，在鲍家没有大小姐的做派，穿着粗布衣服，提着瓦罐出门提水，做家务很勤快。鲍宣（前30—3），字子都，西汉渤海高城（今河北盐山）人。汉哀帝时为谏议大夫，以直言敢谏闻名。后为豫州牧、司隶校尉。汉平帝时，王莽秉政，鲍宣因事下狱，自杀。瓮（wèng），瓦罐。汲，打水。雅，很，善。

⑩"齐御之妻"三句：语本《史记·管晏列传》："晏子为齐相，出，其御之妻从门间而窥其夫。其夫为相御，拥大盖，策驷马，意气扬扬，甚自得也。既而归，其妻请去。夫问其故。妻曰：'晏子长不满六尺，身相齐国，名显诸侯。今者妾观其出，志念深矣，常有以自下者。今子长八尺，乃为人仆御，然子之意自以为足，妾是以求去也。'其后，夫自抑损。晏子怪而问之，御以实对。晏子荐以为大夫。"又，《列女传·贤明传·齐相御妻》："齐相晏子仆御之妻也。号曰命妇。晏子将出，命妇窥其夫为相御，拥大盖，策驷马，意气洋洋，甚自得也。既归，其妻曰：'宜矣子之卑且贱也。'夫曰：'何也？'妻曰：'晏子长不满三尺，身相齐国，名显诸侯。今者吾从门间观其志气，恂恂自下，思念深矣。今子身长八尺，乃为之

仆御耳，然子之意洋洋若自足者，妾是以去也。'其夫谢曰：'请自改何如？'妻曰：'是怀晏子之智，而加以八尺之长也。夫躬仁义，事明主，其名必扬矣。且吾闻宁荣于义而贱，不虚骄以贵。'于是其夫乃深自责，学道谦逊，常若不足。晏子怪而问其故，具以实对。于是晏子贤其能纳善自改，升诸景公，以为大夫，显其妻以为命妇。"齐国国相晏子车夫的妻子，看见丈夫为晏子驾车时洋洋自得，便激励丈夫发奋图强。丈夫改过后，晏子推荐他做了大夫。御，御者，即马车夫。内助之贤，即贤内助。旧称妻子对丈夫的帮助为"内助"。《三国志·魏书·文德郭皇后传》："在昔帝王之治天下，不惟外辅，亦有内助。"因此称贤德的妻子为"贤内助"。《宋史·后妃传·哲宗昭慈孟皇后》："得贤内助，非细事也。"

⑪"可怪者买臣之妻"三句：语本《汉书·朱买臣传》："朱买臣字翁子，吴人也。家贫，好读书，不治产业，常艾薪樵，卖以给食，担束薪，行且诵书。其妻亦负戴相随，数止买臣毋歌呕道中。买臣愈益疾歌，妻羞之，求去。买臣笑曰：'我年五十当富贵，今已四十余矣。女苦日久，待我富贵报女功。'妻恚怒曰：'如公等，终饿死沟中耳，何能富贵！'买臣不能留，即听去。其后，买臣独行歌道中，负薪墓间。故妻与夫家俱上冢，见买臣饥寒，呼饭饮之。……上拜买臣会稽太守。……会稽闻太守且至，发民除道，县吏并送迎，车百余乘。入吴界，见其故妻、妻夫治道。买臣驻车，呼令后车载其夫妻，到太守舍，置园中，给食之。居一月，妻自经死，买臣乞其夫钱，令葬。"买臣，指朱买臣（？—前115），字翁子，西汉会稽吴（今江苏苏州）人。家贫，好读书，卖薪自给。妻以为羞而离去。后至长安上书。汉武帝时，严助贵幸，荐买臣，为中大夫，后为会稽太守。受诏将兵与横海将军韩说等击破东越，有功，入为主爵都尉，后为丞相长史。朱买臣与张汤素有怨，及张汤行丞相事，故陵折买臣，遂告汤阴事，汤自杀，帝亦诛买臣。覆水难收，语出

《后汉书·窦何传》："（何）苗谓（何）进曰：'始共从南阳来，俱以贫贱，依省内以致贵富。国家之事，亦何容易！覆水不可收。宜深思之，且与省内和也。'"倒在地上的水难以收回来，比喻事成定局，无法挽回。

⑫"可丑者相如之妻"三句：语本《史记·司马相如列传》："会梁孝王卒，相如归，而家贫，无以自业。素与临邛令王吉相善，吉曰：'长卿久宦游不遂，而来过我。'于是相如往，舍都亭。临邛令缪为恭敬，日往朝相如。相如初尚见之，后称病，使从者谢吉，吉愈益谨肃。临邛中多富人，而卓王孙家僮八百人，程郑亦数百人，二人乃相谓曰：'令有贵客，为具召之。'并召令。令既至，卓氏客以百数。至日中，谒司马长卿，长卿谢病不能往，临邛令不敢尝食，自往迎相如。相如不得已，强往，一坐尽倾。酒酣，临邛令前奏琴曰：'窃闻长卿好之，愿以自娱。'相如辞谢，为鼓一再行。是时卓王孙有女文君新寡，好音，故相如缪与令相重，而以琴心挑之。相如之临邛，从车骑，雍容闲雅甚都；及饮卓氏，弄琴，文君窃从户窥之，心悦而好之，恐不得当也。既罢，相如乃使人重赐文君侍者通殷勤。文君夜亡奔相如，相如乃与驰归成都。"可丑者，引以为丑，指值得鄙夷、嘲笑。相如之妻，指卓文君，西汉大富商卓王孙的女儿，喜好音律，丈夫死后在家守寡。司马相如到卓家吃饭，弹琴挑逗她令她动心，并与司马相如一同私奔到成都卖酒。司马相如（约前179—前118），字长卿，汉武帝时人。汉赋代表性作家，代表作有《子虚赋》《上林赋》等。黉（yín）夜，深夜。丝桐有意，指男女之间动情。丝桐，指琴。古人用桐木制琴，蚕丝做琴弦。

⑬身修而后家齐：语本《大学》首章："物格而后知至，知至而后意诚，意诚而后心正，心正而后身修，身修而后家齐，家齐而后国治，国治而后天下平。"指心术端正，自身有足够的修为，家庭也就能够治理得和睦团结。

⑭夫义自然妇顺：语本《礼记·礼运》："何谓人义？父慈，子孝，兄良，弟弟，夫义，妇听，长惠，幼顺，君仁，臣忠，十者，谓之'人义'。"

【译文】

冀邑的郤缺夫妻彼此相敬，如同对待宾客；陈仲子夫妇替人浇灌菜园，自食其力。

"不弃糟糠"，是宋弘回绝汉光武帝让他改娶的话；"举案齐眉"，梁鸿、孟光夫妻二人的贤德确实般配。

苏蕙织成回文璇玑图寄给丈夫，乐昌公主拆分铜镜与丈夫各执一半，这两个故事说的都是夫妻离别，希望团圆；张瞻梦见用石臼做饭，庄子敲着瓦盆唱歌，这两个故事讲的都是妻子抛下丈夫离开人世。

鲍宣的妻子出身富贵，却亲自提着瓦罐出门汲水，因为她深知顺从丈夫的道理；齐国马夫的妻子看见丈夫给国相晏子驾车，激励丈夫奋发图强，真可称得上是贤内助。

朱买臣的妻子嫌弃丈夫贫穷而要求离婚，却不明白泼出去的水，收不回来的道理，真是奇葩；司马相如的妻子卓文君只因听出琴声中含挑逗之意，便和他深夜私奔，好不丢人。

要知道：自身修养提高之后，家庭才能安定和睦；丈夫讲求道义，妻子自然也就明理顺从。

叔侄

【题解】

本篇6联，讲的是和叔侄关系相关的成语典故。传统中国，讲究叔侄如父子，提倡视侄如子、事叔如父。

曰诸父①，曰亚父②，皆叔父之辈；曰犹子③，曰比儿④，俱侄儿之称。

阿大中郎，道韫雅称叔父⑤；吾家龙文，杨昱比美侄儿⑥。

乌衣诸郎君，江东称王谢之子弟⑦；吾家千里驹，苻坚羡苻朗为侄儿⑧。

竹林，叔侄之称⑨；兰玉，子侄之誉⑩。

存侄弃儿，悲伯道之无后⑪；视叔犹父，羡公绰之居官⑫。

卢迈无儿，以侄而主身之后⑬；张范遇贼，以子而代侄之生⑭。

【注释】

①诸父：指伯父和叔父。《诗经·小雅·伐木》："既有肥羜，以速诸父。"《汉书·王莽传上》："又外交英俊，内事诸父，曲有礼意。"

②亚父：谓仅次于父。此指叔叔。《史记·项羽本纪》："亚父南向坐。亚父者，范增也。"南朝宋·裴骃集解引三国魏·如淳曰："亚，次也。尊敬之次父，犹管仲为仲父。"

③犹子：指侄子。《礼记·檀弓上》："丧服，兄弟之子，犹子也，盖引而进之也。"本指丧服而言，谓为己之子期，兄弟之子亦为期。后因称兄弟之子为"犹子"。

④比儿：指侄儿。清·李渔《蜃中楼·姻阻》："常言道比儿犹子类椿萱。"《千字文》："诸姑伯叔，犹子比儿。"

⑤阿大中郎，道韫（yùn）雅称叔父：语本《世说新语·贤媛》："王凝之谢夫人既往王氏，大薄凝之。既还谢家，意大不说。太傅慰释之曰：'王郎，逸少之子，人材亦不恶，汝何以恨乃尔？'答曰：'一门叔父，则有阿大、中郎；群从兄弟则有封、胡、遏（《晋书》作"羯"）、末。不意天壤之中，乃有王郎！'"余嘉锡笺疏："程炎震云：'中郎，谢万。阿大不知何指，当即谓安。'嘉锡案，道韫不应面呼安为'阿大'，疑是谢尚耳。尚父鲲，只生尚一人，故称'阿

大'。安兄弟六人,见《纰漏篇·注》。大兄奕,次兄据,均见《言语篇》及注。则安乃第三,非大也。其于叔父独不及安者,尊者之前,不敢斥言之也。"东晋才女谢道韫曾用"阿大""中郎"来指称叔父谢尚、谢万。道韫,即谢道韫(349—409),东晋陈郡阳夏(今河南太康)人。乃谢安之兄安西将军谢奕之女,王羲之次子王凝之妻。曾在家赏雪,谢安问如何形容雪花,其侄谢朗答"撒盐空中差可拟",谢道韫认为"未若柳絮因风起",受到谢安称赏。后世因而称女子的诗才为"咏絮才"。晋安帝隆安三年(399),孙恩起兵攻会稽,杀会稽内史王凝之,谢道韫曾手刃乱兵数人。谢道韫善属文,所著诗赋诔颂并传于世。雅称,美称。

⑥吾家龙文,杨昱(yù)比美侄儿:语本《北齐书·杨愔传》:"杨愔,字遵彦,小名秦王,弘农华阴人。父津,魏时累为司空侍中。愔儿童时,口若不能言,而风度深敏,出入门闾,未尝戏弄。六岁学史书,十一受《诗》《易》,好《左氏春秋》。……愔从父兄黄门侍郎昱特相器重,曾谓人曰:'此儿驹齿未落,已是我家龙文。更十岁后,当求之千里外。'昱尝与十余人赋诗,愔一览便诵,无所遗失。及长,能清言,美音制,风神俊悟,容止可观。人士见之,莫不敬异,有识者多以远大许之。"《北史》杨愔本传亦载。北魏杨昱曾赞美侄儿杨愔是家里的骏马。龙文,骏马名。《汉书·西域传赞》:"蒲梢、龙文、鱼目、汗血之马,充于黄门。"唐·颜师古注引三国魏·孟康曰:"四骏马名也。"后常以比喻才华出众的子弟。杨昱(478—531),字元晷,北魏弘农华阴(今陕西华阴)人。历官广平王左常侍、太学博士、中书舍人、征虏将军、中书侍郎、给事黄门侍郎、七兵尚书、度支尚书、徐州刺史、东道行台。普泰元年(531),为陇西王尔朱天光所害,时年五十四。太昌初年,追赠骠骑大将军、司空公、定州刺史。生平见《魏故骠骑大将军司空公定州刺史杨公墓志铭》及《魏书》《北史》本传。本句"杨昱",李

光明庄本误作"杨素",据《北齐书》及他本改。

⑦乌衣诸郎君,江东称王谢之子弟:语本《南齐书·王僧虔传》:"入
为侍中,迁御史中丞,领骁骑将军。甲族向来多不居宪台,王氏
以分枝居乌衣者,位官微减,僧虔为此官,乃曰:'此是乌衣诸郎
坐处,我亦可试为耳。'"乌衣诸郎君,指东晋以王导、谢安为首的
两大名门望族子弟。乌衣,指东晋金陵(今江苏南京)乌衣巷,
王导、谢安等世家大族居住在此。郎君,对官吏、富家子弟的通
称。《世说新语·雅量》"有往来者云:'庾公有东下意。'或谓王
公:'可潜稍严,以备不虞。'王公曰:'我与元规虽俱王臣,本怀布
衣之好。若其欲来,吾角巾径还乌衣,何所稍严。'"余嘉锡笺疏
引宋·周应合《景定建康志》卷十六:"(《旧志》云)乌衣巷在秦
淮南。晋南渡,王、谢诸名族居此,时谓其子弟为'乌衣诸郎'。"
王谢,指东晋名臣王导与谢安。王导(276—339),字茂弘,琅邪
临沂(今山东临沂)人。辅佐琅邪王司马睿南渡建立东晋,历仕
元帝、明帝、成帝三朝,晋元帝时位至侍中、司空、领中书监,晋明
帝时进位太保,乃东晋初期名臣之首。谢安(320—385),字安
石,陈郡阳夏(今河南太康)人。少有重名,累辟不就。隐居会稽
山阴之东山,与王羲之、许询、支遁等放情丘壑。年四十余始出
仕,为桓温司马。晋孝武帝时,进中书监,录尚书事。太元八年
(383),谢安任征讨大都督,其弟谢石与侄谢玄在淝水大败前秦百
万大军。谢安因功封建昌县公,都督扬、江、荆等十五州军事。时
会稽王司马道子专权,谢安受排挤,出镇广陵。太元十年(385)
卒,年六十六,追赠太傅、庐陵郡公,谥"文靖"。《晋书》有传。

⑧吾家千里驹(jū),苻(fú)坚羡苻朗为侄儿:语本《晋书·苻坚载
记》:"苻朗,字元达,坚之从兄子也。性宏达,神气爽迈,幼怀远
操,不屑时荣。坚尝目之曰:'吾家千里驹也。'"千里驹,犹千里
马,少壮的良马。喻指能力极强的少年人才。古人有赞美家族

优秀后辈为"千里驹"的传统。汉武帝、曹操、刘渊、苻坚分别称赞河间献王刘德、曹休、刘曜、苻朗为"千里驹"。《汉书·楚元王传》："德字路叔,修黄老术,有智略。少时数言事,召见甘泉宫,武帝谓之'千里驹'。"唐·颜师古注曰:"言若骏马可致千里也。年齿幼少,故谓之'驹'。"《三国志·魏书·曹休传》:"曹休字文烈,太祖族子也。天下乱,宗族各散去乡里。休年十余岁,丧父,独与一客担丧假葬,携将老母,渡江至吴。以太祖举义兵,易姓名转至荆州,间行北归,见太祖。太祖谓左右曰:'此吾家千里驹也。'使与文帝同止,见待如子。"《晋书·刘曜载记》:"刘曜,字永明,元海之族子也。少孤,见养于元海。幼而聪慧,有奇度。年八岁,从元海猎于西山,遇雨,止树下,迅雷震树,旁人莫不颠仆,曜神色自若。元海异之曰:'此吾家千里驹也,从兄为不亡矣!'"苻朗(?—389),字元达,氐族,略阳临渭(今甘肃天水)人。是前秦王苻坚的侄子,曾被苻坚誉为"吾家千里驹"。前秦时,官拜镇东将军、青州刺史,封乐安男。前秦瓦解后,降晋,官封员外散骑侍郎。恃才傲物,为王国宝谮杀。苻朗好读书谈玄,著有《苻子》,乃道家著作。

⑨竹林,叔侄之称:晋代阮籍、阮咸叔侄同为竹林七贤,后称叔侄为"贤竹林"。魏晋之际名士嵇康、阮籍、山涛、向秀、刘伶、王戎、阮咸,并称"竹林七贤"。《世说新语·任诞》:"陈留阮籍、谯国嵇康、河内山涛,三人年皆相比,康年少亚之。预此契者:沛国刘伶,陈留阮咸,河内向秀,琅邪王戎。七人常集于竹林之下,肆意酣畅,故世谓'竹林七贤'。"

⑩兰玉,子侄之誉:语本《世说新语·言语》:"谢太傅问诸子侄:'子弟亦何预人事,而正欲使其佳?'诸人莫有言者,车骑答曰:'譬如芝兰玉树,欲使其生于阶庭耳。'"东晋太傅谢安问众子侄,人们为什么希望自己的晚辈成才。侄子谢玄(赠车骑将军)回答说:"这就好比芝兰玉树,总想使它们生长在自家的庭院中。"后遂用

"芝兰玉树"或"兰玉"来喻指有出息的子弟。

⑪存侄弃儿，悲伯道之无后：语本《晋书·良吏列传·邓攸》："石勒过泗水，攸乃斫坏车，以牛马负妻子而逃。又遇贼，掠其牛马，步走，担其儿及其弟子绥。度不能两全，乃谓其妻曰：'吾弟早亡，唯有一息，理不可绝，止应自弃我儿耳。幸而得存，我后当有子。'妻泣而从之，乃弃之。其子朝弃而暮及。明日，攸系之于树而去。……攸弃子之后，妻子不复孕。过江，纳妾，甚宠之，讯其家属，说是北人遭乱，忆父母姓名，乃攸之甥。攸素有德行，闻之感恨，遂不复畜妾，卒以无嗣。时人义而哀之，为之语曰：'天道无知，使邓伯道无儿。'弟子绥服攸丧三年。"两晋之际，邓攸为石勒所掳，逃归时，为救侄儿，而丢弃了儿子。伯道，即邓攸（？—326），字伯道，西晋平阳襄陵（今山西襄汾）人。西晋时，曾任吴王文学、太子洗马、东海王越参军、世子文学、吏部郎、河东太守等职。永嘉之乱，没于石勒。后逃归。东晋时，历任太子中庶子、吴郡太守、侍中、吏部尚书、护军将军、会稽太守、太常、尚书左仆射等职。咸和元年（326）卒，赠光禄大夫，加金章紫绶，祠以少年。邓攸任吴郡太守时，曾未奉朝命而开仓赈济，卸职时，百姓请命留任而未果，吴人为之歌："纷如打五鼓，鸡鸣天欲曙。邓侯挽不留，谢令推不去。"入《晋书·良吏传》。

⑫视叔犹父，羡公绰之居官：语本《司马温公家范》卷六："唐柳泌叙其父天平节度使仲郢行事云，事季父太保（名公权）如事元公（名公绰），非甚疾，见太保未尝不束带。任大京兆、盐铁使，通衢遇太保，必下马端笏，候太保马过方登车。每暮束带迎太保马首，候起居。太保屡以为言，终不以官达稍改。太保常言于公卿间云：'元公之子，事某如事严父。'古之贤者，事诸父如父，礼也。"及宋·朱熹《小学外编·善行·明伦》："唐河东节度使柳公绰，在公卿间最名有家法。中门东有小斋，自非朝谒之日，每平旦辄

出,至小斋,诸子仲郢皆束带晨省于中门之北。……及公绰卒,仲郢一遵其法,事公权如事公绰。非甚病,见公权未尝不束带。任京兆尹、盐铁使,出遇公权于通衢,必下马,端笏立,候公权过,乃上马。公权暮归,必束带迎候于马首。公权屡以为言,仲郢终不以官有小改。"唐朝名臣柳仲郢,对待叔父(柳公权)像对待父亲(柳公绰)一样恭敬,即使官至京兆尹,出门在大路上遇到叔父,也必定下马端立。公绰,柳公绰(765—832),字宽,小字起之,唐京兆府华原(今陕西铜川耀州区)人。与弟柳公权、子柳仲郢俱为名臣。唐德宗贞元元年(785),举贤良方正直言极谏,补校书郎,历任渭南县尉、开州刺史、侍御史等职。唐宪宗时,出任鄂岳观察使,参与讨平淮西吴元济之乱。元和十一年(816),除给事中,旋拜京兆尹。唐穆宗长庆元年(821),复为京兆尹,改尚书左丞,后检校户部尚书、山南东道节度使。唐敬宗宝历元年(825),又拜检校左仆射。唐文宗太和四年(830),任河东节度使,镇抚沙陀。后因年迈入朝为兵部尚书。太和六年(832),柳公绰去世,时年六十八。赠太子太保,谥元。

⑬卢迈无儿,以侄而主身之后:语本《新唐书·卢迈传》:"(卢)迈每有功、缌丧,必容称其服,而情有加焉。叔下邽令休沐过家,迈终日与群子姓均指使,无位貌之异。再娶无子,或劝畜姬媵,对曰:'兄弟之子,犹子也,可以主后。'"唐人卢迈再娶无子,以堂弟之子纪为嗣,他曾说:"兄弟的儿子就像是自己的儿子一样,可以接管料理身后之事。"卢迈(739—798),字子玄,唐朝官员。举明经入第,补太子正字。历官河南主簿、集贤校理、右补阙、吏部员外郎、滁州刺史、谏议大夫、尚书右丞等职,唐德宗时以本官同中书门下平章事,进中书侍郎。罢为太子宾客。贞元十四年(798)卒,时年六十,赠太子太傅,赙以布帛。

⑭张范遇贼,以子而代侄之生:语本《三国志·魏书·张范传》:"范

子陵及承子戬为山东贼所得，范直诣贼请二子，贼以陵还范。范谢曰：'诸君相还儿厚矣。夫人情虽爱其子，然吾怜戬之小，请以陵易之。'贼义其言，悉以还范。"三国时魏国人张范的儿子和侄儿同时被匪徒掳获，他请求用自己的儿子代替侄儿去死，强盗受到感动，将他的儿子和侄子都放了。张范（？—212），字公仪，东汉河内修武（今河南获嘉）人。其祖父张歆为汉司徒，其父张延为汉太尉，然其人不慕荣利，太傅袁隗欲以女妻之，辞而不受。曹操举以为议郎，参丞相军事。每征伐，常令范及邴原留，与世子居守。建安十七年（212）卒。

【译文】

"诸父""亚父"，都是对伯父、叔父的称呼；"犹子""比儿"，都用来称呼侄子。

"阿大中郎"，是东晋才女谢道韫对叔父的敬称；"吾家龙文"，是北魏大臣杨昱对侄儿的美誉。

"乌衣诸郎君"，是江东人对王导和谢安两家子弟的称呼；"吾家千里驹"，是前秦苻坚对侄子苻朗的由衷赞叹。

"竹林"，是叔侄的雅称；"兰玉"，是侄子的美称。

邓伯道救下侄儿失去儿子，他因此绝后的遭遇，令人同情悲叹；柳公绰对待叔叔如同父亲，他身居高位也不忘亲情的事迹，令人景仰称美。

卢迈没有儿子，以侄子为后嗣，他说侄子和儿子没什么两样，一样可以做继承人；张范遇到匪徒，用儿子给侄子顶死，结果一同生还。

师生

【题解】

传统中国重视师生关系，提倡尊师重教。

本篇共9联，讲的都是和师生关系相关的成语典故。

马融设绛帐，前授生徒，后列女乐^①；孔子居杏坛，贤人七十，弟子三千^②。

称教馆曰设帐^③，又曰振铎^④；谦教馆曰糊口^⑤，又曰舌耕^⑥。

师曰西宾^⑦，师席曰函丈^⑧；学曰家塾^⑨，学俸曰束脩^⑩。

桃李在公门，称人弟子之多^⑪；苜蓿长阑干，奉师饮食之薄^⑫。

【注释】

① "马融设绛（jiàng）帐"三句：语本《后汉书·马融传》："融才高博洽，为世通儒，教养诸生，常有千数。涿郡卢植、北海郑玄，皆其徒也。善鼓琴，好吹笛，达生任性，不拘儒者之节。居宇器服，多存侈饰。尝坐高堂，施绛纱帐，前授生徒，后列女乐，弟子以次相传，鲜有入其室者。"马融（79—166），字季长，东汉扶风茂陵（今陕西兴平）人。师事挚恂，博通经籍。初为邓骘舍人，汉安帝永初四年（110）拜校书郎，典校东观秘籍。因上《广成颂》忤邓太后，十年不得调，又遭禁锢。太后死，召拜议郎，历武都、南郡太守。得罪大将军梁冀，免官髡徙朔方。赦还，复拜议郎，复在东观著述。由此不敢忤权势，为梁冀起草劾李固章奏，又作《西第颂》颂之，颇为正直者所耻。后以病去官。马融才高博洽，为世通儒，生徒千余，卢植、郑玄皆出门下。曾注《孝经》《论语》《诗经》《周易》《三礼》《尚书》《列女传》《老子》《淮南子》《离骚》，皆已散佚，清人编的《玉函山房丛书》《汉学堂丛书》有辑录。绛帐，红色的帷帐。因马融授徒，曾设绛帐。后遂用为师门、讲席之敬称。生徒，学生，门徒。女乐，指歌舞伎，古代称以歌舞为业的女子。

② "孔子居杏坛"三句：语本《史记·孔子世家》："孔子以诗、书、

礼、乐教,弟子盖三千焉,身通六艺者七十有二人。"暨《庄子·渔父》:"孔子游乎缁帷之林,休坐乎杏坛之上。弟子读书,孔子弦歌鼓琴。"孔子(前551—前479),名丘,字仲尼,鲁国陬邑(今山东曲阜)人。是春秋末期思想家、政治家、教育家,儒家学派创始人。先世为宋国贵族,移居鲁国。孔子曾任鲁国中都宰,官至司寇,因不满鲁国执政季桓子所为,离开鲁国而周游卫、宋、陈、蔡、齐、楚等国,皆不为所用。晚年返鲁,删定《诗》《书》,聚徒讲学,传授礼、乐,相传弟子三千,贤者七十余人。今存《论语》一书,是他和弟子的谈话记录。其学说以"仁"为核心,以"礼"为规范。汉代以后,儒家学说被奉为正统。孔子被尊为圣人,历代加封"大成至圣文宣王""至圣先师""大成至圣文宣先师"等号。杏坛,相传为孔子聚徒授业讲学之处。后泛指授徒讲学之处。按,孔子杏坛讲学,不见于儒家经典,而出于《庄子》寓言。后人因之,在山东曲阜孔庙大成殿前,为之筑坛、建亭、书碑、植杏。北宋时,孔子四十五代孙道辅监修曲阜祖庙,将大殿北移,于其旧基筑坛,环植杏树,即以"杏坛"名之。坛上有石碑,碑篆"杏坛"二字为金翰林学士党怀英所书。明隆庆间重修,并筑方亭。清乾隆于其中立《杏坛赞》御碑。弟子,学生,徒弟。

③教馆:在学馆执教。设帐:指设馆授徒。

④振铎(duó):摇铃。古代宣布政教法令时,摇铃提醒众人注意。一指从事教育工作。铎,有舌的大铃。《论语·八佾》:"二三子,何患于丧乎? 天下之无道也久矣,天将以夫子为木铎。"朱子集注:"木铎,金口木舌,施政教时所振,以警众者也。言乱极当治,天必将使夫子得位设教,不久失位也。封人一见夫子而遽以是称之,其所得于观感之间者深矣。或曰:'木铎所以徇于道路,言天使夫子失位,周流四方以行其教,如木铎之徇于道路也。'"

⑤糊口:谓寄食,勉强维持生活。《左传·隐公十一年》:"寡人有弟,

不能和协,而使糊其口于四方。"晋·杜预注:"糊,饘也。"唐·孔颖达疏:"《说文》云:'糊,寄食也。'以此传言糊口四方,故以寄食言之。……《释言》云:'糊,饘也。'则糊是'饘''饘'别名。今人以薄饘涂物谓之'糊纸''糊帛',则糊者以饘食口之名,故云'糊其口'也。"《庄子·人间世》:"挫针治繲,足以糊口。"唐·成玄英疏:"糊,饲也。庸役身力以饲养其口命也。"

⑥舌耕:语本晋·王嘉《拾遗记》卷六:"门徒来学,不远万里。或襁负子孙,舍于门侧。皆口授经文。赠献者积粟盈仓。或云,贾逵非力耕所得,诵经口倦,世所谓舌耕也。"旧时称以授徒讲学谋生。从事教育的人讲学谋生,如同用舌头耕田吃饭。

⑦西宾:旧时宾位在西,故称。常用为对家塾教师或幕友的敬称。

⑧师席:老师的坐席。代指老师。函丈:亦作"函杖"。语本《礼记·曲礼上》:"若非饮食之客,则布席,席间函丈。"东汉·郑玄注:"谓讲问之客也。函,犹容也。讲问宜相对容丈,足以指画也。"原指讲学者与听讲者坐席之间相距一丈,后用来指讲学的坐席,亦用作对前辈学者或老师的敬称。

⑨家塾(shú):古代称民间教读的地方叫"塾",私人授徒的叫"私塾",受聘到家中授课的叫"家塾"。《礼记·学记》:"古之教者,家有塾,党有庠,术有序,国有学。"东汉·郑玄注:"古者仕焉而已者,归教于闾里,朝夕坐于门,门侧之堂谓之'塾'。"唐·孔颖达疏:"'家有塾'者,此明学之所在。周礼:百里之内,二十五家为闾,同共一巷,巷首有门,门边有塾,谓民在家之时,朝夕出入,恒受教于塾,故云'家有塾'。"相传周代以二十五家一闾,闾有巷,巷首门边设家塾,用以教授居民子弟。后指聘请教师来家教授自己子弟的私塾。有的兼收亲友子弟。宋·叶适《辩兵部郎官朱元晦状》:"臣闻朝廷开学校,建儒官,公教育于上;士子辟家塾,隆师友,私淑艾于下:自古而然矣。"清·曹雪芹《红楼梦》第

七回:"我们家却有个家塾,合族中有不能延师的,便可入塾读书,亲戚子弟可以附读。"

⑩学俸:旧时指教师的工资薪水。俸,薪金。束脩(xiū):十条干肉。脩,干肉。十条干肉叫"束脩",是古时做馈赠的一般性礼物。《礼记·少仪》:"其以乘壶酒、束脩、一犬赐人。"东汉·郑玄注:"束脩,十脡脯也。"亦用作古代入学敬师的礼物。《论语·述而》:"子曰:'自行束脩以上,吾未尝无诲焉。'"朱子集注:"脩,脯也。十脡为束。古者相见,必执贽以为礼,束脩其至薄者。盖人之有生,同具此理,故圣人之于人,无不欲其入于善。但不知来学,则无往教之礼,故苟以礼来,则无不有以教之也。"后遂以"束脩"指代教师的报酬或学费。

⑪桃李在公门,称人弟子之多:语本《资治通鉴·唐纪·武则天久视元年》:"太后尝问仁杰:'朕欲得一佳士用之,谁可者?'仁杰曰:'未审陛下欲何所用之?'太后曰:'欲用为将相。'仁杰对曰:'文学缊藉,则苏味道、李峤固其选矣。必欲取卓荦奇才,则有荆州长史张柬之。其人虽老,宰相才也。'太后擢柬之为洛州司马。数日,又问仁杰,对曰:'前荐柬之,尚未用也。'太后曰:'已迁矣。'对曰:'臣所荐者可为宰相,非司马也。'乃迁秋官侍郎。久之,卒用为相。仁杰又尝荐夏官侍郎姚元崇、监察御史曲阿桓彦范、太州刺史敬晖等数十人,率为名臣。或谓仁杰曰:'天下桃李,悉在公门矣。'仁杰曰:'荐贤为国,非为私也。'"唐朝宰相狄仁杰向武则天推荐了姚崇等数十人,后来他们都成了一代名臣。有人赞扬狄仁杰说:"天下桃李,悉出公门矣。"意思是说,天下优秀人才,都出自您的门下,由您推荐。桃李,桃树和李树。《韩诗外传》卷七:"夫春树桃李,夏得阴其下,秋得食其实。"后遂以"桃李"比喻栽培的后辈和所教的门生。

⑫首蓿(mù xū)长阑(lán)干,奉师饮食之薄:语本五代·王定保

《唐摭言》卷十五:"薛令之,闽中长溪人,神龙二年及第,累迁左庶子。时开元东宫官僚清淡,令之以诗自悼,复纪于公署曰:'朝旭上团团,照见先生盘。盘中何所有? 苜蓿长阑干。饭涩匙难绾,羹稀箸易宽。何以谋朝夕? 何由保岁寒?'上因幸东宫览之,索笔判之曰:'啄木觜距长,凤皇羽毛短。若嫌松桂寒,任逐桑榆暖。'令之因此谢病东归。诏以长溪岁赋资之,令之计月而受,余无所取。"《唐语林》卷五亦载,文字略有出入。唐朝太子侍讲薛令之曾写诗感叹宫中教官生活清苦,中有"盘中何所有? 苜蓿长阑干"之语,意为教师生活清苦,将苜蓿当菜吃。苜蓿,古大宛语音译,植物名。豆科,一年生或多年生。原产西域各国,汉武帝时,张骞使西域,始从大宛传入。又称"怀风草""光风草""连枝草"。花有黄、紫两色,最初传入者为紫色。常用做马饲料或农田肥料。亦可食用。阑干,横斜茂盛的样子。此处形容苜蓿长势茂盛。薄,轻微,少。此指待遇差。

【译文】

马融在高堂上讲学,专门设置"绛帐",帐前是受业的学生,帐后是奏乐的歌舞伎;孔子在杏坛讲学,弟子先后多达三千,其中贤人就有七十二位。

称他人开馆教学,叫"设帐",又叫"振铎";自谦从事教师工作,叫"糊口",又叫"舌耕"。

上门的教师,尊称"西宾";教师的坐席,尊称"函丈";在家中设立的学堂,称为"家塾";学生交给老师的学费,叫"束脩"。

"桃李在公门",是称赞别人学生众多;"苜蓿长阑干",是感叹教师享用的伙食待遇太差。

冰生于水而寒于水,比学生过于先生[1];青出于蓝而胜于蓝,谓弟子优于师傅[2]。

未得及门③，曰宫墙外望④；称得秘授，曰衣钵真传⑤。

人称杨震为关西夫子⑥，世称贺循为当世儒宗⑦。

负笈千里，苏章从师之殷⑧；立雪程门，游、杨敬师之至⑨。

弟子称师之善教，曰如坐春风之中⑩；学业感师之造成，曰仰沾时雨之化⑪。

【注释】

①冰生于水而寒于水，比学生过于先生：语本《旧唐书·儒学传上·盖文达》："盖文达，冀州信都人也。博涉经史，尤明《三传》。性方雅，美须貌，有士君子之风。刺史窦抗尝广集儒生，令相问难，其大儒刘焯、刘轨思、孔颖达咸在坐，文达亦参焉。既论难，皆出诸儒意表，抗大奇之，问曰：'盖生就谁受学？'刘焯对曰：'此生岐嶷，出自天然。以多问寡，焯为师首。'抗曰：'可谓冰生于水而寒于水也。'"唐朝经师盖文达的学问，在某些方面甚至超过了他老师大儒刘焯，刺史窦抗说"可谓冰生于水而寒于水"。

②青出于蓝而胜于蓝，谓弟子优于师傅：语本《北史·李谧传》："谧字永和，少好学，周览百氏。初师事小学博士孔璠，数年后，璠还就谧请业。同门生为之语曰：'青成蓝，蓝谢青，师何常，在明经。'"北魏儒生李谧学问出众，连他的老师孔璠都要反过来向他请教问题。又本句及上句所涉语典，皆出自《荀子·劝学》："青，取之于蓝而青于蓝；冰，水为之而寒于水。"青，指靛青，即靛蓝。蓝，指蓝草，可以用于制作靛蓝染料的数种植物的统称，如菘蓝、蓼蓝、木蓝等。青从蓝草中提炼出来，但颜色比蓝草更深。冰是水凝结而成，但比水更冷。后人遂用以比喻学生的成就超过了老师。

③及门：语出《论语·先进》："子曰：'从我于陈蔡者，皆不及门

也。'""及门"本谓在门下,后以"及门"指受业弟子,即正式登门拜师受业的学生。

④宫墙外望:语本《论语·子张》:"叔孙武叔语大夫于朝曰:'子贡贤于仲尼。'子服景伯以告子贡。子贡曰:'譬之宫墙,赐之墙也及肩,窥见室家之好。夫子之墙数仞,不得其门而入,不见宗庙之美,百官之富。得其门者或寡矣。夫子之云,不亦宜乎!'"后世遂称师门为"宫墙",以"宫墙外望"比喻未能窥得老师学问门径。

⑤称得秘授,曰衣钵(bō)真传:语本《宋史·范质传》:"质力学强记,性明悟。举进士时,和凝以翰林学士典贡部,览质所试文字,重之,自以登第名在十三,亦以其数处之。贡闱中谓之'传衣钵'。其后质登相位,为太子太傅,封鲁国公,皆与凝同云。"又,《旧五代史·周书·和凝传》辑本旧注引《渑水燕谈录》(按,不见于今传本《渑水燕谈录》):"范质初举进士,时和凝知贡举,凝尝以宰辅自期,登第之日,名第十三人,及览质文,尤加赏叹,即以第十三名处之,场屋间谓之'传衣钵',若禅宗之相付授也。后质果继凝登相位。"传衣钵,本为佛教禅宗传统。"衣"是袈裟,"钵"是僧人化缘用的器皿。佛教禅宗自初祖至五祖皆以衣钵相传,作为传法的信证,六祖以后不再传。范质在和凝知贡举时登进士,和凝对他极器重,自己是以第十三名录取,亦将范质排在第十三名。范质后来又继和凝之后登上相位。时人遂谓之"传衣钵"。后亦泛称师徒传授继承。秘授,得到秘诀的传授。

⑥人称杨震为关西夫子:语本《后汉书·杨震传》:"震少好学,受《欧阳尚书》于太常桓郁,明经博览,无不穷究。诸儒为之语曰:'关西孔子杨伯起。'"杨震(59?—124),字伯起,东汉弘农华阴(今陕西华阴)人。习《欧阳尚书》,明经博览,时称为"关西孔子杨伯起"。年五十始举茂才,历任荆州刺史、东莱太守、太仆、太常、司徒等职,汉安帝延光二年(123)为太尉,时帝乳母王圣与

中常侍樊丰等贪横骄侈，震屡上疏切谏，为樊丰所诬，免官，自杀。他的儿子杨秉、孙子杨赐、曾孙杨彪，也都官至太尉。弘农杨氏与汝南袁氏，并为东汉"四世三公"的名门。夫子，特指孔子。

⑦世称贺循为当世儒宗：语本《晋书·贺循传》："时尚书仆射刁协与循异议，循答义深备，辞多不载，竟从循议焉。朝廷疑滞皆谘之于循，循辄依经礼而对，为当世儒宗。"晋人贺循学问渊博，尤精礼学，被誉为当世儒宗。贺循（260—319），字彦先，两晋之际会稽山阴（今浙江绍兴）人。学问渊博，善属文，尤精礼传，操行高洁，言行进止，必以礼让。举秀才，迁武康令。尝讨石冰，不受功赏。陈敏为乱，以疾辞伪命。乱平，征拜吴国内史。不就。入东晋，屡加征拜，惟为太常而已。与顾荣等拥戴晋元帝。数陈利害，言而必从，为当世儒宗。官至左光禄大夫、开府仪同三司。卒谥穆。

⑧负笈（jí）千里，苏章从师之殷：语本《太平御览》卷七百十引谢承《后汉书》："苏章字士成，北海人，负笈追师，不远千里。"汉朝人苏章，背着书箱到千里之外求师，可见他求学的殷切与真诚。负笈千里，背着书箱到远方求学。笈，书箱。苏章，字儒文，一说字士成，东汉扶风平陵（今陕西咸阳）人。曾不远千里，负笈从师。汉安帝时，举贤良方正，为议郎，后任武原令。汉顺帝时，任冀州刺史，后改并州刺史，因触怒权贵，免官隐居。殷，殷勤，恳切。

⑨立雪程门，游、杨敬师之至：语本宋·朱熹《近思录》卷十四引宋·侯师圣（按，侯仲良，号师圣）云："游、杨初见伊川，伊川瞑目而坐，二子侍立。既觉，顾谓曰：'贤辈尚在此乎？日既晚，且休矣。'及出门，门外之雪深一尺。"（亦见载于《伊洛渊源录》卷四，文字略有不同。）暨《宋史·道学传二·杨时》："见程颐于洛，时盖年四十矣。一日见颐，颐偶瞑坐，时与游酢侍立不去。颐既觉，则门外雪深一尺矣。"事亦见《二程语录》卷十七引宋·侯仲良《侯子雅言》。宋朝杨时、游酢去拜见老师程颐，正赶上老师

午睡,二人怕惊动老师,便站在门外等候,及至程颐醒来,门外的雪已经下了一尺多厚。后来用"程门立雪"或"立雪程门"比喻求学心切和尊师重道。游、杨,分指宋代理学家游酢、杨时,二人并为程门著名弟子。游酢(1053—1123),字定夫,宋代建州建阳(今福建建阳)人。熙宁五年(1072)举乡贡,游学京师,程颐赞许"其资可以进道"。程颢任扶沟县令,兴办教育,召他辅助,遂得以从程颢问学。元丰五年(1082)中进士,调萧山尉,召为太学录,迁博士。因奉亲不便,求改知河清县。范纯仁守颍昌府,辟为府教授。范纯仁入相,为博士。签书齐州、泉州判官。晚得监察御史,历知汉阳军、和舒濠三州而卒。操行纯粹,处事优裕,历官所至,受民爱戴。著有《中庸义》《易说》《诗二南义》《论语孟子杂解》《文集》各一卷。学者称"廌山先生",谥文肃。杨时(1053—1135),字中立,祖籍弘农华阴(今陕西华阴),宋代南剑西镛州(今福建将乐)人。学者称"龟山先生"。北宋熙宁九年(1076)进士及第,历任徐州、虔州司法和浏阳、馀杭、萧山等县知县,以及无为军判官、建阳县丞、荆州府学教授、南京敦宗院宗子博士、秘书郎、迩英殿说书、右谏议大夫、国子监祭酒、给事中、徽猷阁直学士、工部侍郎、龙图阁直学士等职。南宋绍兴五年(1135)病逝。杨时政治上,反对王安石变法,力排靖康和议。先后受学于程颢、程颐兄弟,同游酢、吕大临、谢良佐并称"程门四大弟子";又与罗从彦、李侗并称为"南剑三先生"。在两宋理学体系中,有承前启后之作用。

⑩弟子称师之善教,曰如坐春风之中:语本宋·朱熹《近思录》卷十四:"侯师圣云:'朱公掞见明道于汝,归谓人曰:"光庭在春风中坐了一个月。"'"(亦见载于《伊洛渊源录》卷四)宋人朱光庭和人谈起从大儒程颢问学的感受,说仿佛在春风中坐了一个月。后遂用以比喻与品德高尚而有学识的人相处并受其熏陶。

⑪学业感师之造成，曰仰沾时雨之化：语本《孟子·尽心上》："君子之所以教者五：有如时雨化之者，有成德者，有达财者，有答问者，有私淑艾者。此五者，君子之所以教也。"朱子集注："时雨，及时之雨也。草木之生，播种封植，人力已至而未能自化，所少者，雨露之滋耳。及此时而雨之，则其化速矣。教人之妙，亦犹是也，若孔子之于颜、曾是已。"及时雨最能滋生万物生长，故用以比喻良师善于育人。造成，培养，使……有成就。

【译文】

冰由水凝结而成，但比水更寒冷，比喻学生胜过老师；靛青从蓝草中提炼出来，但比蓝草颜色更深，形容徒弟超过师傅。

没有正式拜师，未得老师传授，称"宫墙外望"；学到老师独家传授的真本领、真学问，叫"衣钵真传"。

世人称誉杨震是"关西夫子"，时人尊称贺循为"当世儒宗"。

"负笈千里"，苏章拜师的心情何等热切；"立雪程门"，游酢、杨时尊敬老师堪称极致。

学生称颂老师善于教导，说"如坐春风之中"；学有所成，感谢老师栽培，说"仰沾时雨之化"。

朋友宾主

【题解】

"宾主"指宾客和主人。传统中国重视朋友关系，提倡"以文会友，以友辅仁"（《论语·颜渊》），亦讲究敬重宾客的礼仪。

本篇22联，讲的都是和朋友宾主相关的成语典故。

取善辅仁，皆资朋友①；往来交际，迭为主宾②。

尔我同心，曰金兰③；朋友相资，曰丽泽④。

东家，曰东主⑤；师傅，曰西宾⑥。

父所交游，尊为父执⑦；已所共事，谓之同袍⑧。

心志相孚⑨，为莫逆⑩；老幼相交，曰忘年⑪。

刎颈交，相如与廉颇⑫；总角好，孙策与周瑜⑬。

【注释】

①取善辅仁，皆资朋友：语本《论语·颜渊》："曾子曰：'君子以文会友，以友辅仁。'"朱子集注："讲学以会友，则道益明；取善以辅仁，则德日进。"又，三国魏·何晏集解引西汉·孔安国曰："友，相切磋之道，所以辅成己之仁。"取善辅仁，吸取朋友的善处，从而培养自己的仁德。资，借助于。

②往来交际，迭（dié）为主宾：语本《孟子·万章下》："万章问曰：'敢问友。'孟子曰：'不挟长，不挟贵，不挟兄弟而友。友也者，友其德也，不可以有挟也。……舜尚见帝，帝馆甥于贰室，亦飨舜，迭为宾主，是天子而友匹夫也。用下敬上，谓之"贵贵"；用上敬下，谓之"尊贤"。贵贵、尊贤，其义一也。'"朱子集注："此言朋友人伦之一，所以辅仁，故以天子友匹夫而不为诎，以匹夫友天子而不为僭。此尧、舜所以为人伦之至，而孟子言必称之也。"交际，往来应酬。《孟子·万章下》："敢问交际，何心也？"朱子集注："际，接也。交际，谓人以礼仪币帛相交接也。"迭为主宾，轮流做主人，宴请对方做客。犹今言轮流做东。原文是"迭为宾主"，因《幼学琼林》一书在文体上采用联语形式，故改"迭为宾主"为"迭为主宾"。"宾"为平声字，上句尾字"友"为仄声字，符合联语尾字平仄相对的要求。迭，交替，轮流。

③尔我同心，曰金兰：语本《周易·系辞上》："二人同心，其利断金；同心之言，其臭如兰。"唐·孔颖达疏："'二人同心，其利断金'

者，二人若同齐其心，其纤利能断截于金。金是坚刚之物，能断而截之，盛言利之甚也。此谓二人心行同也。""言二人同齐其心，吐发言语，氤氲臭气，香馥如兰也。此谓二人言同也。"是说两个人若是情投意合，齐心协力，便连金铁都可以截断，说的话也如兰花一样馥郁芳香。后遂以"金兰"指朋友深交，并引申为结拜兄弟。尔，你。

④朋友相资，曰丽泽：语本《周易·兑卦》："丽泽兑，君子以朋友讲习。"三国魏·王弼注："丽，犹连也。"朱子本义："两泽相丽，互相滋益，朋友讲习，其象如此。"丽泽，原指两个沼泽相连，滋润万物，后来比喻朋友互相切磋，互相帮助。丽，相连。

⑤东家，曰东主：古礼，主人坐东面西，宾客坐西面东，因此旧时称聘用、雇用自己的人或称租给自己土地的人叫"东家""东主"。《汉书·文帝纪》："闰月己酉，入代邸。群臣从至，上议曰：'丞相臣平、太尉臣勃、大将军臣武、御史大夫臣苍、宗正臣郢、朱虚侯臣章、东牟侯臣兴居、典客臣揭再拜言大王足下：子弘等皆非孝惠皇帝子，不当奉宗庙。臣谨请阴安侯、顷王后、琅邪王、列侯、吏二千石议，大王高皇帝子，宜为嗣，愿大王即天子位。'代王曰：'奉高帝宗庙，重事也。寡人不佞，不足以称。愿请楚王计宜者，寡人弗敢当。'群臣皆伏，固请。代王西乡让者三，南乡让者再。"三国魏·如淳注："让群臣也。或曰：宾主位东西面，君臣位南北面，故西乡坐三让不受，群臣犹称宜，乃更南乡坐，示变即君位之渐也。"又，东汉·班固《西都赋》："有西都宾问于东都主人。"

⑥西宾：旧时宾位在西，故称。常用为对家塾教师或幕友的敬称。

⑦父所交游，尊为父执：语本《礼记·曲礼上》："夫为人子者，三赐不及车马。故州闾乡党称其孝也，兄弟亲戚称其慈也。僚友称其弟也。执友称其仁也，交游称其信也。见父之执，不谓之进，不敢进；不谓之退，不敢退；不问，不敢对。"唐·孔颖达疏："交游，泛

交也。结交游往,本资信合,故称信也。”“父之执,谓执友与父同志者也。”交游,交接往来的朋友。父执,指父亲的朋友。

⑧同袍:语出《诗经·秦风·无衣》:“岂曰无衣,与子同袍。王于兴师,修我戈矛,与子同仇。”原是在同一个军队服役的人的互称,也称“袍泽”,犹今之“战友”。后亦借指同事。

⑨心志相孚(fú):性情与志向都十分投缘。孚,信赖,投合。

⑩莫逆:语出《庄子·大宗师》:“子祀、子舆、子犁、子来四人相与语曰:‘孰能以无为首,以生为脊,以死为尻,孰知死生存亡之一体者,吾与之友矣。’四人相视而笑,莫逆于心,遂相与为友。”意为心意相通,不相违逆。

⑪忘年:忘掉彼此年龄的差距。年龄辈分不相当的人结为朋友,称为“忘年交”。历史上,忘年交不胜枚举。例如:孔融与祢衡、范云与何逊。《初学记》卷十八引晋·张隐《文士传》:“祢衡有逸才,少与孔融交。时衡未满二十,而融已五十,敬衡才秀,忘年殷勤。”《梁书·文学列传·何逊》:“弱冠州举秀才,南乡范云见其对策,大相称赏,因结忘年交。”

⑫刎(wěn)颈交,相如与廉颇:语本《史记·廉颇蔺相如列传》:“卒相与欢,为刎颈之交。”唐·司马贞索隐引北魏·崔浩云:“言要齐生死,而刎颈无悔也。”又,《史记·张耳陈馀列传》:“富人公乘氏以其女妻之,亦知陈馀非庸人也。馀年少,父事张耳,两人相与为刎颈交。”后遂以“刎颈交”指可以同生死、共患难的朋友。刎颈,指割脖子。《后汉书·廉范传》:“初,范与洛阳庆鸿为刎颈交,时人称曰:‘前有管鲍,后有庆廉。’”相如,指蔺相如,战国时赵国大臣。原为赵宦者令缪贤舍人。赵惠文王时,秦昭王强索和氏璧,说以十五城为交换。蔺相如奉命带璧入秦,当庭据理力争,终于完璧归赵,以功拜上大夫。赵惠文王二十年(前279),随赵王与秦王在渑池相会,使赵王未受屈辱,升上卿,位在廉颇之上。廉

颇意欲羞侮之,蔺相如容忍谦让,使廉颇愧悟,登门谢罪,成为刎颈之交。事见《史记·廉颇蔺相如列传》。廉颇,战国时赵国名将,生卒年不详。赵惠文王时为将,后升上卿。屡次战胜齐、魏等国。秦、赵长平之战时,任赵国统帅,坚壁固守,使秦出师三年,劳而无功。后因赵中秦反间计,改用赵括为将,致遭大败。赵孝成王十五年(前251),燕发大军攻赵,颇率军反击,杀燕将栗腹,进围燕都,燕割五城求和。因功封于尉文,为信平君,任假相国。赵悼襄王时,使乐乘代之。奔魏居大梁,后老死于楚。

⑬总角好,孙策与周瑜:语本《三国志·吴书·周瑜传》南朝宋·裴松之注引《江表传》:"策又给瑜鼓吹,为治馆舍,赠赐莫与为比。策令曰:'周公瑾英俊异才,与孤有总角之好,骨肉之分。如前在丹杨,发众及船粮以济大事,论德酬功,此未足以报者也。'"总角好,指自幼要好的朋友。古时儿童束发为两结,向上分开,形状如角,故称"总角"。《诗经·齐风·甫田》:"婉兮娈兮,总角丱兮。"东汉·郑玄笺:"总角,聚两髦也。"唐·孔颖达疏:"总角聚两髦,言总聚其髦以为两角也。"孙策(175—200),字伯符,东汉末吴郡富春(今浙江富阳)人。三国时期东吴政权的奠基人。孙坚子。少居寿春,广交江淮士族。坚死,就其舅丹阳太守吴景。汉献帝兴平初,依袁术,得孙坚残部千余人,请求率军救助吴景。袁术表为折冲校尉,渡江转斗,击破刘繇。又渡浙江,击破严白虎等,自领会稽太守。后又夺庐江郡,在江东地区建立孙氏政权。曹操表为讨逆将军,封吴侯。后遇刺卒。弟孙权称帝,追谥长沙桓王。周瑜(175—210),字公瑾,东汉末庐江舒县(今安徽庐江西南)人。少与孙策为友,从策征伐,为建威中郎将,助策在江东建立孙氏政权。策死,与张昭共辅孙权,任前部大都督。汉献帝建安十三年(208),曹操大军南下,率军与刘备合力破曹军于赤壁,复乘胜进击曹仁。拜偏将军,领南郡太守。拟取蜀,病卒。精

音乐,时有"曲有误,周郎顾"之语。

【译文】

借鉴他人优点,增进自己仁德,全靠朋友;朋友之间,往来交际,应当轮流做东互为宾主。

朋友间你我志同道合、心意相通,叫作"金兰之交";朋友彼此帮助、互惠互利,称为"丽泽之友"。

雇主,叫作"东主";师傅,称为"西宾"。

尊称父亲的朋友为"父执",称呼自己的同事为"同袍"。

心愿相投、志趣相合,这样的友情,称作"莫逆";老年人和年轻人交朋友,完全不顾年龄上的巨大差距,叫"忘年交"。

蔺相如与廉颇可以抹脖子,替对方去死,这样的交情,称作"刎颈之交";孙策与周瑜情投意合,从小就很要好,这样的交情,称作"总角之好"。

胶漆相投,陈重之与雷义①;鸡黍之约,元伯之与巨卿②。

与善人交,如入芝兰之室,久而不闻其香;与恶人交,如入鲍鱼之肆,久而不闻其臭③。

肝胆相照④,斯为腹心之友⑤;意气不孚⑥,谓之口头之交⑦。

彼此不合,谓之参商⑧;尔我相仇,如同冰炭⑨。

民之失德,干糇以愆⑩;他山之石,可以攻玉⑪。

【注释】

①胶漆相投,陈重之与雷义:语本《后汉书·独行传·陈重》:"陈重字景公,豫章宜春人也。少与同郡雷义为友,俱学《鲁诗》《颜氏春秋》。太守张云举重孝廉,重以让义,前后十余通记,云不听。

义明年举孝廉,重与俱在郎署。……重后与义俱拜尚书郎,义代同时人受罪,以此黜退。重见义去,亦以病免。……雷义字仲公,豫章鄱阳人也。……后举孝廉,拜尚书侍郎,有同时郎坐事,当居刑作。义默自表取其罪,以此论司寇。同台郎觉之,委位自上,乞赎义罪。顺帝诏皆除刑。义归,举茂才,让于陈重,刺史不听,义遂阳狂被发走,不应命。乡里为之语曰:‘胶漆自谓坚,不如雷与陈。’三府同时俱辟二人。”东汉的雷义与陈重是好朋友,人们形容他们的关系好得比胶与漆粘在一起还牢固。胶漆相投,胶和漆凝聚在一起很牢固。比喻情深谊厚、亲密无间。相投,彼此合得来。投,投合。陈重,字景公,东汉豫章宜春(今江西宜春)人。少习《鲁诗》《颜氏春秋》。举孝廉,为郎。有同署郎欠债数十万,债主日至,重密以钱代还,终不言惠。后复举茂才,为细阳令,迁会稽太守,拜侍御史卒。雷义,字仲公,东汉豫章鄱阳(今江西鄱阳东北)人。初为郡功曹,尝救人出死罪,罪者以金二斤谢,不受。举孝廉,拜尚书侍郎,有坐事当刑者,雷义默自表取其罪,事觉,汉顺帝诏除其刑。后拜侍御史,除南顿令。

②鸡黍(shǔ)之约,元伯之与巨卿:语本《后汉书·独行传·范式》:“范式字巨卿,山阳金乡人也。一名氾。少游太学,为诸生,与汝南张劭为友。劭字元伯。二人并告归乡里。式谓元伯曰:‘后二年当还,将过拜尊亲,见孺子焉。’乃共克期日。后期方至,元伯具以白母,请设馔以候之。母曰:‘二年之别,千里结言,尔何相信之审邪?’对曰:‘巨卿信士,必不乖违。’母曰:‘若然,当为尔酝酒。’至其日,巨卿果到,升堂拜饮,尽欢而别。”汉朝人范式(字巨卿)在太学与张劭(字元伯)分手时,约定两年后探望张劭的母亲。两年后张劭请母亲准备丰盛饭菜等待范式的到来,结果范式果然如期而至。明·冯梦龙《喻世明言》中有篇云《范巨卿鸡黍死生交》,将范、张之交敷衍成传奇故事。世人遂以“鸡黍

之约"比喻朋友之间讲诚信，不违背誓言。鸡黍，语出《论语·微子》："止子路宿，杀鸡为黍而食之。"鸡与黍米，指饷客的饭菜。元伯，即张劭，字元伯，东汉汝南（今河南平舆）人。少游太学，与山阳范式为友，二人并告归。范式约张劭二年当过访。至其日，范式果到，尽欢而别。张劭称范式为"死友"。张劭卒，范式千里赴丧。巨卿，范式，一名汜，字巨卿，东汉山阳金乡（今山东嘉祥南）人。少游太学，与汝南张劭为友。至死不相负，有"死友"之称。举州茂才，四迁荆州刺史，后迁庐江太守，有威名，卒于官。

③"与善人交"六句：语本《孔子家语·六本》："孔子曰：'吾死之后，则商也日益，赐也日损。'曾子曰：'何谓也？'子曰：'商也好与贤己者处，赐也好说不若己者。不知其子，视其父；不知其人，视其友；不知其君，视其所使；不知其地，视其草木。故曰，与善人居，如入芝兰之室，久而不闻其香，即与之化矣；与不善人居，如入鲍鱼之肆，久而不闻其臭，亦与之化矣。丹之所藏者赤，漆之所藏者黑。是以君子必慎其所与处者焉。'"《说苑·杂言》亦载之，而篇幅较短。又，《大戴礼记·曾子疾病》："与君子游，苾乎如入兰芷之室，久而不闻，则与之化矣；与小人游，贷乎如入鲍鱼之次，久而不闻，则与之化矣。是故，君子慎其所去就。"芝兰之室，充满芝兰花香的房间。比喻教人从善的好环境。芝，通"芷"。芷和兰，皆香草。鲍鱼之肆，卖咸鱼的店铺。咸鱼腐臭，因此用"鲍鱼之肆"比喻恶人、小人聚集的场所。鲍鱼，盐渍鱼，干鱼，其气腥臭。

④肝胆相照：比喻赤诚相见。宋·文天祥《与陈察院文龙书》："所恃知己，肝胆相照，临书不惮倾倒。"中医认为肝与胆互为表里，称胆为肝府，故二者常并提。并用以比喻关系密切，或真心诚意。

⑤腹心之友：指赤诚相待、彼此知心的朋友。《警世通言·俞伯牙摔琴谢知音》："这相知有几样名色：恩德相结者，谓之'知己'；腹心相照者，谓之'知心'；声气相求者，谓之'知音'。总来叫做

'相知'。"

⑥意气不孚：志趣与性格不相投。

⑦口头之交：指嘴上说起来亲密但实际上并无深厚感情的泛泛之交。唐·孟郊《择友》诗："面结口头交，肚里生荆棘。"

⑧参（shēn）商：参星在西，商星在东，两颗星不同时在天空中出现，故用以比喻人与人感情不和睦。见前《天文》篇"参、商二星，其出没不相见"条注。

⑨冰炭：冰和火炭。前者剧冷，后者剧热，比喻相互矛盾、互不兼容的事物。旧注引宋·苏辙疏："君子小人，势同冰炭，同处必争。"（按，出自苏辙《再论分别邪正札子》，见《栾城集》卷四十三。）

⑩民之失德，干糇（hóu）以愆（qiān）：语本《诗经·小雅·伐木》："民之失德，干糇以愆。"毛传："糇，食也。"朱子集传："干糇，食之薄者也。愆，过也。……言人之所以至于失朋友之义者，非必有大故，或但以干糇之薄不以分人，而至于有愆耳。"是说因为舍不得把干粮拿出来分享，而得罪朋友。干糇，干粮。泛指普通食品。愆，差错，失误。

⑪他山之石，可以攻玉：语本《诗经·小雅·鹤鸣》："它山之石，可以为错。……它山之石，可以攻玉。"毛传："错，石也，可以琢玉。……攻，错也。""错"即砺石，是用来打磨玉器的石头。"它山之石，可以攻玉"，比喻别国的贤才也可用为本国的辅佐，正如别的山上的石头也可为砺石，用来琢磨玉器。后因以"他山之石"喻指能帮助自己改正错误缺点或提供借鉴的外力。

【译文】

"胶漆相投"，形容陈重与雷义的友情像胶与漆那样黏合在一起牢不可分；"鸡黍之约"，指张元伯和范巨卿朋友相交，相互信任。

与好人交往，如同长期住在种满芷兰芳草的房间，因习惯房中的香气而淡忘它的存在，但却在不知不觉间变得品味高雅；和坏人交往，如同长期待在贩卖咸鱼的店铺,因习惯室内的臭气而意识不到它的存在,但却在不知不觉间变得低级鄙陋。

"肝胆相照",指关系密切如同肝胆,这才算是推心置腹的好朋友;"意气不孚",是说意趣志向各不相同,只能算挂在嘴上的好朋友。

彼此合不来,就像参星与商星永不相会,称作"参商";双方结仇怨,好比冰块和炭火无法并存,称作"冰炭"。

"民之失德,干糇以愆",有时候得罪朋友,只因不肯分享干粮这样的小事;"他山之石,可以攻玉",别的山上的石头,可以用来打磨玉器,比喻可以借鉴朋友,帮助自己改正错误。

落月屋梁,相思颜色①;暮云春树,想望丰仪②。

王阳在位,贡禹弹冠以待荐③;杜伯非罪,左儒宁死不徇君④。

分首、判袂⑤,叙别之辞;拥彗、扫门⑥,迎迓之敬⑦。

陆凯折梅逢驿使,聊寄江南一枝春⑧;王维折柳赠行人,遂唱《阳关三叠》曲⑨。

频来无忌,乃云入幕之宾⑩;不请自来,谓之不速之客⑪。

【注释】

①落月屋梁,相思颜色:语本唐·杜甫《梦李白》诗:"死别已吞声,生别常恻恻。江南瘴疠地,逐(一作"远")客无消息。故人入我梦,明我长相忆。恐非平生魂,路远(一作"迷")不可测。魂来枫叶(一作"林")青,魂(一作"梦")返关塞黑。君今在罗网,何以(一作"似")有羽翼?落月满屋梁,犹疑照(一作"见")颜色。水深波浪阔,无使蛟龙得。"唐肃宗时,李白获罪,被流放夜郎,杜甫梦见李白,醒来后写下两首诗,其中一首有两句"落月满屋梁,

犹疑照（一作"见"）颜色"，写到他朦胧中的幻觉，说看到月色，便想到梦中的李白容貌在月光下似乎隐约可见。后遂以"落月屋梁"代表对远方友人的怀念。颜色，面容。

②暮云春树，想望丰仪：语本唐·杜甫《春日忆李白》诗："白也诗无敌，飘然思不群。清新庾开府，俊逸鲍参军。渭北春天树，江东日暮云。何时一尊酒，重与细论文。"杜甫怀念李白的诗里，有两句"渭北春天树，江东日暮云"，说自己在春天的渭北独对无边的绿树，遥想远在江东斜阳暮云之下的李白。诗借"云""树"而写思念之情，后遂以"暮云""春树"为仰慕、怀念友人之辞。想望，仰慕，渴望相见。唐·韩愈《顺宗实录四》："李泌为相，举为谏议大夫，拜官不辞。未至京师，人皆想望风采。"丰仪，风度仪表。唐·元稹《莺莺传》："余所善张君性温茂，美丰仪。"

③王阳在位，贡禹弹冠以待荐：语本《汉书·王吉传》："吉与贡禹为友，世称'王阳在位，贡公弹冠'，言其取舍同也。元帝初即位，遣使者征贡禹与吉。"唐·颜师古注："弹冠者，且入仕也。"西汉人贡禹品行高洁，任河南令时，被府官责问，免冠以谢，他说"冠一免，安复可冠也！"乃辞官。后来好朋友王吉（字子阳）在位，贡禹听说后很高兴，就把自己的冠取出，弹去灰尘，准备戴用。果然，不久贡禹也被任命为谏议大夫。后遂以"王阳在位，贡禹弹冠"比喻朋友援引出仕，或乐意辅佐志向相同的人。王吉（？—前48），字子阳，西汉琅邪皋虞（今山东即墨东北）人。大儒，兼通五经，曾官昌邑王（刘贺）中尉。昌邑王被立为帝仅27天，以行淫乱废，王吉因常忠言谏王得免死罪。汉宣帝时，王吉官任博士、谏大夫，曾上疏议论宣帝得失，后以病辞归。王吉与贡禹为友，皆以德行闻名，世称"王阳在位，贡公弹冠"。汉元帝初立，命使者征用王吉与贡禹。王吉年老，未至京，死于途中。《汉书》有传。贡禹（前124—前44），字少翁，西汉琅邪（今山东胶南琅

邪镇）人。以明经洁行征为博士。复举贤良，为河南令。以事去官。汉元帝初，征为谏大夫，迁御史大夫。数上书揭露宫廷奢侈，建议减徭役，选贤能，罢倡乐，贱商人，释放园陵宫女，使民归农。终御史大夫。《汉书》有传。

④杜伯非罪，左儒宁死不徇君：语本《说苑·立节》："左儒友于杜伯，皆臣周宣王，宣王将杀杜伯而非其罪也，左儒争之于王，九复之而王弗许也。王曰：'别君而异友，斯汝也！'左儒对曰：'臣闻之，君道友逆，则顺君以诛友；友道君逆，则率友以违君。'王怒曰：'易而言则生，不易而言则死。'左儒对曰：'臣闻古之士不枉义以从死，不易言以求生，故臣能明君之过，以死杜伯之无罪。'王杀杜伯，左儒死之。"左儒与挚友杜伯同为周宣王时大臣。杜伯触怒周宣王，周宣王要杀杜伯，左儒坚决劝阻，周宣王威胁他如果不改变主意也要被处死，左儒宁死不从。杜伯被杀，左儒也因此而死。非罪，无罪，被强加罪名。徇，曲从。

⑤分首：分头各自而行，表示离别的意思。南朝梁·沈约《襄阳白铜鞮》诗："分首桃林岸，送别岘山头。"北齐·颜之推《颜氏家训·风操》："北间风俗，不屑此事，歧路言离，欢笑分首。"判袂（mèi）：牵在一起的袖子分开，也是离别的意思。宋·范成大《大热泊乐温有怀商卿德称》诗："故人新判袂，得句与谁论？""分首""判袂"，皆为古诗文习用语。

⑥拥彗（huì）：手持扫帚，为贵宾在前面扫地引路。形容待客之礼极为诚敬。彗，竹扫帚。《史记·孟子荀卿列传》："（驺衍）如燕，昭王拥彗先驱，请列弟子之座而受业。"《汉书·高帝纪下》："后上朝，太公拥彗，迎门却行。"《史记·高祖本纪》作"拥篲"。扫门：清扫门庭，表示对宾客的敬重。

⑦迎迓（yà）：迎接。唐·元稹《沂国公魏博德政碑》："至则迎迓承奉。"

⑧陆凯折梅逢驿（yì）使，聊寄江南一枝春：语本《荆州记》：“陆凯与范晔相善，自江南寄梅花一枝诣长安与晔并赠花诗，曰：‘折花逢驿使，寄与陇头人。江南无所有，聊赠一枝春。’”《太平御览》引此诗，凡三次。相传范晔与陆凯是好友。某年春天，陆凯在江南，梅花正开，恰好有驿使去长安，陆凯便折了一枝梅花，托驿使带给远在长安的范晔，并附诗一首。驿使，古代驿站传送朝廷文书者。历史上有两个陆凯，一个是三国时吴国人，一个是北魏人。吴国的陆凯更有名，但年代与范晔年代相差甚远。北魏陆凯年代与范晔接近，但似不相识。且范晔为南朝臣子，似无在长安之理。故此诗及故事，恐为好事者所伪托。陆凯（198—269），字敬风，三国吴国人。陆逊族子。孙权黄武初，为永兴、诸暨长，有治迹，拜建武都尉。赤乌中，除儋耳太守，讨朱崖有功，迁建武校尉。又以讨山越功拜巴丘督、偏将军。孙皓立，迁镇西大将军，都督巴丘，领荆州牧，性刚直，数以切谏忤旨。一说曾与大司马丁奉、御史大夫丁固谋废孙皓，立孙休之子，不果。官至左丞相。又，陆凯（？—约504），字智君，北魏代人，鲜卑族。陆琇弟。年十五为中书学生，拜侍御中散，历迁给事黄门侍郎。在枢要十余年，以忠厚见称。北魏孝文帝改制时，令其私谕国戚，无疏远之意。出除正平太守，在郡七年，号为良吏。北魏宣武帝景明二年（501），咸阳王元禧谋反，兄琇被陷死于狱，诉兄冤不已。正始初，复琇官爵。未几卒。谥惠。

⑨王维折柳赠行人，遂唱《阳关三叠》曲：语本唐·王维《送元二使安西》诗：“渭城朝雨浥轻尘，客舍青青柳色新。劝君更尽一杯酒，西出阳关无故人。”此诗被人谱曲传唱，曲名为《阳关三叠》，又名《阳关曲》《渭城曲》。王维（701—761），字摩诘，唐太原祁县（今山西祁县）人，迁居蒲州（今山西永济）。唐玄宗开元九年（721），登进士第，调太乐丞，因伶人违制舞黄狮子受累，谪济

州司仓参军。张九龄执政,擢为右拾遗。天宝初,入为左补阙。十一载（752），拜吏部郎中,迁给事中。安史叛军陷京,被迫受伪职。复京后论罪,因曾作诗抒写对唐室的忠心,仅降为太子中允。迁左庶子、中书舍人,复拜给事中,转尚书右丞,卒,世称"王右丞"。多才多艺,诗、书、画、乐无不精通。与孟浩然同为盛唐山水田园诗派代表诗人。有《王维集》十卷,今存。《全唐诗》编诗四卷。折柳,折取柳枝。《三辅黄图·桥》："霸桥在长安东,跨水作桥。汉人送客至此桥,折柳赠别。"因"柳"与"留"谐音,可以表示挽留之意,故古有折柳条赠给远行者之习俗。后遂以"折柳"为赠别或送别之词。《阳关三叠》,王维《送元二使安西》诗,被谱曲传唱,曲名《阳关三叠》。《乐府诗集》"渭城曲"解题："《渭城》,一曰《阳关》,王维之所作也。本送人使安西诗,后遂被于歌。刘禹锡《与歌者诗》云：'旧人唯有何戡在,更与殷勤唱渭城。'白居易《对酒诗》云：'相逢且莫推辞醉,听唱《阳关》第四声。'《阳关》第四声,即'劝君更尽一杯酒,西出阳关无故人'也。《渭城》《阳关》之名,盖因辞云。"宋·苏轼《仇池笔记·阳关三叠》："旧传《阳关》三叠今歌者每句再叠而已。若通一首,又是四叠,皆非是。每句三唱,已应三叠,则丛然无复节奏。有文勋者,得古本《阳关》,每句皆再唱,而第一句不叠,乃知唐本三叠如此。乐天诗云：'相逢且莫推辞醉,听唱《阳关》第四声。'第四声者,'劝君更尽一杯酒'也。以此验之,若一句再叠,则此句为第五声;今为第四声,则一句不叠审矣。"

⑩入幕之宾：语出《晋书·郗超传》："谢安与王坦之尝诣温论事,温令超帐中卧听之。风动帐开,安笑曰：'郗生可谓入幕之宾矣。'"后因称参与机密的幕僚为"入幕宾"。

⑪不速之客：语出《周易·需卦》："有不速之客三人来,敬之终吉。"唐·孔颖达疏："速,召也。不须召唤之客有三人自来。"意指不

请自来的客人。速，邀请。

【译文】

"落月屋梁"，是说杜甫梦见故人李白的容貌；"暮云春树"，是说杜甫想望故人李白的丰采。

王阳做了高官，贡禹弹掉冠上的灰尘，等待他举荐；杜伯没有犯罪，左儒宁可陪他死，也不屈从君王的旨意。

"分首""判袂"，均为朋友告别时的留恋言辞；"拥彗""扫门"，都表明欢迎客人的恭敬态度。

陆凯碰见驿使，便折一枝梅花，托他寄给远在北方的挚友范晔，并在信里说"江南无所有，聊赠一枝春"；王维折下柳条赠给即将远行的朋友，并写下"劝君更尽一杯酒，西出阳关无故人"的诗句，从此世间传唱《阳关三叠》曲。

经常来而毫无顾忌的朋友，称为"入幕之宾"；未经邀请而自行前来的客人，叫作"不速之客"。

醴酒不设，楚王戊待士之意怠①；投辖于井，汉陈遵留客之心诚②。

蔡邕倒屣以迎宾③，周公握发而待士④。

陈蕃器重徐稚，下榻相延⑤；孔子道遇程生，倾盖而语⑥。

伯牙绝弦失子期，更无知音之辈⑦；管宁割席拒华歆，谓非同志之人⑧。

分金多与，鲍叔独知管仲之贫⑨；绨袍垂爱，须贾深怜范叔之窘⑩。

要知：主宾联以情，须尽东南之美⑪；朋友合以义，当展切偲之诚⑫。

【注释】

①醴（lǐ）酒不设，楚王戊待士之意怠：语本《汉书·楚元王传》："初，元王敬礼申公等，穆生不耆酒，元王每置酒，常为穆生设醴。及王戊即位，常设，后忘设焉。穆生退曰：'可以逝矣！醴酒不设，王之意怠。不去，楚人将钳我于市。'称疾卧。申公、白生强起之曰：'独不念先王之德与？今王一旦失小礼，何足至此！'穆生曰：'《易》称"知几其神乎！几者动之微，吉凶之先见者也。君子见几而作，不俟终日"。先王之所以礼吾三人者，为道之存故也。今而忽之，是忘道也。忘道之人，胡可与久处！岂为区区之礼哉？'遂谢病去。申公、白生独留。"西汉楚元王礼敬穆生等人，穆生不喜欢喝酒，楚元王每次设宴就为他准备低度数的甜米酒。后来楚元王之孙刘戊继位，刚开始也照样设置，时间长了就渐渐忘了准备甜酒，穆生认为新王骄横怠慢，担心将来遭遇横祸，便离开了。后遂以"醴酒不设"比喻对人的敬意渐渐减弱。醴酒，甜酒。《礼记·丧大记》："始食肉者，先食干肉；始饮酒者，先饮醴酒。"唐·玄应《一切经音义》卷二十二："醴，甜美也，言其水甘如醴酒。"楚王戊，即西汉诸侯国楚国第三任王刘戊（？—前154），乃汉高祖刘邦四弟楚元王刘交之孙，楚夷王刘郢客之子。汉景帝前元二年（前155），刘戊在为薄太后服丧期间私奸，被人告发，被削东海、薛郡。次年，与吴王刘濞一起发动七国叛乱，战败自杀。

②投辖（xiá）于井，汉陈遵留客之心诚：语本《汉书·游侠传·陈遵》："遵耆酒，每大饮，宾客满堂，辄关门，取客车辖投井中，虽有急，终不得去。"汉代陈遵热情好客，每次宴请宾客，总是把客人的车辖投入井中，不让客人走。后遂以"投辖"指殷勤留客。辖，插在轴端孔内的车键，使轮不脱落。陈遵，字孟公，西汉末年京兆杜陵（今陕西西安）人。少放纵不拘，善书法。汉哀帝末，初为京兆史、郁夷令。王莽当政，为校尉，以镇压赵朋、霍鸿等，封嘉威

侯。王莽奇陈遵之才，起为河南太守。更始时，为大司马护军，出使匈奴，会更始败，留居朔方，为贼所杀。

③蔡邕（yōng）倒屣（xǐ）以迎宾：语本《三国志·魏书·王粲传》："献帝西迁，粲徙长安，左中郎将蔡邕见而奇之。时邕才学显著，贵重朝廷，常车骑填巷，宾客盈坐。闻粲在门，倒屣迎之。粲至，年既幼弱，容状短小，一坐尽惊。邕曰：'此王公孙也，有异才，吾不如也。吾家书籍文章，尽当与之。'"东汉蔡邕听说王粲来拜访自己，激动得匆忙出门迎客，连鞋子都穿倒了。古人家居，习惯脱下鞋子坐在席子上，客人来到，因急于出迎，以致把鞋穿倒。后来便用"倒屣"形容主人热情迎客。蔡邕（132—192），字伯喈，东汉陈留圉（今河南杞县西）人。少博学，好辞章、数术、天文，妙操音律。汉灵帝时辟司徒桥玄府。任郎中，校书东观，迁议郎。熹平四年（175）与堂溪典等奏定"六经"文字，自书于碑，使工镌刻，立太学门外，世称"熹平石经"。后以上书论朝政阙失，为中常侍程璜陷害，流放朔方。遇赦后，复遭宦官迫害，亡命江海十余年。董卓专权，召为祭酒，迁尚书，拜左中郎将，封高阳乡侯。董卓被诛，为司徒王允所捕，自请黥首刖足，续成汉史，不许，死狱中。有《蔡中郎集》，已佚，今存辑本。屣，鞋。

④周公握发而待士：语本《史记·鲁周公世家》："周公戒伯禽曰：'我文王之子，武王之弟，成王之叔父，我于天下亦不贱矣。然我一沐三捉发，一饭三吐哺，起以待士，犹恐失天下之贤人。子之鲁，慎无以国骄人。'"亦见载于《韩诗外传》卷三。周公旦尊重人才，求贤若渴。天下贤人争相投奔，以致他经常在洗头时握着湿淋淋的头发出来见客。后以"周公握发""吐哺握发""一沐三握"比喻为招揽人才而殚精竭虑。

⑤陈蕃（fān）器重徐稚，下榻（tà）相延：语本《后汉书·徐稚传》："徐稚字孺子，豫章南昌人也。家贫，常自耕稼，非其力不食。恭

俭义让,所居服其德。屡辟公府,不起。时陈蕃为太守,以礼请署功曹,稚不免之,既谒而退。蕃在郡不接宾客,唯稚来特设一榻,去则县之。"东汉徐稚家贫,而以贤德闻名。陈蕃做豫章太守时,不喜待客,但却专门为他准备了一张榻,等他走后就又把榻悬挂起来。"徐稚榻"后用作礼贤下士之典。陈蕃(?—168),字仲举,东汉汝南(今河南平舆)人。初仕郡,举孝廉。太尉李固荐为议郎,历任豫章太守、尚书令、大鸿胪、光禄勋,汉桓帝时累迁太尉,谢绝大将军梁冀请托,不与交往。有"不畏强御陈仲举"之誉。汉灵帝立,为太傅,录尚书事,封高阳侯。与大将军窦武谋诛宦官曹节、王甫等,事泄,窦武被杀。率官属诸生八十余人,拔刀突入宫门,遂被害,年七十余。《后汉书》有传。器重,看重。徐稚(97—168),字孺子,东汉豫章南昌(今江西南昌)人。家贫而德高,不乐仕进,为世所重。当时达官及士林领袖陈蕃、胡广、黄琼、郭泰等人无不敬之。陈蕃为其专设一榻,郭泰称其"南州高士"。汉灵帝初年,朝廷欲蒲轮礼聘,会卒,时年七十二。《后汉书》有传。榻,狭长而较矮的床形坐具。延,请。

⑥孔子道遇程生,倾盖而语:语本《孔子家语·致思》:"孔子之郯,遭程子于途,倾盖而语终日,甚相亲。顾谓子路曰:'取束帛以赠先生。'子路屑然对曰:'由闻之,士不中间见,女嫁无媒,君子不以交,礼也。'有间,又顾谓子路。子路又对如初。孔子曰:'由,《诗》不云乎:"有美一人,清扬宛兮。邂逅相遇,适我愿兮。"今程子天下贤士也,于斯不赠,则终身弗能见也。小子行之!'"此事亦见载于《孔丛子》《说苑》等古文献。孔子在前往郯国的途中遇见程生,两人十分投缘,停下车谈了很久,孔子让子路取束帛赠给程生。程生,春秋末期贤人,生平事迹不详。孔子曾与他路上偶遇,相谈投缘。倾盖,车上的伞盖靠在一起。《史记·鲁仲连邹阳列传》:"谚曰:'白头如新,倾盖如故。'何则?知与不知也。"

唐·司马贞索隐引《志林》曰:"倾盖者,道行相遇,轩车对语,两盖相切,小敧之,故曰'倾'。"

⑦伯牙绝弦失子期,更无知音之辈:语本《吕氏春秋·孝行览·本味》:"伯牙鼓琴,钟子期听之,方鼓琴而志在太山,钟子期曰:'善哉乎鼓琴,巍巍乎若太山。'少选之间,而志在流水,钟子期又曰:'善哉乎鼓琴,汤汤乎若流水。'钟子期死,伯牙破琴绝弦,终身不复鼓琴,以为世无足复为鼓琴者。非独琴若此也,贤者亦然。虽有贤者,而无礼以接之,贤奚由尽忠?犹御之不善,骥不自千里也。"俞伯牙善于演奏,钟子期善于欣赏,这就是"知音"一词的由来。后钟子期亡故,俞伯牙悲痛万分,于是破琴绝弦,终生不再弹琴。子期知音、伯牙绝弦的故事流传甚广,亦见载于《淮南子》《说苑》《列子》等古文献。伯牙,相传为春秋时期著名琴师。据传曾学琴于成连先生,三年不成。后随成连至东海蓬莱山,闻海水澎湃、林鸟悲鸣之声,心有所感,乃援琴而歌。从此琴艺大进,终成天下妙手。琴曲《水仙操》《高山流水》,相传均为他所作。见东汉·蔡邕《琴操·水仙操》。《荀子·劝学》:"伯牙鼓琴而六马仰秣。"唐·杨倞注:"伯牙,古之善鼓琴者,亦不知何代人。"《吕氏春秋·孝行览·本味》:"伯牙鼓琴,钟子期听之。……"(见前引)东汉·高诱注:"伯,姓;牙,名,或作'雅'。"绝弦,断绝琴弦。因伯牙为子期绝弦之故事,后遂以"绝弦"喻失去知音。三国魏·曹丕《与吴质书》:"昔伯牙绝弦于钟期,仲尼覆醢于子路。痛知音之难遇,伤门人之莫逮。"子期,即钟子期,相传为春秋时楚人。伯牙鼓琴,意在高山流水,钟子期听而知之。子期死,伯牙谓世无知音,乃破琴绝弦,终身不复鼓琴。

⑧管宁割席拒华歆(xīn),谓非同志之人:语本《世说新语·德行》:"管宁、华歆共园中锄菜,见地有片金,管挥锄与瓦石不异,华捉而掷去之。又尝同席读书,有乘轩冕过门者,宁读如故,歆废书

出看。宁割席分坐,曰:'子非吾友也!'"汉魏之际的管宁和华歆
是好朋友,有一次两人同坐在一张席子上读书,有华贵车辆载着
达官贵人从门前经过,管宁神色不改,照样读书,华歆却跑出去
观看。管宁割断席子坐到一旁,对华歆说:"你不是我的朋友!"
后遂以"割席"喻朋友绝交。管宁(158—241),字幼安,汉魏之
际北海郡朱虚(今山东临朐)人。少孤。与华歆、邴原相善。尝
与华歆同席读书,有贵官过门,华歆废书观之,遂与华歆割席分
坐。汉末避乱至辽东,山居三十多年,从者甚众。后还乡。魏文
帝黄初中征为太中大夫,魏明帝以为光禄勋,俱不就。齐王曹芳
正始初,朝廷安车蒲轮束帛加璧聘,会宁卒。华歆(157—231),
字子鱼,汉魏之际平原高唐(今山东高唐)人。东汉末举孝廉,除
郎中,以病去官。太傅马日磾安集关东,辟为掾,诏拜豫章太守,
为政清静不烦。孙策略地江东,待以上宾之礼。曹操表征之,拜
议郎,参司空军事,入为尚书,代荀彧为尚书令。曹丕即王位,拜
相国,封安乐乡侯。曹丕即帝位后,擢为司徒。魏明帝即位,拜
太尉。封博平侯。卒谥敬。同志,志趣相同的人。这里指朋友。
《周礼·大司徒》"五曰联朋友",汉·郑玄注:"同师曰'朋',同
志曰'友'"。《公羊传·定公四年》"朋友相卫",东汉·何休注
"同门曰'朋',同志曰'友'。"又,《五经正义》多次引汉·郑玄
注《论语》"同门曰'朋',同志曰'友'。"

⑨分金多与,鲍叔独知管仲之贫:语本《史记·管晏列传》:"管仲
曰:'吾始困时,尝与鲍叔贾,分财利多自与,鲍叔不以我为贪,知
我贫也。吾尝为鲍叔谋事而更穷困,鲍叔不以我为愚,知时有利
不利也。吾尝三仕三见逐于君,鲍叔不以我为不肖,知我不遭时
也。吾尝三战三走,鲍叔不以我为怯,知我有老母也。公子纠败,
召忽死之,吾幽囚受辱,鲍叔不以我为无耻,知我不羞小节而耻
功名不显于天下也。生我者父母,知我者鲍子也。'"春秋时,齐

国的鲍叔牙与管仲情谊深厚,两人曾一起经商,管仲家贫,总是会给自己多分些钱,鲍叔牙知道他家的情况,并不认为管仲他贪财。后来齐桓公想任鲍叔牙为相,但鲍叔牙推荐了管仲。鲍叔,即鲍叔牙,春秋时齐国人,与管仲为莫逆之交。后来管、鲍二人分保公子纠与公子小白。齐襄公死,公子纠与公子小白争夺君位,公子纠被杀,公子小白回国即位,即齐桓公。鲍叔牙力劝齐桓公释管仲之囚,齐桓公任管仲为相,终成霸业。事见《史记·管晏列传》。管仲(?—前645),即管敬仲,名夷吾,字仲,春秋时齐国人。与鲍叔牙友善。初事公子纠,奔鲁。齐襄公被杀,公子纠与公子小白(即齐桓公)争位失败,以好友鲍叔牙推荐,齐桓公不念前仇,任为卿,尊为仲父。执政期间,因势制宜,实行改革。实行国野分治,分国都为士乡十五,工商乡六;分鄙野为五属,设五大夫分别治理。并以士乡乡里编制与军队编制相结合,编制三军。制订选拔人才制度,士经三审,可选为上卿之赞。于野则主张按土地肥瘠,分级征税。设盐铁官,煮盐制钱。适度征发力役,无害农时,禁止掠夺家畜。并制定以交纳兵器赎罪之刑法等等。齐日益富强,使齐桓公以"尊王攘夷"为名,九合诸侯,成为春秋第一个霸主。卒谥敬。今本《管子》,托名管仲所作,其中《牧民》《形势》《权修》《乘马》等篇有其遗说,《大匡》《中匡》《小匡》等篇述其遗事。

⑩绨(tí)袍垂爱,须贾深怜范叔之窘:语本《史记·范雎蔡泽列传》:"范雎既相秦,秦号曰张禄,而魏不知,以为范雎已死久矣。魏闻秦且东伐韩、魏,魏使须贾于秦。范雎闻之,为微行,敝衣间步之邸,见须贾。须贾见之而惊曰:'范叔固无恙乎!'范雎曰:'然。'须贾笑曰:'范叔有说于秦邪?'曰:'不也。雎前日得过于魏相,故亡逃至此,安敢说乎!'须贾曰:'今叔何事?'范雎曰:'臣为人庸赁。'须贾意哀之,留与坐饮食,曰:'范叔一寒如此哉!'乃取其一绨袍以赐之。"战国时范雎曾受须贾陷害,后逃奔秦国,改

名张禄,官至相国。须贾出使秦国,范雎故意穿着破衣服去见他,须贾见他穷困的样子,就送他一件绨袍。第二天,须贾才发现范雎就是秦相张禄,很是尴尬。绨袍,粗布厚袍。绨,比绸子厚实而粗糙的纺织品,用丝做经,用棉线做纬。须贾,战国时魏国人。为魏中大夫。范雎贫时曾事之。范雎从须贾使齐,齐襄王听闻范雎辩口,乃使人赐范雎金十斤及牛酒,范雎辞谢不受。须贾知之,大怒,以为范雎持魏国阴事告齐。既归,以告魏相。范雎被魏相毒打几死。后须贾使于秦,以为范雎已死,不知其正为秦昭王相。范雎微行敝衣见须贾,须贾以一绨袍赠之。范雎以须贾尚有故人情意,遂释之归。范叔,范雎(?—约前255),字叔,战国时魏国人。曾为魏国大夫须贾门客,随其出使齐国;因受齐襄王牛酒之赐,而被怀疑通齐卖魏,为魏相魏齐笞辱,佯死脱身,化名张禄西入秦,游说秦昭王,进远交近攻之策,被任为秦相。封于应,称"应侯"。《史记》有传。其名,《战国策》各本皆作"雎(suī)",而《史记》作"雎(jū)"。清·钱大昕云:"战国、秦、汉人多以'且'为名,读子余切,如穰且、豫且、夏无且、龙且皆是。且旁加'隹',如范雎、唐雎,文殊而音不殊也。"(《潜研堂金石文跋》尾续卷一)。钱说颇有理。窘,穷困。

⑪主宾联以情,须尽东南之美:语本唐·王勃《滕王阁序》:"台隍枕夷夏之交,宾主尽东南之美。"是说出席盛会的客人和主人都是东南一方的杰出人物。"东南之美"一词,指东南人物中之佼佼者,不始于王勃,晋人即已习用。晋·潘尼《赠陆机出为吴王郎中令》诗:"东南之美,曩惟延州;显允陆生,于今鲜俦。"《晋书·顾和传》:"王导为扬州,辟从事。……谓和曰:'卿珪璋特达,机警有锋,不徒东南之美,实为海内之俊。'"

⑫朋友合以义,当展切偲(sī)之诚:语本《论语·子路》:"子路问曰:'何如斯可谓之士矣?'子曰:'切切偲偲,怡怡如也,可谓士

矣。朋友切切偲偲，兄弟怡怡。'"三国魏·何晏集解引东汉·马融曰："切切偲偲，相切责之兒。"宋·邢昺疏："朋友以道义切磋琢磨，故施于朋友也。"《诗经·小雅·常棣》："虽有兄弟，不如友生。"毛传："朋友以义，切切然。"唐·陆德明释文："切切然，定本作切切偲偲然。"唐·孔颖达疏："朋友之交则以义，其聚集切切节节然，相劝竞以道德，相勉励以立身，使其日有所得，故兄弟不如友生也。切切节节者，切磋勉励之貌。"切偲，即切切偲偲，相互敬重切磋勉励的样子。

【译文】

不再为不喝酒的穆生专门准备低度数的甜米酒，楚王刘戊对待贤士的态度日渐怠慢；将客人的车辖投入井中，汉人陈遵挽留客人的心意过于诚恳。

蔡邕太过激动，倒穿着鞋子，就前去迎接来访的客人王粲；周公暂停沐浴，握着湿漉漉的头发，接待前来投奔的人才。

陈蕃敬重徐稚的人品，专设床榻，请他留下夜谈；孔子路上遇见程生，二人倾斜着车盖，说个不停。

伯牙扯断琴弦永不弹奏，因为钟子期死后，世上再也无人听懂他的琴音；管宁割断坐席，远离趋炎附势的华歆，说他不是志同道合之人。

分钱的时候多分给对方，只因鲍叔牙深知管仲家境贫寒；赠送绨袍，表示爱心，须贾十分同情范叔的窘困。

须明白：主宾之间联络感情，目的是广交名震一方的贤俊；朋友相交，是出于道义上的认同，应当坦诚地相互督促批评。

婚姻

【题解】

本篇19联，讲的都是和婚姻有关的成语典故。儒家文化强调婚姻是人伦之始，王化之源，必须重视。古人婚姻，重视媒妁之言，讲究"六礼"程序。古人多认为姻缘乃是命中注定。

良缘由夙缔^①，佳偶自天成^②。

蹇修与柯人^③，皆是媒妁之号^④；冰人与掌判^⑤，悉是传言之人^⑥。

礼须六礼之周^⑦，好合二姓之好^⑧。

女嫁，曰于归^⑨；男婚，曰完娶^⑩。

婚姻论财，夷虏之道^⑪；同姓不婚，周礼则然^⑫。

女家受聘礼，谓之许缨^⑬；新娘谒祖先^⑭，谓之庙见^⑮。

文定纳采^⑯，皆为行聘之名^⑰；女嫁男婚，谓了子平之愿^⑱。

【注释】

① 良缘：美好的姻缘。夙（sù）：旧有的，早就有了的。缔（dì）：缔结，订立，结合。

② 佳偶：好配偶。感情融洽、生活幸福的夫妻。天成：上天促成的。

③ 蹇（jiǎn）修：语出《离骚》："解佩纕以结言兮，吾令蹇修以为理。"东汉·王逸注："蹇修，伏羲氏之臣也。……言己既见宓妃，则解我佩带之玉，以结言语，使古贤蹇修而为媒理也。"因为蹇修诚恳，适合说媒，后世便称"媒人"为"蹇修"。柯（kē）人：媒人。《诗经·豳风·伐柯》："伐柯如何？匪斧不克。取妻如何？匪媒不得。"后世便以"伐柯"代指做媒，称媒人为"柯人"。

④ 媒妁（shuò）：说合婚姻的人，亦即媒人。媒，谓谋合二姓者。妁，谓斟酌二姓者。一说男方曰"媒"，女方曰"妁"。《孟子·滕文公下》："不待父母之命，媒妁之言，钻穴隙相窥，逾墙相从，则父母国人皆贱之。"朱子集注："妁，亦媒也。"

⑤冰人：典出《晋书·艺术传·索纮》："孝廉令狐策梦立冰上，与冰下人语。纮曰：'冰上为阳，冰下为阴，阴阳事也。士如归妻，迨冰未泮，婚姻事也。君在冰上与冰下人语，为阳语阴，媒介事也。君当为人作媒，冰泮而婚成。'"后世便称媒人为"冰人"。掌判：指媒人。《周礼·地官·媒氏》："媒氏，掌万民之判。"东汉·郑玄注："判，半也。得耦为合，主合其半成夫妇也。"宋·胡继宗《书言故事·媒妁》："媒曰'掌判'。"

⑥悉：都，均，皆。传言：带话，传话儿。这里指代为传达男女两家的话。

⑦六礼：古代在确立婚姻过程中的六种礼仪，即纳采、问名、纳吉、纳征、请期、亲迎。《仪礼·士昏礼》"纳采用雁"唐·贾公彦疏："昏礼有六，五礼用雁：纳采、问名、纳吉、请期、亲迎是也。唯纳征不用雁，以其自有币帛可执故也。"其后《唐律》《明律》中都有类似的规定。其中"纳采"指女家收受男方用于提亲的彩礼；"问名"指男方探问女方姓名及出生年月日然后占卜吉凶，相当于后来所谓的"合八字"；"纳吉"是问名后的程序，如卜得吉兆，则媒人便携薄礼到女家告知此事，今称"小定"；"纳征"的内容包括送定金、喜饼以及多种饰物、祭品，作为正式下聘订盟的礼物，今称"大定"；"请期"是由男方委请择日师选定吉日良时，请媒人征求女家意见，俗称"送日子"，又称"乞日"。"亲迎"指婚期确定后，新郎赴女家迎娶新娘，拜堂完婚，也就是今天所说的"迎亲"。周：周全到位。

⑧好合二姓之好：语本《礼记·哀公问》："公曰：'寡人愿有言然。冕而亲迎，不已重乎？'孔子愀然作色而对曰：'合二姓之好，以继先圣之后，以为天地宗庙社稷之主，君何谓已重乎？'"《大戴礼记·哀公问于孔子》《穀梁传·桓公三年》亦载此语，唯《穀梁传》作"子贡问"。又，《礼记·昏义》："昏礼者，将合二姓之好，上以事宗庙，而下以继后世也，故君子重之。是以昏礼纳采、问

名、纳吉、纳征、请期，皆主人筵几于庙，而拜迎于门外，入，揖让而升，听命于庙，所以敬慎重正昏礼也。”

⑨于归：古代指女子出嫁。女子以夫家为归宿。于，词头，用在动词前，无实意。《诗经·周南·桃夭》：“之子于归，宜其室家。”朱子集传：“妇人谓嫁曰‘归’。”清·马瑞辰通释：“《尔雅》：‘于，曰也。’‘曰’读若‘聿’，‘聿’‘于’一声之转。‘之子于归’，正与‘黄鸟于飞’‘之子于征’为一类。于飞，聿飞也；于征，聿征也；于归，亦聿归也。又与《东山》诗‘我东曰归’、《采薇》诗‘曰归曰归’同义，‘曰’亦‘聿’也。于、曰、聿，皆词也。”

⑩完娶：娶妻，完婚。

⑪婚姻论财，夷虏（yí lǔ）之道：语本隋·王通《中说·事君》：“子曰：婚娶而论财，夷虏之道也。君子不入其乡。古者男女之族，各择德焉。不以财为礼。”夷虏之道，指不文明的习俗。夷虏，春秋以后对中原以外各族的蔑称。

⑫同姓不婚，周礼则然：周代礼制，同姓不相婚配。《礼记·曲礼上》：“取妻不取同姓，故买妾不知其姓则卜之。”

⑬女家受聘（pìn）礼，谓之许缨（yīng）：语本《礼记·曲礼上》：“女子许嫁，缨。非有大故，不入其门。”东汉·郑玄注：“女子许嫁系缨，有从人之端也。”缨，丝带。古时女子同意嫁人，就系上丝带，表明自己有了归属，故称女子已经许配婆家为“系缨”“许缨”。女子许嫁所系之缨，形制不详。《仪礼·士婚礼》：“主人入，亲说妇之缨。”东汉·郑玄注：“妇人十五许嫁，笄而礼之，因着缨，明有系也。盖以五采为之，其制未闻。”唐·贾公彦疏：“此缨与男子冠缨异，彼缨垂之两傍，结其绦。”聘礼，订婚时，男家给女家所备的彩礼。

⑭谒（yè）：拜见，祭拜。

⑮庙见：古婚礼，妇入夫家，若公婆已故，则于三月后至家庙参拜公婆神位，称为“庙见”。《礼记·曾子问》：“三月而庙见，称来妇

也。"东汉·郑玄注:"谓舅姑没者也。"唐·孔颖达疏:"此谓舅姑
亡者,妇入三月之后而于庙中以礼见于舅姑。其祝辞告神,称来
妇也。"后亦称新妇首次拜谒祖庙为"庙见"。

⑯文定:古代指订婚。《诗经·大雅·大明》:"文定厥祥,亲迎于渭。"
朱子集传:"文,礼;祥,吉也。言卜得吉而以纳币之礼定其祥也。"
后因称订婚为"文定"。纳彩:古代婚姻"六礼"中的第一礼,相当
于今天所说的"提亲"。男家遣媒妁往女家提亲,送礼求婚。若
女方有意,则男方派媒人正式向女家求婚,并携带一定的礼物。

⑰行聘:下聘礼。

⑱女嫁男婚,谓了子平之愿:语本《后汉书·逸民传·向长》:"向
长,字子平,河内朝歌人也。隐居不仕,性尚中和,好通《老》
《易》。贫无资食,好事者更馈焉,受之取足而反其余。王莽大司
空王邑辟之,连年乃至,欲荐之于莽,固辞乃止。潜隐于家。读
《易》至《损》《益》卦,喟然叹曰:'吾已知富不如贫,贵不如贱,但
未知死何如生耳。'建武中,男女娶嫁既毕,敕断'家事勿相关,当
如我死也'。于是遂肆意,与同好北海禽庆俱游五岳名山,竟不
知所终。"两汉之际的向子平在儿女婚事完毕后,便了却人生心
愿,云游四方。后遂称了却儿女婚嫁之事为"了子平之愿"。子
平,向长,字子平,两汉之际河内朝歌(今河南淇县)人。隐居不
仕,性尚中和,通《老子》《易经》。汉光武帝时与禽庆俱游五岳
名山,不知所终。

【译文】

好姻缘是前世注定的,好配偶是上天撮合的。

"蹇修"与"柯人",都是对媒人的称呼;"冰人"与"掌判",都指为男
女两家牵线传话的媒人。

"六礼"必须周全到位,方能使夫妻双方百年好合。

女子出嫁,叫作"于归";男子成婚,称为"完娶"。

婚姻用钱财衡量，那是外邦蛮族人的做法；同姓不结婚，周礼制定以来就一直如此。

女家收受男方聘礼，叫作"许缨"；新娘祭告夫家祖先，称为"庙见"。

"文定""纳采"，都是男方下聘礼的名称；女嫁儿婚，可以说了却父母的"子平之愿"。

聘仪①，曰雁币②；卜妻，曰凤占③。

成婚之日，曰星期④；传命之人⑤，曰月老⑥。

下采⑦，即是纳币⑧；合卺⑨，系是交杯⑩。

执巾栉⑪，奉箕帚⑫，皆女家自谦之词；娴姆训⑬，习内则⑭，皆男家称女之说。

绿窗，是贫女之室；红楼，是富女之居⑮。

桃夭，谓婚姻之及时⑯；摽梅，谓婚期之已过⑰。

【注释】

①聘仪：行聘的彩礼。

②雁币：雁与币帛。古时用为聘问或婚嫁时之聘仪。古婚礼分纳采、问名、纳吉、纳征、请期、亲迎等六礼。纳征用币，其余用雁。

③卜（bǔ）妻，曰凤占（zhān）：语本《左传·庄公二十二年》："初，懿氏卜妻敬仲，其妻占之，曰：'吉，是谓凤凰于飞，和鸣锵锵。'"后世因称占卜佳偶为"凤卜""凤占"。占，古时用迷信方法来预测吉凶。

④星期：典出《诗经·唐风·绸缪》："绸缪束薪，三星在天。今夕何夕，见此良人。"毛传："三星，参也。在天，谓始见东方也。男女待礼而成，若薪刍待人事而后束也。三星在天，可以嫁娶矣。"郑笺："三星，谓心星也。心有尊卑、夫妇、父子之象，又为二月之合宿，故嫁娶者以为候焉。"后遂以"三星在天"为男女婚期之典。

特指婚期。明·汪廷讷《种玉记·梦俊》："年少,梦中恍惚相逢,想是星期将到。"

⑤传命:为谈婚论嫁的男女两家传话。

⑥月老:典出唐·李复言《续玄怪录·定婚店》。该篇记载杜陵韦固,元和二年(807)在宋城看见一位老人身倚布囊,坐于阶上,向月捡书。韦固问他翻的是何书,老人答:"此幽明之书。"韦固又问他掌管什么,老人答:"天下之婚牍耳。"又问囊中何物,答曰:"赤绳子耳。以系夫妻之足,及其生,则潜用相系,虽仇敌之家,贵贱悬隔,天涯从宦,吴楚异乡,此绳一系,终不可逭。""月老"亦称"月下老人",神话传说中掌管婚姻之神,主管世间男女婚姻,在冥冥之中用红绳系男女之足,以定姻缘。后代指媒人。

⑦下采:下聘礼、彩礼。

⑧纳币:古代婚礼"六礼"之一。纳吉之后,择日具书,送聘礼至女家,女家受物复书,婚姻乃定。亦称"文定",俗称"过定"。亦即"六礼"中的"纳征"。《仪礼·士昏礼》:"纳征,玄纁、束帛、俪皮,如纳吉礼。"东汉·郑玄注:"征,成也,使使者纳币以成昏礼。"唐·贾公彦疏:"纳此,则昏礼成,故云'征'也。"

⑨合卺(jǐn):古代婚礼中的一种仪式。剖一瓠为两瓢,新婚夫妇各执一瓢,斟酒以饮。后多以"合卺"代指成婚。《礼记·昏义》:"妇至,婿揖妇以入,共牢而食,合卺而酳。所以合体同尊卑,以亲之也。"东汉·郑玄注:"'共牢而食,合卺而酳',成妇之义。"唐·孔颖达疏:"卺,谓半瓢,以一瓠分为两瓢,谓之'卺'。婿之与妇,各执一片以酳,故云'合卺而酳'。"

⑩交杯:旧俗举行婚礼时,把两个酒杯用红丝线系在一起,令新婚夫妇交换着喝这两个酒杯里的酒,称为"交杯酒"。其俗,源自"合卺"。宋·王得臣《麈史·风俗》:"古者婚礼合卺,今也以双杯彩丝连足,夫妇传饮,谓之'交杯'。"

⑪执巾栉（zhì）：拿着毛巾、梳子箆子等伺候洗浴，形容妻妾服侍夫君。是古时为人妻妾的谦辞。《左传·僖公二十二年》："寡君之使婢子侍执巾栉，以固子也。"

⑫奉箕帚：拿着簸箕笤帚，从事家内洒扫之事。谓充当妻室。是古时为人妻妾的谦辞。《国语·吴语》："勾践请盟：一介嫡女，执箕帚以晐姓于王宫。"《战国策·楚策一》："大王诚能听臣，臣请秦太子入质于楚，楚太子入质于秦，请以秦女为大王箕帚之妾，效万家之都，以为汤沐之邑，长为昆弟之国，终身无相攻击。"《史记·高祖本纪》："酒阑，吕公因目固留高祖。高祖竟酒，后。吕公曰：'臣少好相人，相人多矣，无如季相，愿季自爱。臣有息女，愿为季箕帚妾。'"

⑬娴（xián）：娴熟掌握、通晓。姆（mǔ）训：女师的训诫。古时，贵族女子十岁以上便要在家接受女师的教导。《礼记·内则》："女子十年不出，姆教婉娩听从。执麻枲，治丝茧，织纴组紃，学女事以共衣服，观于祭祀，纳酒浆笾豆菹醢，礼相助奠。"《仪礼·士昏礼》："姆纚笄宵衣，在其右。"东汉·郑玄注："姆，妇人年五十，无子，出而不复嫁，能以妇道教人者，若今时乳母。"

⑭习内则：熟悉并严格遵守妇道。内则，《礼记》中有《内则》一篇，内容为妇女在家庭内必须遵守的规范和准则。《礼记·内则》题注唐·孔颖达疏："郑玄《目录》云：'名曰《内则》者，以其记男女居室事父母舅姑之法。此于《别录》属子法。'以闺门之内，轨仪可则，故曰'内则'。"借指妇职、妇道。《后汉书·皇后纪序》："所以能述宣阴化，修成内则，闺房肃雍，险谒不行也。"

⑮"绿窗"四句：语本唐·白居易《秦中吟·议婚》诗："天下无正声，悦耳即（一作"则"）为娱。人间无正色，悦目即（一作"则"）为姝。颜色非相远，贫富则有殊。贫为时所弃，富为时所趋。红楼富家女，金缕绣罗襦。见人不敛手，娇痴二八初。母兄未开口，

已(一作"言")嫁不须臾。绿窗贫家女,寂莫二十余。荆钗不直钱,衣上无真珠。几回人欲聘,临日又踟蹰。主人会良媒,置酒满玉壶。四座且勿饮,听我歌两途。富家女易嫁,嫁早轻其夫。贫家女难嫁,嫁晚孝于姑。闻君欲娶妇,娶妇意何如?"后遂以"绿窗"代指贫家女子的居所,"红楼"代指富家女子的居所。

⑯桃夭(yāo),谓婚姻之及时:语本《毛诗序》:"《桃夭》,后妃之所致也。不妒忌,则男女以正,婚姻以时,国无鳏民也。"《诗经·周南·桃夭》:"桃之夭夭,灼灼其华。"毛传:"兴也。桃,有华之盛者。夭夭,其少壮也。灼灼,华之盛也。"郑笺:"兴者,喻时妇人皆得以年盛时行也。"《桃夭》是《诗经》中的一篇,经学家认为其主题是写男女婚姻及时。

⑰摽(biào)梅,谓婚期之已过:语本《毛诗序》:"《摽有梅》,男女及时也。召南之国,被文王之化,男女得以及时也。"唐·孔颖达疏:"作《摽有梅》诗者,言男女及时也。召南之国,被文王之化,故男女皆得以及时。谓纣时俗衰政乱,男女丧其配耦,嫁娶多不以时。今被文王之化,故男女皆得以及时。"《诗经·召南·摽有梅》:"摽有梅,其实七兮。求我庶士,迨其吉兮。"毛传:"兴也。摽,落也。盛极则隋落者,梅也。尚在树者七。"郑笺:"兴者,梅实尚余七未落,喻始衰也。谓女二十,春盛而不嫁,至夏则衰。"《摽有梅》是《诗经》中的一篇。摽,意为落。梅子熟透,渐次掉落,比喻女子已过结婚年龄,不嫁而将变成老姑娘。

【译文】

行聘的彩礼,叫"雁币";占卜求妻,称"凤占"。

结婚的日子,称"星期";替男女两家传话的媒人,叫"月老"。

"下采",就是男方家里给女方家里送彩礼;"合卺",是指新郎新娘喝交杯酒。

拿着毛巾、梳子篦子等伺候洗浴,拿着簸箕笤帚,从事家内洒扫之事,都是女方的自谦之辞;娴熟女师的训诫,熟悉并严格遵守妇道,则是男方赞美女方之语。

"绿窗",代指贫家女的房室;"红楼",代指富小姐的居所。

"桃之夭夭",形容女子出嫁及时;"摽有梅",比喻女子错过婚龄。

御沟题叶,于祐始得宫娥①;绣幕牵丝,元振幸获美女②。

汉武对景帝论妇,欲将金屋贮娇③;韦固与月老论婚,始知赤绳系足④。

朱陈一村而结好⑤,秦晋两国以成婚⑥。

蓝田种玉,伯雍之缘⑦;宝窗选婿,林甫之女⑧。

架鹊桥以渡河⑨,牛女相会⑩;射雀屏而中目,唐高得妻⑪。

至若:礼重亲迎,所以正人伦之始⑫;诗首好逑,所以崇王化之原⑬。

【注释】

①御沟题叶,于祐(yòu)始得宫娥:语本宋·刘斧《清琐高议(前集卷五)·流红记》。其内容梗概如下:唐僖宗时,有儒士于祐,晚步禁沟,拾一红叶,上有诗云:"流水何太急,深宫尽日闲。殷勤谢红叶,好去到人间。"祐题云:"曾闻叶上题红怨,叶上题诗寄与谁?"置沟上流,宫女韩夫人拾之。祐后为韩泳门馆,因帝放宫女三千人赐各官,泳得韩同姓,因作伐嫁祐,及成礼,于箧中取红叶相示,乃曰:"事岂偶然!"一日,泳开宴,曰:"子二人可谢媒。"韩氏曰:"一联佳句随流水,十载幽思满素怀。今日却应鸾凤友,方知红叶是良媒。"御沟,古代皇城外的护城河。题叶,在枫叶上题诗。"御沟题叶"故事在唐宋笔记小说中多有记载,后常用来形容冥冥中早已注定的夫妻缘分。于祐,唐僖宗时儒士。

②绣幕牵丝,元振幸获美女:语本五代·王仁裕《开元天宝遗事·牵红丝娶妇》:"郭元振少时,美风姿,有才艺,宰相张嘉贞欲纳为婿。元振曰:'知公门下有女五人,未知孰陋。事不可仓卒,更待忖之。'张曰:'吾女各有姿色,即不知谁是匹偶。以子风骨奇秀,非常人也,吾欲令五女各执一丝,幔前使子取便牵之,得者为婿。'元振欣然从命。遂牵一红丝线,得第三女,大有姿色,后果然随夫贵达也。"相传唐朝宰相张嘉贞欲招郭元振为女婿,便让五个女儿各拿着一根丝站在幕后,让郭元振在幕前任牵一根,结果郭元振牵到张嘉贞的三女儿,张嘉贞便把她嫁给了郭元振。后以"牵丝""牵红""牵红线""牵红丝"为选婿或择妻的典故。元振,即郭震(656—713),字元振,以字显,排行大,原籍太原阳曲(今山西定襄东南),祖父徙居于魏州贵乡(今河北大名西北)。唐高宗咸亨四年(673)登进士第,复中拔萃科,任通泉尉,落拓不拘小节,尝铸钱、掠良人财以济四方宾客。武后召见,奇之,上《宝剑篇》,武后甚为嘉赏,授右武卫铠曹参军,使吐蕃。武周大足元年(701),拜凉州都督,拓境一千五百里。唐中宗神龙中,迁左骁卫将军、安西大都护、金山道行军大总管。唐睿宗立,召为太仆卿,安西酋长有赘面哭送者。景云二年(711),进同中书门下三品,迁吏部尚书,封馆陶县男。先天元年(712),为朔方军大总管;二年(713),以兵部尚书复同中书门下三品,封代国公。会帝讲武骊山,坐军容不整,流新州。开元元年(713),起为饶州司马,病死于途中。生平详见唐·张说《郭代公行状》、新旧《唐书》本传。

③汉武对景帝论妇,欲将金屋贮(zhù)娇:语本《汉武故事》:"帝以乙酉年七月七日旦生于猗兰殿。年四岁,立为胶东王。数岁,长公主嫖抱置膝上,问曰:'儿欲得妇不?'胶东王曰:'欲得妇。'长主指左右长御百余人,皆云不用。末指其女问曰:'阿娇好不?'于是乃笑对曰:'好!若得阿娇作妇,当作金屋贮之也。'"汉武帝

幼时说要用金屋接纳阿娇做媳妇，后常用以形容娶妻或纳妾。据《汉武故事》，"若得阿娇作妇，当作金屋贮之"，是汉武帝对馆陶长公主所说。汉武，即汉武帝。见前《文臣》篇"汲黯相汉武"条注。景帝，即汉景帝刘启（前188—前141）。汉文帝子。用晁错计，削诸侯王封地。吴、楚等七国反，后讨平七国，派任官吏管理诸侯王国行政，巩固中央集权。继承文帝与民休息政策，重农抑商，改田赋十五税一为三十税一。史家称"文景之治"。在位十六年。娇，即阿娇。汉武帝之陈皇后，小字阿娇。陈午之女，母为汉武帝姑馆陶长公主。汉武帝得为太子，多赖长公主力。曾言若得阿娇，当以金屋贮之，取为妃。及即位，将其立为皇后。擅宠骄贵，无子而妒。坐挟妇人媚道及巫蛊，废居长门宫，数年卒。

④韦固与月老论婚，始知赤绳系足：语本唐·李复言《续玄怪录·定婚店》。见本篇"传命之人，曰月老"条注。韦固，中唐人。《续玄怪录·定婚店》载有他元和二年（807）在宋城见到月老的故事。赤绳系足，相传月下老人主司人间婚姻，其囊中有赤绳，于冥冥之中系住男女之足，双方即注定为夫妇。

⑤朱陈一村而结好：语本唐·白居易《朱陈村》诗："徐州古丰县，有村曰'朱陈'。去县百余里，桑麻青氛氲。机梭声札札，牛驴走纭纭。女汲涧中水，男采山上薪。县远官事少，山深人俗淳。有财不行商，有丁不入军。家家守村业，头白不出门。生为村之（一作"陈村"）民，死为村之（一作"陈村"）尘。田中老与幼，相见何欣欣。一村唯两姓，世世为婚姻（自注：其村唯朱、陈二姓而已）。……"徐州丰县朱陈村，自古以来只有朱、陈二姓，世代通婚。后世遂称两家联姻为结"朱陈之好"。结好，结两姓之好。

⑥秦晋两国以成婚：春秋时期，晋献公把大女儿嫁给秦穆公；秦穆公又先后嫁女儿给晋怀公、晋文公。此后，秦、晋两国世代互相婚嫁，后世遂称两家结亲为"秦晋之好"。《三国演义》第十六回：

"胤到徐州见布,称说:'主公仰慕将军,欲求令爱为儿妇,永结秦晋之好。'"此句"成婚",他本或作"联姻"。

⑦蓝田种玉,伯雍(yōng)之缘:语本晋·干宝《搜神记》卷十一:"杨公伯雍,洛阳县人也。本以侩卖为业。性笃孝。父母亡,葬无终山,遂家焉。山高八十里,上无水,公汲水,作义浆于坂头,行者皆饮之。三年,有一人就饮,以一斗石子与之,使至高平好地有石处种之,云:'玉当生其中。'杨公未娶,又语云:'汝后当得好妇。'语毕不见。乃种其石。数岁,时时往视,见玉子生石上,人莫知也。有徐氏者,右北平著姓,女甚有行,时人求,多不许。公乃试求徐氏。徐氏笑以为狂,因戏云:'得白璧一双来,当听为婚。'公至所种玉田中,得白璧五双,以聘。徐氏大惊,遂以女妻公。天子闻而异之,拜为大夫。乃于种玉处,四角作大石柱,各一丈,中央一顷地,名曰'玉田'。"杨伯雍用别人送他的石头种出美玉,并以此为聘礼娶到家世显赫的徐氏女子。后遂以"蓝田种玉"比喻缔结姻缘。《金瓶梅词话》第九十一回:"姻缘本是前生定,曾向蓝田种玉来。"《搜神记》所载杨伯雍种玉之地并不在蓝田,因蓝田以产玉闻名,后人遂嫁接之而为"蓝田种玉"。蓝田,县名。今为陕西西安辖县。在陕西渭河平原南缘、秦岭北麓、渭河支流灞河上游。秦置县,以产美玉闻名。东汉·班固《西都赋》:"陆海珍藏,蓝田美玉。"伯雍,指杨伯雍,《搜神记》中的人物。李光明庄本作"雍伯",当为"伯雍"倒文。

⑧宝窗选婿,林甫之女:语本五代·王仁裕《开元天宝遗事·选婿窗》:"李林甫有女六人,各有姿色,雨露之家,求之不允。林甫厅事壁间开一横窗,饰以杂宝,缦以绛妙。常日使六女戏于窗下,每有贵家子弟入谒,林甫即使女于窗中自选可意者事之。"相传唐代宰相李林甫有六个女儿,为了挑选佳婿,他在堂壁上开了一个暗窗,每有贵家子弟来拜见,就让女儿们在窗后观察,挑选自己喜

欢的如意郎君。宝窗，用珠宝装饰、雕镂精致的窗子。林甫，李林甫（？—752），小字哥奴，排行十，唐高祖从父弟之曾孙。因厚结武惠妃与武三思女，于唐玄宗开元二十三年（735）任礼部尚书、同中书门下三品，寻代张九龄为中书、集贤殿大学士，又封晋国公。厚结宦官、嫔妃，探听玄宗意旨，故出言进奏，动必称旨，深得玄宗宠信。居相位十九年，权势至盛，朝野侧目，政事败坏。为人面柔而有狡计，对人暗加陷害不形于辞色，人称"口蜜腹剑"。因其主张重用番将，使安禄山得掌重兵，致起安史之乱。

⑨鹊桥：民间传说天上的织女七夕渡银河与牛郎相会，喜鹊来搭成桥，称"鹊桥"。常用以比喻男女结合的途径。唐·韩鄂《岁华纪丽·七夕》："七夕鹊桥已成，织女将渡。"原注引《风俗通义》："织女七夕当渡河，使鹊为桥。"

⑩牛女：指牛郎和织女。见前《天文》篇"牛女两宿"条、《岁时》篇"七夕牛女渡河"条注。

⑪射雀屏而中目，唐高得妻：语本《旧唐书·后妃传上·高祖太穆皇后窦氏》："（窦毅）谓长公主曰：'此女才貌如此，不可妄以许人，当为求贤夫。'乃于门屏画二孔雀，诸公子有求婚者，辄与两箭射之，潜约中目者许之。前后数十辈莫能中。高祖后至，两发各中一目。毅大悦。遂归于我帝。"窦毅为招佳婿，在屏上画了两只孔雀，约定将女儿嫁给射中孔雀眼睛的那个人。结果李渊一发中的，娶到他的女儿。后因以"雀屏"择婿许婚的典故。唐高，指唐高祖李渊（566—635），字叔德，唐代开国皇帝。祖籍陇西成纪（今甘肃静宁西南），迁狄道，又徙武川镇，后入中原。李渊出身于北朝的关陇贵族。其祖父李虎为西魏八柱国之一，北周时期追封唐国公；其父李昞为北周御史大夫、安州总管、柱国大将军。李渊七岁袭封唐国公，隋时累迁至太原留守。炀帝大业十三年（617）起兵反隋，次年（618）称帝，国号唐，定都长安。建元

武德。称帝后,逐步消灭薛举、刘武周、窦建德、王世充等割据势力,统一天下。武德九年(626),其子李世民发动玄武门之变,李渊被迫退位,为太上皇。贞观九年(635),病逝,谥号太武皇帝,庙号高祖,葬于献陵。

⑫礼重亲迎,所以正人伦之始:语本《榖梁传·桓公三年》:"九月,齐侯送姜氏于讙。礼,送女,父不下堂,母不出祭门,诸母兄弟不出阙门。父戒之曰:'谨慎从尔舅之言!'母戒之曰:'谨慎从尔姑之言!'诸母般申之曰:'谨慎从尔父母之言!'送女逾竟,非礼也。公会齐侯于讙。无讥乎?曰为礼也。齐侯来也,公之逆而会之可也。夫人姜氏至自齐。其不言翚之以来何也?公亲受之于齐侯也。子贡曰:'冕而亲迎,不已重乎?'孔子曰:'合二姓之好,以继万世之后,何谓已重乎?'"《春秋·桓公三年》载:"公子翚如齐逆女。九月,齐侯送姜氏于讙。公会齐侯于讙。夫人姜氏至自齐。"《榖梁传》引孔子答子贡问,明辩鲁桓公不亲迎之非。宋元理学家辩之愈明。宋·张洽《张氏春秋集注》(桓公三年):"礼,送女,父不下堂,母不出祭门。圣人制礼,不可过,不可不及。齐僖爱其女之过,至于越竟而送之。遂使鲁桓之出,不为亲迎,而为齐侯在讙,特往会之。故僖公之送、桓公之会,皆非所以重大昏而正人伦之始。《春秋》所以谨而书之也。"宋·赵鹏飞《春秋经筌》、宋·陈深《读春秋编》、元·程端学《春秋本义》、元·汪克宽《春秋胡传附录纂疏》皆有此论,强调齐僖公送女越境,使鲁桓公失亲迎之礼,"皆非所以重大昏而正人伦之始"。此论在宋元明清时期影响深远。又,宋·欧阳修《易童子问》卷十七:"童子曰:'取必男下女乎?'曰:'夫妇所以正人伦,礼义所以养廉耻,故取女之礼,自纳采至于亲迎,无非男下女而又有渐也。故《渐》之《彖》曰"渐之进也,女归吉也"者是已。奈何《归妹》以女下男而往,其有不凶者乎?'"亦可见先儒"礼重亲迎,所以正人伦之始"之重

视。至若，连词，表示另提一事。至于，说到。南朝梁·钟嵘《诗品·总论》："昔九品论人，《七略》裁士，校以宾实，诚多未值。至于诗之为技，较尔可知，以类推之，殆均博弈。"亲迎，古代婚姻"六礼"之中最为隆重的仪式，相当于今天的迎亲。见本篇"礼须六礼之周"条注。人伦，古代礼教所规定的君臣、父子、夫妇、兄弟、朋友及各种尊卑长幼关系。

⑬诗首好（hǎo）逑（qiú），所以崇王化之原：语本《毛诗·大序》："《周南》《召南》，正始之道，王化之基。"又，明·黄道周《儒行集传》卷下："韦玄成为丞相，封乐安侯。成帝即位，上疏戒妃匹、劝经学，言'《关雎》为王化之原。六经者，圣人所以统天地之心'。语尤精梓，中于时事。上敬纳其言。"诗首好逑，指《诗经》开篇《关雎》中便有"窈窕淑女，君子好逑"两句。好逑，君子的好配偶。逑，配偶。王化之原，指周朝天子教化的基础和本源。

【译文】

在红叶上题写诗句，凭借御沟传情，于祐因此娶到宫女韩夫人；在绣幕前牵住一根红丝线，郭元振竟幸运娶到美丽的新娘。

汉武帝向父亲景帝提及将来娶妻，说愿意建造一座金屋，来迎娶表姐阿娇；韦固与月老谈论婚姻，才知道夫妻在冥冥之中有一根红绳系在脚上。

朱、陈两姓，同住一村，世世结亲；秦、晋两国，睦邻友好，代代通婚。

在蓝田种出美玉，杨伯雍用它换来好姻缘；透过暗窗挑选如意郎君的，正是宰相李林甫的女儿们。

喜鹊用身体架起桥梁，供牛郎织女渡过银河相会；搭箭射中屏风上孔雀的眼睛，唐高祖李渊因此娶回贤妻。

至于：礼经重视"亲迎"仪式，那是因为夫妇为人伦之基始，必须正视；《诗经》开篇吟咏"窈窕淑女，君子好逑"，则是因为婚姻是教化之本源，怎能忽略？

女子

【题解】

本篇24联,讲的都是和女子相关的成语典故。

古代礼教,重视三从四德,重视女子贞洁。西汉·刘向专门撰有《列女传》,为古代贤惠贞洁女子立传。刘向之后,晋·皇甫谧亦撰《列女传》。自《后汉书》设《列女传》,几成历代正史定制。《晋书》《魏书》《北史》《隋书》《旧唐书》《新唐书》《宋史》《辽史》《金史》《元史》《明史》皆有《列女传》,为古代贤惠贞洁女子立传。地方志及族谱家乘,亦有为贤惠贞洁女子立传的传统。

周代太王的妻子太姜、王季的妻子太妊、文王的妻子太姒,因母仪天下,是丈夫的贤内助,自古被树立为妇女的楷模。夏桀的宠妃妹喜、商纣的宠妃妲己、周幽王的宠妃褒姒,分别导致夏商(西)周的灭亡,则被视为红颜祸水的典型。

男子禀乾之刚,女子配坤之顺①。

贤后称女中尧舜②,烈女称女中丈夫③。

曰闺秀④,曰淑媛⑤,皆称贤女;曰阃范⑥,曰懿德⑦,并美佳人。

妇主中馈⑧,烹治饮食之名⑨;女子归宁⑩,回家省亲之谓⑪。

何谓三从? 从父、从夫、从子⑫;何谓四德? 妇德、妇言、妇工、妇容⑬。

【注释】

①男子禀(bǐng)乾之刚,女子配坤之顺:语本《周易·说卦》:"乾,健也。坤,顺也。……乾,天也,故称乎父。坤,地也,故称乎母。"

《周易》八卦中的"乾",代表刚健,代表天、男、父、君等;"坤",代表柔顺,代表地、女、母、臣等。禀乾之刚,禀受天宇间的刚健之气。配坤之顺,对应大地上的柔顺之气。

②贤后称女中尧舜:语本《宋史·后妃传·英宗宣仁圣烈高皇后》:"临政九年,朝廷清明,华夏绥定。宋用臣等既被斥,祈神宗乳媪入言之,冀得复用。后见其来,曰:'汝来何为?得非为用臣等游说乎?且汝尚欲如曩日,求内降干挠国政耶?若复尔,吾即斩汝。'媪大惧,不敢出一言。自是内降遂绝,力行故事,抑绝外家私恩。文思院奉上之物,无问巨细,终身不取其一。人以为女中尧、舜。"宋神宗死后,十岁的宋哲宗即位,太皇太后高氏(英宗之后,神宗之母)垂帘听政,贤良恭顺,为政有方,深得朝野爱戴,被誉为女子中的尧、舜。尧、舜,尧帝与舜帝,上古时期的圣明君王。尧年老时,将王位传给了有才德的舜,而非自己的儿子。舜年老了,也采取同样的办法,把王位让给治水有功的禹。

③烈女称女中丈夫:语本东汉·赵晔《吴越春秋·王僚使公子光传》:"子胥默然,遂行至吴。疾于中道,乞食溧阳。适会女子击绵于濑水之上,筥中有饭。子胥遇之,谓曰:'夫人,可得一餐乎?'女子曰:'妾独与母居,三十未嫁,饭不可得。'子胥曰:'夫人赈穷途少饭,亦何嫌哉?'女子知非恒人,遂许之,发其箪筥,饭其盎浆,长跪而与之。子胥再餐而止。女子曰:'君有远逝之行,何不饱而餐之?'子胥已餐而去,又谓女子曰:'掩夫人之壶浆,无令其露。'女子叹曰:'妾独与母居三十年,自守贞明,不愿从适,何宜馈饭而与丈夫?越亏礼仪,妾不忍也。子行矣。'子胥行,反顾女子,已自投于濑水。於乎,贞明执操,其丈夫女哉!"又,东汉·袁康《越绝书·荆平王内传》亦载此事。伍子胥逃亡途中,在濑水曾向一捶击棉絮的女子乞食,女子自以其事越礼,自投濑水而死,被誉为"丈夫女"。丈夫女,即像男子汉大丈夫一样的女子。后

以"女中丈夫"指女子中的英杰。烈女,刚正有节操的女子,以死保全贞节的女子。

④闺秀:语出南朝宋·刘义庆《世说新语·贤媛》:"谢遏绝重其姊,张玄常称其妹,欲以敌之。有济尼者,并游张、谢二家,人问其优劣,答曰:'王夫人神情散朗,故有林下风气;顾家妇清心玉映,自是闺房之秀。'"后以"闺秀"称大户人家有才德的女儿,多指未婚者。

⑤淑媛:贤淑美好的女子。媛,美女。《后汉书·列女传·曹世叔妻》:"若淑媛谦顺之人,则能依义以笃好,崇恩以结援。"唐·李贤注:"淑,善也。美女曰'媛'。"媛,表美女义项,一般读去声,即 yuàn;但李光明庄旧注"音员",读平声,即 yuán。

⑥阃(kǔn)范:指妇德,妇女的道德规范与自我约束。阃,闺门,妇女居住的内室。《礼记·曲礼上》:"外言不入于阃,内言不出于阃。"东汉·郑玄注:"阃,门限也。"《孔子家语·本命》:"女子者,顺男子之教而长其理者也。是故无专制之义,而有三从之道,幼从父兄,既嫁从夫,夫死从子,言无再醮之端,教令不出于闺门,事在供酒食而已,无阃外之非仪也,不越境而奔丧,事无擅为,行无独成,参知而后动,可验而后言,昼不游庭,夜行以火,所以效匹妇之德也。"

⑦懿(yì)德:美好的品德。特指妇女的美德。唐·韩愈《贺册皇太后表》:"恭惟懿德,克配前芳。"

⑧主:主持,负责。中馈(kuì):指家中供膳诸事。亦指酒食。出自《周易·家人卦》:"六二,无攸遂,在中馈。贞吉。"唐·孔颖达疏:"妇人之道……其所职,主在于家中馈食供祭而已。"馈,进献,进食于人,为他人提供食物。《颜氏家训·治家》:"妇主中馈,惟事酒食衣服之礼耳。"

⑨烹治:烹调,烹煮。烹,煮。

⑩归宁：回家探亲。多指已嫁女子回娘家看望父母。《诗经·周南·葛覃》："归宁父母。"朱子集传："宁，安也。谓问安也。"

⑪省（xǐng）亲：探望父母或其他亲戚尊长。《新唐书·卓行传·阳城》："凡学者，所以学为忠与孝也。诸生有久不省亲者乎？"

⑫何谓三从？从父、从夫、从子：语本《大戴礼记·本命》："女者，如也。子者，孳也。女子者，言如男子之教而长其义理者也。故谓之'妇人'。妇人，伏于人也。是故无专制之义，有三从之道：在家从父，适人从夫，夫死从子，无所敢自遂也。"又，《礼记·郊特牲》："妇人，从人者也：幼从父兄，嫁从夫，夫死从子。"三从，中国传统礼教认为妇女应该做到在家从父，出嫁从夫，夫死从子，谓之"三从"。

⑬何谓四德？妇德、妇言、妇工、妇容：语本《周礼·天官·九嫔》："九嫔掌妇学之法，以教九御妇德、妇言、妇容、妇功。"东汉·郑玄注："妇德谓贞顺，妇言谓辞令，妇容谓婉娩，妇功谓丝枲。"又，《礼记·昏义》："是以古者妇人先嫁三月，祖庙未毁，教于公宫，祖庙既毁，教于宗室，教以妇德、妇言、妇容、妇功。教成祭之，牲用鱼，笔之以蘋藻，所以成妇顺也。"东汉·郑玄注："妇德，贞顺也。妇言，辞令也。妇容，婉娩也。妇功，丝麻也。"四德，中国传统礼教中妇女应遵从的四种德行，即妇德、妇言、妇容、妇功。妇功，又作"妇工"，旧时指纺织、刺绣、缝纫等事，为妇女的四德之一。

【译文】

男子秉承乾天的阳刚之气，女子具备坤地的柔顺之德。

贤良的皇后或太后，称"女中尧舜"；贞烈的妇女，叫"女中丈夫"。

"闺秀""淑媛"，都是对贤惠女子的称呼；"闺范""懿德"，同为对高尚女子的赞美。

妇女负责家中的饮食事宜，叫做"主中馈"；已嫁的女儿回娘家探望双亲,称为"归宁"。

　　什么叫"三从"? 就是在家顺从父亲、出嫁顺从丈夫、夫死顺从儿子;什么是"四德"? 就是严守妇女道德、注意言辞谈吐、擅长家务活计、注意仪表容貌。

　　周家母仪,太王有周姜,王季有太任,文王有太姒①;三代亡国,夏桀以妹喜,商纣以妲己,周幽以褒姒②。

　　兰蕙质③,柳絮才④,皆女人之美誉;冰雪心⑤,柏舟操⑥,悉孀妇之清声⑦。

　　女貌娇娆⑧,谓之尤物⑨;妇容妖媚⑩,实可倾城⑪。

【注释】

①"周家母仪"四句:语本《列女传·母仪传·周室三母》:"三母者,太姜、太任、太姒。太姜者,王季之母,有台氏之女。太王娶以为妃。生太伯、仲雍、王季。贞顺率导,靡有过失。太王谋事迁徙,必与太姜。君子谓太姜广于德教。太任者,文王之母,挚任氏中女也。王季娶为妃。太任之性,端一诚庄,惟德之行。及其有娠,目不视恶色,耳不听淫声,口不出敖言,能以胎教。溲于豕牢,而生文王。文王生而明圣,太任教之,以一而识百,卒为周宗。君子谓太任为能胎教。古者妇人妊子,寝不侧,坐不边,立不跸,不食邪味,割不正不食,席不正不坐,目不视于邪色,耳不听于淫声。夜则令瞽诵诗,道正事。如此,则生子形容端正,才德必过人矣。故妊子之时,必慎所感。感于善则善,感于恶则恶。人生而肖万物者,皆其母感于物,故形音肖之。文王母可谓知肖化矣。太姒者,武王之母,禹后有莘姒氏之女。仁而明道。文王嘉之,亲迎于渭,造舟为梁。及入,太姒思媚太姜、太任,旦夕勤劳,以进妇道。

太姒号曰文母,文王治外,文母治内。太姒生十男:长伯邑考、次武王发、次周公旦、次管叔鲜、次蔡叔度、次曹叔振铎、次霍叔武、次成叔处、次康叔封、次聃季载。太姒教诲十子,自少及长,未尝见邪僻之事。及其长,文王继而教之,卒成武王周公之德。君子谓太姒仁明而有德。《诗》曰:'大邦有子,伣天之妹,文定厥祥,亲迎于渭,造舟为梁,不显其光。'又曰:'太姒嗣徽音,则百斯男。'此之谓也。颂曰:周室三母,太姜任姒,文武之兴,盖由斯起。太姒最贤,号曰文母。三姑之德,亦甚大矣!"母仪,为母者的典范,多用于皇后。《〈古列女传〉小序》:"惟若母仪,贤圣有智,行为仪表,言则中义。"唐·赵璘《因话录》卷一:"(贞懿皇后)母仪万国,化洽六宫。"宋·司马光《论后妃封赠札子》:"皇后敌体至尊,母仪四海。"太王,周文王之祖古公亶(dǎn)父的尊号,相传为后稷十三世孙。周人本居豳,因狄族侵逼,自古公亶父始迁居岐山之下,筑城郭宫室,立宗庙,设官吏,开垦荒地发展生产,定国号曰周,自此兴盛,故武王克殷,追尊为太王。周姜,即太姜,亦作"大姜"。姜姓,出自有邰氏,周太王的正妃,泰伯、仲雍、季历的母亲,周文王姬昌的祖母。与太任、太姒共称为周室三贤母。王季,姬姓,名季历,又称"周公季",是周太王古公亶父的第三子,周文王姬昌的父亲,商末人。其兄太伯、虞仲知古公亶父欲立季历以传文王,遂逃往荆蛮。季历继周君位,臣属于殷。殷帝武乙时,朝殷,得赏土地、玉与马。殷帝太丁二年,伐燕京之戎,败。四年,克余无之戎,受命为殷之牧师。七年,克始呼之戎。十一年,战胜翳徒之戎。后为太丁所杀。太任,亦作"大妊"。挚任氏女,王季之妻,周文王之母。与太姜、太姒共称为周室三贤母。文王,即周文王。见前《地舆》篇"让畔而耕,文王百姓之相推"条注。太姒(sì),姒姓,周文王之妃,周武王之母。与太姜、太妊共称为周室三贤母。

②"三代亡国"四句:语本《汉书·外戚传》:"自古受命帝王及继体

守文之君，非独内德茂也，盖亦有外戚之助焉。夏之兴也以涂山，而桀之放也用末喜；殷之兴也以有娀及有㜪，而纣之灭也嬖妲己；周之兴也以姜嫄及太任、太姒，而幽王之禽也淫褒姒。"三代，指夏、商、周三个朝代。夏桀（jié），见前《岁时》篇"夏桀无道而伊洛竭"条注。妹喜，或作"末喜""妹嬉"。夏桀妃。有施氏女。相传桀伐有施，有施献其女。女子行，丈夫心，佩剑带冠。桀听用其言，昏乱失德。汤伐桀，妹喜与桀同奔南方而死。《汉书·外戚传》唐·颜师古注："末喜，桀之妃，有施氏女也。美于色，薄于德，女子行，丈夫心。桀常置末喜于膝上，听用其言，昏乱失道。于是汤伐之，遂放桀，与末喜死于南巢。"商纣（zhòu），或作"受""帝辛"，商代最末一代君主。名辛，世称"纣王"。帝乙之子。材力过人，能徒手与猛兽搏斗，曾平定东夷，国力因而虚耗。好酒淫乐，暴敛重刑，百姓怨望。杀九侯、鄂侯，囚西伯，诸侯多叛。又杀死进谏贤臣比干等人，囚禁箕子。周武王联合西南各族伐纣，牧野一战，纣兵败自焚，商亡。妲（dá）己，商王纣宠妃。有苏氏女，己姓。纣伐有苏氏，有苏氏献女。得纣宠，助纣为虐。周武王灭商，杀之。《汉书·外戚传》唐·颜师古注："妲己，纣之妃，有苏氏女也，美好辩辞，兴于奸宄，嬖幸于纣。纣用其言，毒虐众庶。于是武王伐纣，战于牧野，纣师倒戈，不为之战。武王克殷，致天之罚，斩妲己头，悬之于小白旗。以为纣之亡者，由此女也。"周幽，即周幽王（？—前771），西周最末一代国君。姬姓，名宫湦，一作"宫涅"。周宣王子。任虢石父为卿，行苛政。镐京地震，三川竭，岐山崩。又命伯士攻六济之戎，失败。纳褒姒而宠，生子伯服。废太子宜臼及申后，立伯服。申后之父申侯与犬戎攻王，犬戎破镐京，杀周幽王，掳褒姒。西周亡。在位十一年。诸侯立其子宜臼，是为周平王，东迁洛邑，史称"东周"。褒姒（sì），周幽王的宠妃。周时褒国女子，姒姓。周幽王伐褒，褒侯进褒姒，为周幽王所宠幸。性不好笑。周幽王悦之万方不得。乃举烽火以召诸侯，诸侯急至，而无外敌入寇事，褒姒大笑。周幽王遂数举烽火，以博褒姒之笑。后申侯与犬戎攻周，周幽王又举烽火，诸侯以为戏，不至，周幽王被杀。《诗经·小雅·正月》："赫赫宗周，褒姒灭之。"《国语·晋语一》："周幽王伐有褒，有褒人以褒姒女焉。"《楚辞·天问》："周幽谁诛？焉得夫褒姒？"

③兰蕙（huì）质：兰、蕙一般高雅的品质。兰、蕙都是植物名，香气清幽，古时常用来比喻妇女幽静清雅的气质，如"兰心蕙质"。晋·潘岳《悼亡诗》："明月入绮窗，仿佛想蕙质。"唐·李善注："左九嫔《武帝纳皇后颂》曰：如兰之茂。蕙，兰类，故变之耳。"宋·苏轼《次韵曹子方龙山真觉院瑞香花》："一逢兰蕙质，稍回铁石心。置酒要妍暖，养花须晏阴。"

④柳絮（xù）才：典出南朝宋·刘义庆《世说新语·言语》："谢太傅寒雪日内集，与儿女讲论文义。俄而雪骤，公欣然曰：'白雪纷纷何所似？'兄子胡儿曰：'撒盐空中差可拟。'兄女曰：'未若柳絮因风起。'公大笑乐。即公大兄无奕女，左将军王凝之妻也。"南朝梁·刘孝标注："胡儿，谢朗小字也。"晋代才女谢道韫曾以"未若柳絮因风起"比喻飞扬的雪花，后世便用"咏絮才"比喻女子聪颖有诗才。

⑤冰雪心：形容心地纯净洁白或操守清正贞洁。旧时亦用以比喻妇女守节之心。元末明初·张以宁《题节妇卷》："妾有匣中镜，一破不复圆。妾有弦上丝，一断不复弹。惟存古冰雪，为妾作心肝。死者傥复生，剖与良人看。"旧注："蒋顺怡妻周氏，因顺死，舅姑欲嫁之。（周）氏作诗曰：'瑶池古冰雪，为妾作心肝。'"或即张诗之本事，然出处未明。

⑥柏舟操：典出《毛诗序》："《柏舟》，共姜自誓也。卫世子共伯蚤死，其妻守义，父母欲夺而嫁之，誓而弗许，故作是诗以绝之。"春

秋时期卫国世子共伯早死，其妻共姜誓死不再改嫁，曾作《柏舟》诗以明心志。《诗经·鄘风·柏舟》："泛彼柏舟，在彼中河。髧彼两髦，实维我仪。之死矢靡它。母也天只，不谅人只！泛彼柏舟，在彼河侧。髧彼两髦，实维我特。之死矢靡慝。母也天只，不谅人只！"旧时谓夫死不嫁的节操。

⑦孀（shuāng）妇：丈夫死后没有再嫁的妇女。《淮南子·修务训》"以养孤孀"，东汉·高诱注："雒家谓寡妇曰'孀妇'。"清声：清白美好的名声。东汉·蔡邕《陈太丘碑文》："奉礼终没，休矣清声。"

⑧娇娆（ráo）：美丽妩媚。唐·韩偓《意绪》诗："娇娆意态不胜羞，愿倚郎肩永相着。"

⑨尤物：典出《左传·昭公二十八年》："昔有仍氏生女，黰黑，而甚美，光可以鉴，名曰'玄妻'。乐正后夔取之，生伯封，实有豕心，贪惏无餍，忿颣无期，谓之'封豕'。有穷后羿灭之，夔是以不祀。且三代之亡，共子之废，皆是物也，女何以为哉？夫有尤物，足以移人，苟非德义，则必有祸。"晋·杜预注："夏以妹喜，殷以妲己，周以褒姒，三代所由亡也。共子，晋申生，以骊姬废。……尤，异也。"指绝色美女。有时含有贬义。尤，特异的，突出的。

⑩妖媚：艳丽妩媚。唐·牛僧孺《玄怪录·崔书生》："今汝所纳新妇，妖媚无双。"有时含有贬义，指妩媚而不正派。《武王伐纣平话》卷上："遂换了女子之灵魂，变为妖媚之形。"

⑪倾城：典出《汉书·外戚传上·李夫人》："（李）延年侍上起舞，歌曰：'北方有佳人，绝世而独立，一顾倾人城，再顾倾人国。宁不知倾城与倾国，佳人难再得！'"后因以"倾国倾城"或"倾城倾国"形容女子极其美丽。宋·袁文《瓮牖闲评》卷二："所谓倾城倾国者，盖一城一国之人皆倾心而爱悦之。"

【译文】

周王朝能做天下女子榜样的国母有：太王的妻子周姜、王季的妻子太妊、文王的妻子太姒；夏、商、周三代之所以亡国，是因为：夏桀宠幸妹喜、商纣宠幸妲己、周幽王宠幸褒姒。

"兰蕙质""柳絮才"，都是用以赞誉女子品格高尚，文采出众；"冰雪心""柏舟操"，用以颂扬寡妇品行贞节，洁身自好。

女子过于美丽，常被称为"尤物"；女人妖艳异常，确实堪称"倾城"。

潘妃步，朵朵莲花①；小蛮腰，纤纤杨柳②。

张丽华发光可鉴③，吴绛仙秀色可餐④。

丽娟气馥如兰，呵处结成香雾⑤；太真泪红于血，滴时更结红冰⑥。

孟光力大，石臼可擎⑦；飞燕身轻，掌上可舞⑧。

【注释】

①潘妃步，朵朵莲花：语本《南史·齐本纪·废帝东昏侯》："又凿金为莲华以帖地，令潘妃行其上，曰：'此步步生莲华也。'"潘妃，南朝齐废帝东昏侯的妃子，小字玉儿。色美体妍，宠冠后宫。服御极尽奢华，生活恣纵无度。东昏侯尝凿地为金莲花，令妃行其上，称之谓"步步生莲花"。梁武帝兵入建康，得妃，见其美而欲纳之。王茂以"亡齐者，此物"谏，将以赐田安，不愿而自缢死。

②小蛮腰，纤纤杨柳：语本唐·孟棨《本事诗·事感》："白尚书姬人樊素善歌，妓人小蛮善舞，尝为诗曰：'樱桃樊素口，杨柳小蛮腰。'"唐代白居易有侍女名小蛮，身段优美善舞，白居易称她"杨柳小蛮腰"。后遂以"小蛮腰"指年轻女子纤细灵活的腰肢。纤纤杨柳，纤细婀娜的杨柳，形容女人腰肢细长。

③张丽华发光可鉴：语本《陈书·皇后传·张贵妃》暨《南史·张贵

妃传》："张贵妃发长七尺,鬒黑如漆,其光可鉴。"张丽华,南朝陈后主(陈叔宝)的贵妃。本兵家女。家贫,父兄以织席为事。后主为太子,以选入宫。后主即位,拜为贵妃。性聪慧,甚被宠遇。内外宗族,多被引用。隋军陷台城,妃与后主俱入于井,隋军出之,晋王杨广命斩贵妃,榜于青溪中桥。"发光可鉴"语典,最早出自《左传·昭公二十八年》："昔有仍氏生女,鬒黑而甚美,光可以鉴,名曰'玄妻'。"鉴,镜子。这里作动词,"照"的意思。

④吴绛(jiàng)仙秀色可餐:语本(旧题)唐·颜师古《大业拾遗记》(又名《南部烟花录》)："至汴,帝御龙舟,萧妃乘凤舸,锦帆彩缆,穷极侈靡。舟前为舞台,台上垂蔽日帘,帘即蒲泽国所进,以负山蛟睫幼莲根丝贯小珠间睫编成,虽晓日激射,而光不能透。每舟择妙丽长白女子千人,执雕板镂金楫,号为殿脚女。一日帝将登凤舸,凭殿脚女吴绛仙肩,喜其柔丽,不与群辈齿,爱之甚,久不移步。绛仙善画长蛾眉,帝色不自禁,回辇召绛仙,将拜婕妤。适值绛仙下嫁为玉工万群妻,故不克谐。帝寝兴罢,擢为龙舟首楫,号曰'崆峒夫人'。由是殿脚女争效为长蛾眉。司宫吏日给螺子黛五斛,号为'蛾录'。螺子黛出波斯国,每颗值十金。后征赋不足,杂以铜黛给之,独绛仙得赐螺黛不绝。帝每倚帘视绛仙,移时不去,顾内谒者云:'古人言秀色若可餐,如绛仙真可疗饥矣!'因吟《持楫篇》赐之曰:'旧曲歌桃叶,新妆艳落梅。将身旁轻楫,知是渡江来。'诏殿脚女千辈唱之。"吴绛仙,(旧题)唐·颜师古《大业拾遗记》中的殿脚女(为隋炀帝划龙舟的女子),深得隋炀帝宠爱,隋炀帝赞她秀色可餐。秀色可餐,形容女子秀美异常。晋·陆机《日出东南隅行》诗:"鲜肤一何润,秀色若可餐。"

⑤丽娟气馥(fù)如兰,呵处结成香雾:语本东汉·郭宪《汉武帝别国洞冥记》卷四:"帝所幸宫人,名丽娟,年十四,玉肤柔软,吹气胜兰。"丽娟,汉武帝所宠幸的宫人。气馥如兰,嘴里吐出的气息

如同兰花那样芳香。

⑥太真泪红于血，滴时更结红冰：语本五代·王仁裕《开元天宝遗事·红冰》："杨贵妃初承恩召，与父母相别，泣涕登车，时天寒，泪结为红冰。"太真，即唐玄宗之贵妃杨太真（719—756），小字玉环，唐蒲州永乐（今山西芮城西南）人。蜀州司户参军杨玄琰女。姿质丰艳，善歌舞，通音律，智算过人。始为唐玄宗子寿王李瑁妃。后入宫进见，唐玄宗纳之。衣道士服，号曰"太真"。天宝四载（745）进册贵妃。其三姊分封韩国、虢国、秦国夫人，堂兄杨国忠操纵朝政。十四载（755），安禄山以诛杨国忠为名叛乱，随唐玄宗西逃蜀中，至马嵬驿，禁军大将陈玄礼密启太子李亨，请诛杨国忠父子。又迫唐玄宗与妃诀，遂缢死于佛室，葬于驿西道侧。红冰，据传杨玉环被召入宫时与父母离别，哭着登车，因天气寒冷，泪水结成了红冰。后来便用"红冰"比喻泪水（多用于女子）。

⑦孟光力大，石臼（jiù）可擎（qíng）：语本《后汉书·逸民传·梁鸿》："势家慕其高节，多欲女之，鸿并绝不娶。同县孟氏有女，状肥丑而黑，力举石臼，择对不嫁，至年三十。父母问其故。女曰：'欲得贤如梁伯鸾者。'鸿闻而娉之。女求作布衣、麻屦，织作筐缉绩之具。及嫁，始以装饰入门。七日而鸿不答。妻乃跪床下请曰：'窃闻夫子高义，简斥数妇，妾亦偃蹇数夫矣。今而见择，敢不请罪。'鸿曰：'吾欲裘褐之人，可与俱隐深山者尔。今乃衣绮缟，傅粉墨，岂鸿所愿哉？'妻曰：'以观夫子之志耳。妾自有隐居之服。'乃更为椎髻，着布衣，操作而前。鸿大喜曰：'此真梁鸿妻也。能奉我矣！'字之曰'德曜'，名孟光。"孟光，梁鸿妻。状肥黑丑，力举石臼，而德行甚修。见前《夫妇》篇"举案齐眉，梁鸿配孟光之贤"条注。石臼，用石凿成的舂米的器具。擎，举。

⑧飞燕身轻，掌上可舞：语本《太平御览（卷五百七十四）·乐部十

二·舞》引《汉书》："赵飞燕体轻,能掌上舞。"(按,不见于传世本《汉书》)又,(旧题)唐·颜师古《大业拾遗记》:"帝谓世南曰:'昔传飞燕可掌上舞,朕常谓儒生饰于文字,岂人能若是乎?'"又,(旧题)西汉·伶玄《飞燕外传》:"长而纤便轻细,举止翩然,人谓之'飞燕'。"飞燕,即赵飞燕(前45—前1),是西汉成帝的皇后和汉哀帝时的皇太后。《后汉书·外戚传·孝成赵皇后》:"孝成赵皇后,本长安宫人。初生时,父母不举,三日不死,乃收养之。及壮,属阳阿主家,学歌舞,号曰'飞燕'。成帝尝微行出。过阳阿主,作乐,上见飞燕而说之,召入宫,大幸。有女弟复召入,俱为婕妤,贵倾后宫。"《飞燕外传》说她原名宜主,精通音乐歌舞,乃吴县(今江苏苏州)人。因舞姿轻盈如燕飞凤舞,所以人们称她为"飞燕"。

【译文】

潘妃每走一步,脚下仿佛生出一朵莲花;小蛮腰肢纤细,如同杨柳摇曳生姿。

张丽华的秀发又黑又亮,光可照人;吴绛仙妩媚秀丽,她的美色简直可以令人忘记饥饿。

丽娟的气息清新如兰,呼出后凝成香雾;杨太真的眼泪比血还红,滴下来又结成红冰。

孟光力大无穷,可将石臼举起;赵飞燕身轻如燕,能在手掌上跳舞。

至若:

缇萦上书而救父①,卢氏冒刃而卫姑②,此女之孝者。

侃母截发以延宾③,村媪杀鸡而谢客④,此女之贤者。

韩玖英恐贼秽而自投于秽⑤,陈仲妻恐陨德而宁陨于崖⑥,此女之烈者。

王凝妻被牵，断臂投地⑦；曹令女誓志，引刀割鼻⑧；此女之节者。

曹大家续完汉帙⑨，徐惠妃援笔成文⑩，此女之才者。

戴女之练裳竹笥⑪，孟光之荆钗裙布⑫，此女之贫者。

柳氏秃妃之发⑬，郭氏绝夫之嗣⑭，此女之妒者。

贾女偷韩寿之香⑮，齐女致祆庙之毁⑯，此女之淫者。

东施效颦而可厌⑰，无盐刻画以难堪⑱，此女之丑者。

【注释】

①缇萦（tí yíng）上书而救父：语本《史记·孝文本纪》："齐太仓令淳于公有罪当刑，诏狱逮徙系长安。太仓公无男，有女五人。太仓公将行会逮，骂其女曰：'生子不生男，有缓急非有益也！'其少女缇萦自伤泣，乃随其父至长安，上书曰：'妾父为吏，齐中皆称其廉平，今坐法当刑。妾伤夫死者不可复生，刑者不可复属，虽复欲改过自新，其道无由也。妾愿没入为官婢，赎父刑罪，使得自新。'书奏天子，天子怜悲其意，乃下诏曰：'盖闻有虞氏之时，画衣冠异章服以为僇，而民不犯。何则？至治也。今法有肉刑三，而奸不止，其咎安在？非乃朕德薄而教不明欤？吾甚自愧。故夫驯道不纯而愚民陷焉。《诗》曰："恺悌君子，民之父母。"今人有过，教未施而刑加焉，或欲改行为善而道毋由也。朕甚怜之。夫刑至断支体，刻肌肤，终身不息，何其楚痛而不德也，岂称为民父母之意哉！其除肉刑。'"《史记·扁鹊仓公列传》及《汉书·刑法志》《列女传·齐太仓女》亦载此事，而文字略有出入。缇萦，西汉名医太仓令淳于意的小女儿，曾为犯法的父亲向汉文帝上书，请入身为官婢，以赎父罪，汉文帝因为她的陈情而将肉刑废除，淳于意乃得免。后代用为称颂孝女的典故。

②卢氏冒刃而卫姑：语本《旧唐书·列女传》："郑义宗妻卢者，范阳士族也。涉书史，事舅姑恭顺。夜有盗持兵劫其家，人皆匿窜，惟姑不能去，卢冒刃立姑侧，为贼捽捶几死。贼去，人问何为不惧，答曰：'人所以异鸟兽者，以其有仁义也。今怜里急难尚相赴，况姑可委弃邪？若百有一危，我不得独生。'姑曰：'岁寒然后知松柏后凋，吾乃今见妇之心。'"《新唐书·列女传》亦载。唐代郑义宗的妻子卢氏平时很孝敬公婆，有一次强盗抢劫她家，她奋不顾身保全了婆婆。冒刃，迎着刀锋，形容勇敢无畏。姑，婆婆。

③侃（kǎn）母截发以延宾：语本《晋书·列女传·陶侃母湛氏》："陶侃母湛氏，豫章新淦人也。初，侃父丹娉为妾，生侃，而陶氏贫贱，湛氏每纺绩资给之，使交结胜己。侃少为寻阳县吏，尝监鱼梁，以一坩鲊遗母。湛氏封鲊及书，责侃曰：'尔为吏，以官物遗我，非惟不能益吾，乃以增吾忧矣。'鄱阳孝廉范逵寓宿于侃，时大雪，湛氏乃彻所卧新荐，自剉给其马，又密截发卖与邻人，供肴馔。逵闻之，叹息曰：'非此母不生此子！'侃竟以功名显。"晋代陶侃年少时家中很穷，有一天，好友范逵雪中途经他家借宿，陶侃的母亲湛氏剪下头发卖钱换酒食招待客人。侃，指陶侃（259—334），字士行，祖籍鄱阳（今属江西），徙居浔阳（今江西九江）。东晋名将。官至荆、江二州刺史，都督八州军事，封长沙郡公，卒谥桓，追赠大司马。是东晋大诗人陶渊明的曾祖父。陶侃的母亲姓湛，以教子有方和宽厚待人而著称于世，是中国古代一位有名的良母。

④村媪（ǎo）杀鸡而谢客：语本（旧题）东汉·班固《汉武故事》："上微行至于柏谷，夜投亭长宿，亭长不内，乃宿于逆旅。逆旅翁谓上曰：'汝长大多力，当勤稼穑，何忽带剑群聚，夜行动众，此不欲为盗，则淫耳。'上默然不应，因乞浆饮，翁曰：'吾止有溺，无浆也。'有顷，还内，上使人觇之，见翁方要少年十余人，皆持弓矢刀剑，令主人妪出安过客。妪归，谓其翁曰：'吾观此丈夫，乃非常人也。

且亦有备,不可图也。不如因礼之。'其夫曰:'此易与耳!鸣鼓
会众,讨此群盗,何忧不克?'妪曰:'且安之,令其眠,乃可图也。'
翁从之。时上从者十余人,既闻其谋,皆惧,劝上夜去。上曰:'去
必致祸,不如且止以安之。'有顷,妪出,谓上曰:'诸公子不闻主
人翁言乎?此翁好饮酒,狂悖不足计也。今日具令公子安眠无
他。'妪自还内。时天寒,妪酌酒多与其夫及诸少年,皆醉。妪自
缚其夫,诸少年皆走。妪出谢客,杀鸡作食。平明,上去。是日还
宫,乃召逆旅夫妻见之,赐妪金十斤,擢其夫为羽林郎。自是惩
戒,希复微行。"汉武帝微服出行借宿乡村旅店,店主人怀疑他不
是好人,想召人把他抓起来。只有店主的妻子认为他不像坏人,想
法阻止了丈夫的鲁莽行为,然后杀鸡做饭招待汉武帝,表示歉意。

⑤韩玖(jiǔ)英恐贼秽(huì)而自投于秽:旧注:"(唐)韩仲成女玖
英。恐贼执之致受辱,自投于粪秽之中,以口饮粪,贼乃舍之。"
出处未明。唐代韩仲成的女儿韩玖英不愿被贼人侵犯玷辱,便跳
进粪坑,贼人因此放过了她。自投于秽,自己投身于污秽之处。
秽,这里指粪坑。

⑥陈仲妻恐陨(yǔn)德而宁陨于崖:旧注:"唐陈仲妻,张叔明妹,
与二嫂遇贼,恐其辱,相谓曰:'妇人以洁身为高,岂可委身待辱
哉!'遂陨崖而死。"唐朝陈仲的妻子和两个嫂子路遇盗贼,她们
害怕被盗贼玷污,于是一同跳崖自尽。旧注或本于宋·潘自牧
《记纂渊海(卷八十一)·闺仪部·坚贞》:"陈仲妻,张叔明之妹,
名芝,与二嫂被贼,恐见侵略,而相谓曰:'妇人以不污身为高,不
亏节为美,岂可委身待辱哉!'于是自刺。"《记纂渊海》自注据
《唐列女传》,然两唐书《列女传》未载此事。宋·谢维新《古今
合璧事类备要》卷三十"恐亏妇节"条亦载此事,文字略同,而云
出《列女传》,前不缀唐。《太平御览(卷四百四十)·人事部八十
一·贞女》记陈仲妻事尤详:"(《列女传》)又曰:安定陈仲妻者,

同郡张叔明之妹，名芝，字季张。年十四适仲，期年而寡，执节不嫁。叔明从军，芝与二嫂没贼，恐见侵掠，而相谓曰：'妇人以不污身为高，不亏节为美，岂可委身待辱哉！'于是自刺。二嫂既死，芝独不死。叔明言于将军耿弇。耿弇以骏马负芝。芝曰：'女，死亡之余，污将军服乘，不可也。'弇奇其言，更以他马负芝至营，为致医药，因乃得全。郡表其闾，九十寿终。"耿弇（3—58）为东汉开国名将，则陈仲妻张芝断非唐人，潘自牧等或因其兄与唐代竹溪六逸之张叔明同名，而误认其为唐人。宋代类书，都说陈仲妻"自刺"，《幼学琼林》说"宁陨于崖"，不知何据。

⑦王凝妻被牵，断臂投地：语本《新五代史·杂传》："予尝得五代时小说一篇，载王凝妻李氏事，以一妇人犹能如此，则知世固尝有其人而不得见也。凝家青、齐之间，为虢州司户参军，以疾卒于官。凝家素贫，一子尚幼，李氏携其子，负其遗骸以归。东过开封，止旅舍，旅舍主人见其妇人独携一子而疑之，不许其宿。李氏顾天已暮，不肯去，主人牵其臂而出之。李氏仰天长恸曰：'我为妇人，不能守节，而此手为人执邪？不可以一手并污吾身！'即引斧自断其臂。路人见者，环聚而嗟之，或为弹指，或为之泣下。开封尹闻之，白其事于朝，官为赐药封疮，厚恤李氏，而笞其主人者。呜呼，士不自爱其身而忍耻以偷生者，闻李氏之风，宜少知愧哉！"五代时虢州司户参军王凝死后，他妻子李氏带着丈夫的尸骸和儿子还乡，路过开封投宿客栈，客栈主人不肯留宿，把她拽出店门。李氏觉得自己的手臂被陌生男人牵扯过，败坏了节操，于是用斧头砍断了这支胳膊。投地，扔在地上。

⑧曹令女誓志，引刀割鼻：语本《三国志·魏书·诸夏侯曹传》南朝宋·裴松之注引魏晋·皇甫谧《列女传》曰："爽从弟文叔，妻谯郡夏侯文宁之女，名令女。文叔早死，服阕，自以年少无子，恐家必嫁己，乃断发以为信。其后，家果欲嫁之，令女闻，即复以刀

截两耳,居止常依爽。及爽被诛,曹氏尽死。令女叔父上书与曹氏绝婚,强迎令女归。时文宁为梁相,怜其少,执义,又曹氏无遗类,冀其意沮,乃微使人讽之。令女叹且泣曰:'吾亦惟之,许之是也。'家以为信,防之少懈。令女于是窃入寝室,以刀断鼻,蒙被而卧。其母呼与语,不应,发被视之,血流满床席。举家惊惶,奔往视之,莫不酸鼻。或谓之曰:'人生世间,如轻尘栖弱草耳,何至辛苦乃尔!且夫家夷灭已尽,守此欲谁为哉?'令女曰:'闻仁者不以盛衰改节,义者不以存亡易心,曹氏前盛之时,尚欲保终,况今衰亡,何忍弃之!禽兽之行,吾岂为乎?'司马宣王闻而嘉之,听使乞子字养,为曹氏后,名显于世。"三国时期的曹文叔早死,他妻子夏侯令女为了表示不再嫁人的决心,拿刀割掉自己的鼻子。誓志,发誓立志。

⑨曹大家(gū)续完汉帙(zhì):语本《后汉书·列女传·曹世叔妻》:"扶风曹世叔妻者,同郡班彪之女也,名昭,字惠班,一名姬。博学高才。世叔早卒,有节行法度。兄固著《汉书》,其八表及《天文志》未及竟而卒,和帝诏昭就东观藏书阁踵而成之。帝数召入宫,令皇后诸贵人师事焉,号曰'大家'。"曹大家,即班昭(约49—约120),字惠班,一名姬,班彪之女,班固之妹,东汉扶风安陵(今陕西咸阳东北)人。嫁同郡曹寿,早寡,屡受召入宫,为皇后及诸贵人教师,号曰"大家"。兄班固著《汉书》,八表及《天文志》遗稿散乱,未竟而卒,汉和帝诏令班昭续成之。《汉书》初出,教授马融诵读。作《东征赋》《女诫》等。大家,古代对女子的尊称。汉帙,此指《汉书》。帙,书,书套。

⑩徐惠妃援笔成文:语本《旧唐书·后妃传·贤妃徐氏》:"太宗贤妃徐氏,名惠,右散骑常侍坚之姑也。生五月而能言,四岁诵《论语》《毛诗》,八岁好属文。其父孝德试拟《楚辞》云'山中不可以久留',词甚典美。自此遍涉经史,手不释卷。太宗闻之,纳为才

人。其所属文,挥翰立成,词华绮赡。"暨《新唐书·后妃传·徐贤妃》:"太宗贤妃徐惠,湖州长城人。生五月能言,四岁通《论语》《诗》,八岁自晓属文。父孝德,尝试使拟《离骚》为《小山篇》曰:'仰幽岩而流盼,抚桂枝以凝想。将千龄兮此遇,荃何为兮独往?'孝德大惊,知不可掩,于是所论著遂盛传。太宗闻之,召为才人。手未尝废卷,而辞致赡蔚,文无淹思。"徐惠妃(627—650),唐太宗妃,名惠。徐孝德女,湖州长城(今浙江长兴)人。世居冯翊。四岁通《论语》《毛诗》,八岁能作文。遍涉经史,手不释卷。唐太宗闻之,纳为才人,俄拜婕妤,再迁充容。贞观末,数调兵讨定四夷,治宫室,百姓劳怨,徐妃上疏极谏,帝善其言。帝死,哀慕成疾,不肯进药。唐高宗永徽元年(650)卒,赠贤妃。生平事迹见两唐书《后妃传》。援笔成文,提笔就能写文章,形容才思敏捷。援笔,执笔。

⑪戴女之练(shū)裳竹笥(sì):语本《后汉书·逸民传·戴良》:"初,良五女并贤,每有求姻,辄便许嫁,练裳布被,竹笥木屐以遗之。"因东汉戴良嫁女,以练裳布被、竹笥木屐为嫁妆,后遂以"练裳竹笥"用作嫁妆俭薄的谦辞。宋·胡继宗《书言故事·婚姻》:"嫁女谦言,练裳竹笥以遣行。"练裳,粗麻制成的衣服,常用来代指简朴的衣着。竹笥,竹制的箱子。此句"练"字,李光明庄本误作"练"(繁体字形"練"),形近而讹,今据《后汉书》及他本改。

⑫孟光之荆钗(jīng chāi)裙布:东汉梁鸿的妻子孟光生活简朴,用荆条作为头上的钗饰,用粗布做衣裙。见前《夫妇》篇"举案齐眉,梁鸿配孟光之贤"条、《女子》篇"孟光力大"条注。

⑬柳氏秃妃之发:语本《太平广记(卷二百七十二)·妇人三·任瓌妻》:"唐初,兵部尚书任瓌敕赐宫女二,女皆国色。妻妒,烂二女头发秃尽。太宗闻之,令上官赍金胡瓶酒赐之,云:'饮之立死。瓌三品,合置姬媵。尔后不妒,不须饮之;若妒即饮。'柳氏拜敕

讫曰：'妾与璙结发夫妻，俱出微贱，更相辅翼，遂致荣官。璙今多内嬖，诚不如死。'遂饮尽。然非鸩也，既睡醒，帝谓璙曰：'其性如此，朕亦当畏之。'因诏二女，令别宅安置。"唐初开国功臣任璙随李渊起兵，屡建战功，官至兵部尚书，唐太宗赐他两名美丽的宫女为妾，任璙的妻子柳氏生性悍妒，揪光两名美女的头发。

⑭郭氏绝夫之嗣（sì）：语本《世说新语·惑溺》："贾公闾后妻郭氏酷妒。有男儿名黎民，生载周，充自外还，乳母抱儿在中庭，儿见充喜踊，充就乳母手中呜之。郭遥望见，谓充爱乳母，即杀之。儿悲思啼泣，不饮它乳，遂死。郭后终无子。"暨《晋书·贾充传》："充妇广城君郭槐，性妒忌。初，黎民年三岁，乳母抱之当阁。黎民见充入，喜笑，充就而拊之。槐望见，谓充私乳母，即鞭杀之。黎民恋念，发病而死。后又生男，过期，复为乳母所抱，充以手摩其头。郭疑乳母，又杀之，儿亦思慕而死。充遂无胤嗣。"西晋重臣贾充的妻子郭氏生了孩子，请乳母抚养，贾充逗弄奶妈怀里的孩子，郭氏以为贾充与乳母有私情，就鞭杀乳母，结果儿子因为思念乳母而死。郭氏后来再也没生育儿子，贾充因此绝后。

⑮贾女偷韩寿之香：典出《世说新语·惑溺》："韩寿美姿容，贾充辟以为掾。充每聚会，贾女于青琐中看，见寿，说之，恒怀存想，发于吟咏。后婢往寿家，具述如此，并言女光丽。寿闻之心动，遂请婢潜修音问。及期往宿。寿蹻捷绝人，逾墙而入，家中莫知。自是充觉女盛自拂拭，说畅有异于常。后会诸吏，闻寿有奇香之气，是外国所贡，一着人则历月不歇。充计武帝唯赐己及陈骞，余家无此香，疑寿与女通，而垣墙重密，门阁急峻，何由得尔？乃托言有盗，令人修墙。使反，曰：'其余无异，唯东北角如有人迹，而墙高非人所逾。'充乃取女左右婢考问。即以状对。充秘之，以女妻寿。"《晋书·贾充传》亦载此事，而文字略有异同。西晋韩寿与贾充的女儿贾午私通。贾午偷了晋武帝赐予贾充的异香送给韩

寿,贾充发觉之后,就把女儿嫁给了韩寿。贾女,指贾充的女儿贾午。贾,指贾充(217—282),字公闾,魏晋之际平阳襄陵(今山西襄汾)人。曹魏豫州刺史贾逵子。仕魏尚书郎,累官至大将军司马、廷尉,为司马昭腹心。指使太子舍人成济杀高贵乡公曹髦,参与司马氏代魏密谋。晋朝建立后,转任车骑将军、散骑常侍、尚书仆射,后升任司空、太尉等要职。更封鲁郡公。咸宁末,为使持节、假黄钺、大都督征讨吴国。太康三年(282)卒,朝廷追赠太宰,谥武。贾充因一女(贾南风)为太子(司马衷,即后来的晋惠帝)妃,一女(贾褒,一名荃)为齐王(司马炎弟司马攸)妃,极受晋武帝宠信,权倾天下。韩寿,字德真,西晋南阳堵阳(今河南方城)人。贾充辟为司空掾。因长相俊美,为贾充之女贾午所爱慕。二人私通,被贾充察觉,贾充乃招其为婿。官至散骑常侍、河南尹。

⑯齐女致袄(xiān)庙之毁:旧注:"《异苑》:北齐有公主,命乳母陈氏抚养。陈氏子与主日弄玉环。后以年长,不许入宫。主约元旦袄庙相会。陈氏子先至,熟睡。主后至,以昔日所弄玉环投之于怀而去。陈子醒觉,心火忽炽,遂焚其庙。"然,传世本南朝宋·刘敬叔撰《异苑》实不载此事。明清文献载此事者多矣。若明·彭大翼《山堂肆考》卷三十九、明·冯梦龙《情史类略》卷十一、《钦定古今图书集成》卷一、《御定渊鉴类函》卷六十三皆载之,文字虽有出入,皆云女子为蜀帝公主,出自古书《蜀志》。兹引《情史类略(卷十一)·情化类·化火》:"蜀帝生公主,诏乳母陈氏乳养。陈氏携幼子与公主居禁中。各年长,陈子出宫。其后,此子以思公主故,疾亟。一日,陈氏入宫,有忧色。公主询其故,陈氏阴以实对。公主许允,遂托幸袄庙,期与子会。及期,子先在庙候之,忽睡去。既公主入庙,子沉睡不醒。公主待久将归,乃解幼时所弄玉环,附于子之怀中而去。及子醒寤,见之,怨气成火,庙

宇亦焚。祆庙，胡神也。"《渊鉴类函（卷六十三）·公主》引《蜀志》："昔蜀帝生公主，诏乳母陈氏乳养。陈氏携幼子与公主居禁中约十余年。后以宫禁逐而出者六载，其子以思公主疾亟。陈氏入宫有忧色，公主询其故，阴以实对。公主遂托幸祆庙为名，期与子会。公主入庙，子睡沉，公主遂解幼时所弄玉环附之子怀而去，子醒见之，怨气成火而庙焚也。"又，元曲中常用火烧祆庙典，比喻爱情受挫折。元·无名氏《争报恩》第一折："我今夜着他个火烧祆庙，水淹断了蓝桥。"元·王仲元《普天乐·春日多雨》曲："淹蓝桥，烧祆庙，镜鸾断，瑟凤魂销。"元·王实甫《西厢记》第二本第三折："白茫茫溢起蓝桥水，不邓邓点着祆庙火。"元·郑光祖《倩女离魂》第四折："全不想这姻亲是旧盟，则待教祆庙火刮刮匝匝烈焰生。"则此故事在元代流传深广。祆庙，即祆祠。祆教祭祀火神的寺院。宋·张邦基《墨庄漫录》卷四："东京城北有祆庙。祆神本出西域，盖胡神也，与大秦穆护同入中国。俗以火神祠之。"祆教，即琐罗亚斯德（旧译"苏鲁友"）教，俗称"拜火教"。相传为公元前六世纪琐罗亚斯德创。波斯萨珊王朝奉为国教。其教创善、恶二元论，以火为善神的代表。南北朝时传入中国后又称"火祆教"或"祆教"。唐代曾一度于长安建祠盛行，并立官专管。唐武宗反佛后渐废不传。宋·姚宽《西溪丛语》卷上："（火祆之神）其来盖久，至唐贞观五年有传法穆护何禄将祆教诣阙闻奏。敕令长安崇化坊立祆寺，号'大秦寺'，又名'波斯寺'。"

⑰ 东施效颦（pín）而可厌：语本《庄子·天运》："故西施病心而颦其里，其里之丑人见而美之，归亦捧心而颦其里。其里之富人见之，坚闭门而不出；贫人见之，絜妻子而去之走。"唐·成玄英疏："西施，越之美女也，貌极妍丽。既病心痛，嚬眉苦之。而端正之人，体多宜便，因其嚬蹙，更益其美。是以闾里见之，弥加爱重。邻里

丑人见而学之，不病强嚬，倍增其丑。"后因以"东施效颦"嘲讽不顾本身条件而一味模仿，以致效果很坏的人。亦为模仿别人的谦语。效，仿效。颦，皱眉头。

⑱无盐刻画以难堪：语本《世说新语·轻诋》："庾元规语周伯仁：'诸人皆以君方乐。'周曰：'何乐？谓乐毅邪？'庾曰：'不尔。乐令耳！'周曰：'何乃刻画无盐，以唐突西子也。'"暨《晋书·周顗传》："庾亮尝谓顗曰：'诸人咸以君方乐广。'顗曰：'何乃刻画无盐，唐突西施也。'"东晋时期，庾亮和周顗说，人们把你和乐广相提并论，周顗说：这不是"刻画无盐，唐突西施"么？谓无盐，齐国丑妇；西施，越国美女；以丑比美，比拟不伦不类。无盐，亦称"无盐女"，即战国时齐宣王后钟离春。因是无盐人，故名。为人有德而貌丑。后常用为丑女的代称。西汉·刘向《列女传·齐钟离春》："钟离春者，齐无盐邑之女，宣王之正后也。其为人极丑无双，臼头深目，长指大节，卬鼻结喉，肥项少发。"西汉·刘向《新序·杂事二》："钟离春者，齐妇人也，极丑无双，号曰'无盐女'。"刻画，精细地描摹。刻画无盐的意思是给丑女精心化妆，结果越弄越丑。

【译文】

至于像：

缇萦向皇帝上书解救父亲，卢氏迎着强盗的刀刃保护婆婆，她们是女子中的孝顺表率。

陶侃的母亲剪下头发变卖换钱招待宾客，村里的老妇杀鸡招待前来投宿的汉武帝，她们是女子中的贤惠楷模。

韩玖英担心被匪徒玷辱，毅然跳入粪水之中；陈仲的妻子担心贞节不保，宁肯跳崖自尽；她们是妇女中的贞烈代表。

王凝的妻子被陌生男人牵过手臂，便砍断这只手臂扔在地上；曹文叔的遗孀夏侯令女为表明绝不改嫁的志愿，拿刀割掉自己的鼻子；她们是妇女中的贞节表率。

曹大家班昭替兄长班固续写《汉书》未尽之篇章，徐惠妃提笔就能写出好文章，她们是古代才女的典范。

戴良的女儿用破竹箱装着粗布衣裳出嫁，孟光用荆条当头饰、用粗布做裙子，她们是女子中安贫乐道的楷模。

任瓌的妻子柳氏揪光唐太宗赐给丈夫做侍妾的宫女的头发，贾充的妻子郭氏因鞭杀乳母导致幼子夭折绝了丈夫的后，她们是女子中既妒且悍的代表。

贾充的女儿偷取皇帝赏给父亲的贡香送给情人韩寿，北齐公主因私情导致袄庙被焚毁，她们是女子中淫荡好色的代表。

东施效仿美女西施皱眉的样子，自以为很美，却不知这样做的效果，让人望而生厌；丑女无盐涂脂抹粉，精心化妆，却不知这样做的效果，让人更加受不了；她们是丑女的代表。

自古贞淫各异①，人生妍丑不同②。

是故：生菩萨、九子母、鸠盘荼，谓妇态之变更可畏③；钱树子、一点红、无廉耻④，谓青楼之妓女殊名⑤。

此固不列于人群，亦可附之以博笑。

【注释】

①贞淫：贞，贞洁；淫，淫荡。是女子两种相反的品行。

②妍（yán）丑：美与丑。妍，美丽。

③生菩萨、九子母、鸠（jiū）盘荼（tú），谓妇态之变更可畏：语本唐·孟棨《本事诗·嘲戏》："中宗朝，御史大夫裴谈崇奉释氏。妻悍妒，谈畏之如严君，尝谓人：'妻有可畏者三：少妙之时，视之如生菩萨。及男女满前，视之如九子魔母，安有人不畏九子母耶？及五

十六十，薄施妆粉，或黑视之，如鸠盘茶，安有人不畏？'"又，《太平广记（卷二百四十八）·诙谐四·任瓌》："唐管国公任瓌酷怕妻。太宗以功赐二侍子，瓌拜谢，不敢以归。太宗召其妻，赐酒，谓之曰：'妇人妒忌，合当七出。若能改行无妒，则无饮此酒。不尔，可饮之。'曰：'妾不能改妒，请饮酒。'遂饮之。比醉归，与其家死诀。其实非鸩也，既不死。他日，杜正伦讥弄瓌。瓌曰：'妇当怕者三：初娶之时，端居若菩萨，岂有人不怕菩萨耶？既长生男女，如养儿大虫，岂有人不怕大虫耶？年老面皱，如鸠盘茶鬼，岂有人不怕鬼耶？以此怕妇，亦何怪焉？'闻者欢喜。"生菩萨，活菩萨。喻容貌端丽。宋·王谠《唐语林·容止》："调美姿貌，人号为'生菩萨'。"九子母，即佛经中的九子魔母，传说生有五百个孩子，每天还吞食城中的小孩，后来被感化，成为佑人生子的守护神。鸠盘茶，佛书中所说的吸取活人精气的鬼。也译为"瓮形鬼""冬瓜鬼"等。常用来比喻极度丑陋的女人或女人的丑陋达到令人恐怖的鬼样子。宋·胡仔《苕溪渔隐丛话后集·丽人杂记》："山谷《戏闻善遣侍儿来促诗》云：'日遣侍儿来报嘉，草鞋十里踏堤沙。鸠盘茶样施丹粉，只欠一枝蒿苣花。'其丑陋可想，山谷亦善戏也。"变更，变化，改变。

④钱树子：指妓女。旧时妓院中鸨母把妓女当作摇钱树，故称。唐·段安节《乐府杂录·歌》："许和子者，本吉州永新县乐家女也。……与其母之京师，竟殁于风尘。及卒，谓其母曰：'阿母钱树子倒矣。'"一点红：代指妓女。宋·叶廷珪《海录碎事·圣贤人事部·戏谑门》："青州刘郓推官好谐谑，尝念诗云：'坐上若有一点红，斗筲之器饮千钟。坐上若无油木梳，烹龙庖凤都成虚。'"清·厉鹗《宋诗纪事》卷三十亦引之。一点红、油木梳，皆当时名妓名。无廉耻：旧注引《教坊记》云："苏五奴妻，善歌舞，亦姿色。有邀迓者，五奴辄随之。观此则无廉耻可知矣。"今检唐·崔令

钦《教坊记》，其文曰："苏五奴妻张少娘善歌舞。有邀迓者，五奴
辄随之前。人欲得其速醉，多劝酒。五奴曰：'但多与我钱，吃锤
子亦醉。不烦酒也。'今呼嚚妻者为五奴，自苏始。"

⑤青楼：指妓院。南朝梁·刘邈《万山见采桑人》诗："倡妾不胜愁，
结束下青楼。"

【译文】

自古以来，有的女子贞烈，有的女子淫荡，性情因人而异；有的女子
美丽，有的女子丑陋，容貌差别很大。

所以："生菩萨""九子母""鸠盘荼"，都是形容女子容貌变化之大，
往往可怕到不可思议；"钱树子""一点红""无廉耻"，则为青楼妓女的
别称。

这类女子原本不归在前述女子行列中，不过附带说说倒也可以博得
人们开怀一笑。

外戚

【题解】

《史记》有《外戚世家》。正史一般有《外戚列传》。史书中的"外
戚"，特指帝王的母亲和后妃的亲族。但"外戚"的本义，仅指母族、妻
族，普通人也有外戚。翁婿、舅甥、连襟，都属外戚。

本篇11联，讲的都是和亲戚中翁婿、舅甥、连襟关系相关的成语典故。

帝女乃公侯主婚，故有公主之称①；帝婿非正驾之车，
乃是附马之职②。

郡主、县君③，皆宗女之谓④；仪宾、国宾⑤，皆宗婿之称⑥。

旧好⑦，曰通家⑧；好亲，曰懿戚⑨。

冰清玉润，丈人女婿同荣[10]；泰水泰山，岳母岳父两号[11]。

新婿，曰娇客[12]；贵婿，曰乘龙[13]。

赘婿[14]，曰馆甥[15]；贤婿，曰快婿[16]。

凡属东床[17]，俱称半子[18]。

女子号门楣，唐贵妃有光于父母[19]；外甥称宅相，晋魏舒期报于母家[20]。

共叙旧姻[21]，曰原有瓜葛之亲[22]；自谦劣戚[23]，曰忝在葭莩之末[24]。

大乔、小乔，皆姨夫之号[25]；连襟、连袂[26]，亦姨夫之称。

蒹葭依玉树，自谦借戚属之光[27]；茑萝施乔松，自幸得依附之所[28]。

【注释】

①帝女乃公侯主婚，故有公主之称：语本《公羊传·庄公元年》："天子嫁女乎诸侯，必使诸侯同姓者主之。"《初学记（卷十）·帝戚部·公主》："至周中叶，天子嫁女于诸侯。天子至尊，不自主婚，必使诸侯同姓者主之，始谓之'公主'。秦代因之，亦曰'公主'。《史记》云，李斯男皆尚秦公主，是也。"宋·欧阳修《集古录跋尾·唐昭懿公主碑》："公主之号，自汉以来始有，谓天子之女礼不自主婚，以公主之，因以为名尔。后世号某国公主者，虽实不以国公为主，而名犹不失其义。"《明史·礼志九·公主婚礼》："古者天子嫁女，不自主婚，以同姓诸侯主之，故曰'公主'。唐犹以亲王主婚。宋始不用，惟令掌婚者于内东门纳表，则天子自为主矣。明因之。"

②帝婿非正驾之车，乃是附马之职：驸马原为汉代官职"驸马都尉"

的简称,管理副驾之车(即"非正驾之车")。三国魏晋之际,何晏、杜预、王济皆以帝婿身份授官驸马都尉。魏晋以后,帝婿照例都加"驸马都尉"称号,简称"驸马",非实官,"驸马"遂成为帝婿专称。

③郡主:又称"郡公主"。最早设置于晋代。唐宋时期太子之女为郡主,但宋代宗室之女也可以获封郡主。明清两朝,亲王女为郡主。因为与天子同姓诸侯的女儿,由郡县主婚,所以称"郡主",又称"县主"。县君:古代妇女的封号。晋代就有这一名称。唐朝五品官员的母亲和妻子均为"县君"。宋代庶子、少卿监、司业、郎中、京府少尹、赤县令等官员的妻子封"县君"。明代郡王的曾孙女称为"县君"。此处用明制,指郡王的曾孙女。

④宗女:君主同宗的女儿,也即宗室之女。《史记·秦本纪》:"十一月,(秦缪公)归晋君夷吾,夷吾献其河西地,使太子圉为质于秦,秦妻子圉以宗女。"

⑤仪宾:明代对宗室亲王、郡王之婿的称谓。《明史·礼志九·公主婚礼》:"明年(洪武二十七年)又更定公主、郡主封号、婚礼,及附马、仪宾品秩。"国宾:一般指来朝聘的诸侯与卿大夫。《周礼·春官·司几筵》:"筵国宾于牖前。"清·孙诒让正义:"国宾,在王国则当为二王后;在侯国则当为他国之君来朝及王人来聘者。"周天子以夏、商二朝之后杞、宋二君为国宾,言以宾礼待之。此处指与天子同姓诸侯的女婿,取其为王府宾客之意。出处未明。或为明代习惯。

⑥宗婿:帝王宗室家的女婿。

⑦旧好:指旧友,老朋友。《左传·桓公二年》:"公及戎盟于唐,修旧好也。"《后汉书·孔融传》:"孤与文举既非旧好,又于鸿豫亦无恩纪。"

⑧通家:世代交好之家。指两代以上彼此交谊深厚。《后汉书·孔

融传》:"融幼有异才。年十岁,随父诣京师。时河南尹李膺以简重自居,不妄接士宾客,敕外自非当世名人及与通家,皆不得白。融欲观其人,故造膺门。语门者曰:'我是李君通家子弟。'门者言之。膺请融,问曰:'高明祖父尝与仆有恩旧乎?'融曰:'然。先君孔子与君先人李老君同德比义,而相师友,则融与君累世通家。'"

⑨懿(yì)戚:同"懿亲",典出《左传·僖公二十四年》:"如是则兄弟虽有小忿,不废懿亲。"此指好的姻亲。清·龚自珍《寒月吟》诗:"我有平生交,外氏之懿亲。"

⑩冰清玉润,丈人女婿同荣:语本《世说新语·言语》"卫洗马初欲渡江"南朝梁·刘孝标注引《卫玠别传》:"世咸谓诸王三子,不如卫家一儿。娶乐广女,裴叔道曰:'妻父有冰清之资,婿有璧润之望,所谓秦晋之匹也。'"暨《晋书·卫玠传》:"琅邪王澄有高名,少所推服,每闻玠言,辄叹息绝倒。故时人为之语曰:'卫玠谈道,平子绝倒。'澄及王玄、王济并有盛名,皆出玠下,世云'王家三子,不如卫家一儿。'玠妻父乐广,有海内重名,议者以为'妇公冰清,女婿玉润。'"晋代乐广和他的女婿卫玠都很有贤名,被人们分别称赞为"冰清""玉润"。后遂以"冰清""玉润"为翁婿的美称。北魏《李挺墓志》:"太常刘贞公,一代伟人也。特相赏异,申以婚姻。佥谓冰清玉润,复在兹日。"

⑪泰水泰山,岳母岳父两号:泰水、泰山,分别是岳母和岳父的别称。据说因泰山有丈人峰,而泰水又依山而流,故称岳父为"泰山"、称岳母为"泰水"。"泰山""泰水"代指岳父、岳母称谓之由来,两宋以来学者多有考辨。宋·孙觌《内简尺牍》卷二据《摭遗》云:"欧阳永叔尝曰,今人呼妻父为'岳公',以泰山有丈人观亦有丈人峰。又呼丈母为'泰水',不知出何书也。"《锦绣万花谷》亦引之。宋·晁说之《晁氏客语》:"呼妻父为泰山。一说云:

泰山有丈人峰。一说云：开元十三年封禅于泰山，三公以下例迁一阶。张说为封坛使。说婿郑镒以故自九品骤迁至五品兼赐绯。因大酺宴。明皇讶问之，无可对。伶人黄幡绰奏曰：'此泰山之力也。'”"今人乃呼'岳翁'，又有呼妻母为'泰水'，呼伯叔丈人为'列岳'，谬误愈甚。"称岳母为"泰水"，欧阳修、晁说之皆不以为然。宋·庄绰《鸡肋编》卷上："王逸少爱鹅，曹孟德有梅林救渴之事，而俗子乃呼鹅为'右军'、梅为'曹公'。前人已载尺牍有'汤焯右军一只，蜜浸曹公两瓶'，以为笑矣。有张元裕云，邓雍尝有柬招渠曰：'今日偶有惠左军者，已令具面，幸过此同享。'初不识'左军'为何物。既食，乃鸭也。问其所名之出，在鹅之下，且淮右皆有此语。邓官至待制典荆州，洵武枢密之子。俗人以太山有丈人观，遂谓妻母为'泰水'。正可与'左军'为对也。"庄绰则以调侃笔法，道出"泰水"称谓即因妻父之为泰山推导而来。《晁氏客语》所引张说女婿因封禅泰山而骤迁事，出自唐·段成式《酉阳杂俎·语资》："明皇封禅泰山，张说为封禅使。说女婿郑镒，本九品官。旧例封禅后，自三公以下皆迁转一级，惟郑镒因说骤迁五品，兼赐绯服。因大脯次，玄宗见镒官位腾跃，怪而问之。镒无词以对。黄幡绰曰：'此泰山之力也。'"

⑫娇客：对女婿的爱称。宋·黄庭坚《次韵子瞻和王子立风雨败书屋有感》诗："妇翁不可挝，王郎非娇客。"宋·任渊注："按今俗间以婿为娇客。"宋·陆游《老学庵笔记》卷三："秦会之有十客：曹冠以教其孙为门客，王会以妇弟为亲客，郭知运以离婚为逐客，吴益以爱婿为娇客……"

⑬乘龙：指佳婿。《艺文类聚》卷四十引《楚国先贤传》："孙儁字文英，与李元礼俱娶太尉桓焉女。时人谓桓叔元两女俱乘龙，言得婿如龙也。"

⑭赘（zhuì）婿：指就婚、定居于女家的男子。以女之父母为父母，

所生子女从母姓,承嗣母方宗祧。

⑮馆甥:语本《孟子·万章下》:"舜尚见帝,帝馆甥于贰室。"东汉·赵岐注:"谓妻父曰'外舅',谓我舅者吾谓之'甥'。尧以女妻舜,故谓'舜甥'。"后来便称女婿为"馆甥"。

⑯快婿:称心如意的女婿。《魏书·刘昞传》:"刘昞,字延明,敦煌人也。父宝,字子玉,以儒学称。昞年十四,就博士郭瑀学。时瑀弟子五百余人,通经业者八十余人。瑀有女始笄,妙选良偶,有心于昞。遂别设一席于坐前,谓诸弟子曰:'吾有一女,年向成长,欲觅一快女婿。谁坐此席者,吾当婚焉。'昞遂奋衣来坐,神志肃然,曰:'向闻先生欲求快女婿,昞其人也。'瑀遂以女妻之。"《北史·刘延明传》亦载之。

⑰东床:典出南朝宋·刘义庆《世说新语·雅量》:"郗太傅在京口,遣门生与王丞相书,求女婿。丞相语郗信:'君往东厢,任意选之。'门生归白郗曰:'王家诸郎亦皆可嘉。闻来觅婿,咸自矜持;唯有一郎在东床上坦腹卧,如不闻。'郗公云:'正此好!'访之,乃是逸少,因嫁女与焉。"《晋书·王羲之传》亦述此事,文字略有出入。晋代郗鉴让门生到王导家去求亲,王导让他到东厢房遍观王家子弟,门生回去报告说:"王家的子弟都不错,只是有一个人躺在东边床上,露着肚子,吃胡饼,像什么都没听见一样。"郗鉴说:"这个人就是我将来的女婿。"这个人就是后来在中国文化史上大大有名的王羲之。后因以"东床坦腹"或"东床"代指女婿。

⑱半子:女婿的别称。《新唐书·回鹘传上》:"诏咸安公主下嫁,……是时,可汗上书恭甚,言:'昔为兄弟,今婿,半子也。陛下若患西戎,子请以兵除之。'又请易'回纥'曰'回鹘',言捷鸷犹鹘然。"《旧唐书·回纥传》:"昔为兄弟,今为子婿,半子也。"唐德宗时,回纥可汗娶咸安公主,上书自称"半子"。

⑲女子号门楣(méi),唐贵妃有光于父母:语本唐·陈鸿《长恨

歌传》：“男不封侯女作妃，看女却为门上楣。”《资治通鉴·唐纪·唐玄宗天宝五载》：“杨贵妃方有宠，……民间歌之曰：‘生男勿喜女勿悲，君今看女作门楣。’”元·胡三省注：“凡人作室，自外至者，见其门楣宏敞，则为壮观。言杨家因生女而宗门崇显也。或曰：门以楣而撑拄，言生女能撑拄门户也。”杨贵妃受唐玄宗宠爱，全家跟着沾光，后以“门楣”指能光大门第的女儿。门楣，亦作“门眉”。本指门框上端的横木。唐贵妃，指唐玄宗之贵妃杨太真（杨玉环）。见前《女子》篇“太真泪红于血，滴时更结红冰”条注。

⑳外甥称宅相，晋魏舒期报于母家：语本《晋书·魏舒传》：“魏舒，字阳元，任城樊人也。少孤，为外家宁氏所养。宁氏起宅，相宅者云：‘当出贵甥。’外祖母以魏氏甥小而慧，意谓应之。舒曰：‘当为外氏成此宅相。’”魏晋之际人魏舒被外公宁氏抚养，专看房子的风水先生称宁家住宅要出尊贵的外甥，后魏舒果位至三公。宅相，指住宅风水之相。因魏舒之诗，后亦用作外甥的代称。唐·李白《赠别从甥高五》诗：“能成吾宅相，不减魏阳元。”魏舒（209—290），字阳元，魏晋时期任城樊（今山东兖州西南）人。少好骑射渔猎。在魏，年四十余察孝廉，对策升第，以浚义令入为尚书郎。累迁后将军钟毓长史，转相国参军，封剧阳子。筹画废兴大事，为司马昭所重。入晋，历官右仆射，左仆射领吏部，代山涛为司徒。迁兖州中正。以灾异逊位。卒谥康。母家，母亲的娘家。

㉑旧姻：原先的姻亲，即俗所谓“老亲”。

㉒瓜葛（gé）之亲：瓜与葛，皆蔓生植物。比喻辗转相连的亲戚关系或社会关系，尤指与姻亲有关者。东汉·蔡邕《独断》卷下：“宗庙之制，……天子以正月五日毕供。后上原陵，以次周遍。公卿百官皆从。四姓小侯，诸侯家妇，凡与先帝、先后有瓜葛者，及诸侯王大夫、郡国计吏、匈奴朝者、西国侍子皆会。”晋·司马彪《后

汉书·礼仪志上》:"西都旧有上陵。东都之仪,百官、四姓亲家妇女、公主、诸王大夫、外国朝者侍子、郡国计吏会陵。"南朝梁·刘昭注:"蔡邕《独断》曰'凡与先后有瓜葛者'。"

㉓劣戚:无所作为、没用的亲戚。自谦之辞。

㉔忝(tiǎn)在:忝居,自谦之辞。忝,辱。葭莩(jiā fú):芦苇里的薄膜。比喻亲戚关系疏远淡薄。《汉书·中山靖王刘胜传》:"今群臣非有葭莩之亲、鸿毛之重,群居党议,朋友相为,使夫宗室摈却,骨肉冰释。"唐·颜师古注:"葭,芦也。莩者,其筒中白皮至薄者也。葭莩喻薄。"葭,初生的芦苇。莩,芦苇秆里面的薄膜。

㉕大乔、小乔,皆姨夫之号:语本《三国志·吴书·周瑜传》:"顷之,策欲取荆州,以瑜为中护军,领江夏太守,从攻皖,拔之。时得桥公两女,皆国色也。策自纳大桥,瑜纳小桥。"南朝宋·裴松之注引《江表传》曰:"策从容戏瑜曰:'桥公二女虽流离,得吾二人作婿,亦足为欢。'"三国时,孙策与周瑜分别娶了桥公的两个女儿大桥、小桥。大桥、小桥,后多写作"大乔""小乔"。后遂用大乔、小乔指姨夫。后世演义,多将大乔、小乔附会为桥玄之女,然年辈似不相当(桥玄,生于109年,卒于183年;孙策、周瑜皆生于175年)。窃疑大乔、小乔为袁术大将桥蕤之女,孙策曾与之共事。姨夫,妻子姐妹的丈夫。

㉖连襟(jīn)、连袂(mèi):都是姐妹的丈夫彼此间的互称。也用于他人对二者的合称。宋·马永卿《懒真子》卷二:"《尔雅》曰:'两婿相谓为亚。'注云:今江东人呼同门为'僚婿'。《严助传》呼'友婿',江北人呼'连袂',又呼'连襟'。"宋·吴曾《能改斋漫录·李氏之门女多贵》:"李参政昌龄家女多得贵婿,参政范公仲淹、枢副郑公戬,皆自小官布衣选配为连袂。"

㉗蒹葭(jiān jiā)依玉树,自谦借戚属之光:语本南朝宋·刘义庆《世说新语·容止》:"魏明帝使后弟毛曾与夏侯玄共坐,时人谓

'蒹葭依玉树'。"南朝梁·刘孝标注引《魏志》曰："玄为黄门侍郎,与毛曾并坐。玄甚耻之,曾说形于色。明帝恨之,左迁玄为羽林监。"蒹葭,即芦苇。玉树,指仙树。前者卑微,后者高贵,二者地位极不般配。夏侯玄为著名美男子,为士林所重,看不起毛曾。时人以蒹葭比毛曾,玉树比夏侯玄,谓两个品貌极不相称的人在一起。后以"蒹葭玉树"表示地位低的人仰攀、依附地位高贵的人。亦常用作谦辞。

㉘茑(niǎo)萝施乔松,自幸得依附之所:语本《诗经·小雅·頍弁》:"茑与女萝,施于松柏。"朱子集传:"茑,寄生也,叶似当卢,子如覆盆子,赤黑甜美。女萝,兔丝也,蔓连草上,黄赤如金。此则比也。……又言茑萝施于木上,以比兄弟亲戚缠绵依附之意。"茑萝施乔松,指茑草与女萝依附在松树上,也是攀附别人的谦辞。"茑"与"萝"都是寄生草本植物。

【译文】

皇帝女儿的婚礼,都是由公侯主持,所以有"公主"这一称号;皇帝的女婿,照例授予驸马都尉一职,驸马都尉掌管的不是正驾之车,而是附车之马,因此有"附马"之称。

"郡主""县君",都是宗室之女的叫法;"仪宾""国宾",均为宗室女婿的称呼。

两家世代交好,称为"通家";关系密切的姻亲,叫作"懿戚"。

"冰清""玉润",是说丈人和女婿都很荣耀;"泰水""泰山",分别是岳母与岳父的称呼。

新近结婚的女婿,称"娇客";身份尊贵的女婿,叫"乘龙"。

入赘妻家的女婿,叫作"馆甥";贤德称心的女婿,称"快婿"。

只要是"东床"女婿,都被称为"半子"。

女儿又叫"门楣",因为唐朝杨贵妃光耀父母门庭;外甥称作"宅相",因为看风水的说这宅子要出尊贵的外甥,晋朝魏舒想应证这个预言以回报母亲的娘家。

　　说到过去曾有姻亲关系，就说"原有瓜葛之亲"；自谦是没什么出息的亲戚，就说"忝在葭莩之末"。

　　"大乔""小乔"，均指姨夫；"连襟""连袂"，也是指姨夫。

　　蒹葭依傍玉树生长，是自谦沾亲戚光的客气话；茑萝缠绕松树存活，则是感叹亲戚提供依靠的道谢辞。

老寿幼诞

【题解】

　　本篇22联，讲的都是和诞辰高寿相关的成语典故。中国自古有尊重老年人的传统，注重老人寿诞；亦重视过生日，有各种习俗。

　　不凡之子，必异其生①；大德之人，必得其寿②。

　　称人生日，曰初度之辰③；贺人逢旬④，曰生申令旦⑤。

　　三朝洗儿⑥，曰汤饼之会⑦；周岁试周⑧，曰晬盘之期⑨。

　　男生辰，曰悬弧令旦；女生旦，曰设帨佳辰⑩。

　　贺人生子，曰嵩岳降神⑪；自谦生女，曰缓急非益⑫。

　　生子，曰弄璋；生女，曰弄瓦⑬。

【注释】

①不凡之子，必异其生：语本《宋书·自序》"璞，字道真，林子少子也。童孺时，神意闲审，有异于众。太祖问林子：'闻君小儿器质不凡，甚欲相识。'林子令璞进见，太祖奇璞应对，谓林子曰：'此非常儿。'年十许岁，智度便有大成之姿，好学不倦，善属文，时有忆识之功。"南朝沈璞（沈林子之子，沈约之父）自幼器质不凡，

异于众,宋文帝(庙号太祖)刘义隆召见,称赞他"此非常儿"。又,《太平御览(卷四百四十四)·人事部八十五·知人下》:"《汝南先贤传》曰:薛勤,字恭祖,仕郡功曹。陈仲举时年十五,为父赍书诣勤,勤见而察之。明日往造焉,仲举父出见勤。勤曰:'足下有不凡子,吾来候之。不从卿也。'言议尽日。乃叹曰:'陈仲举有命世才,王佐之具。'又见黄叔度于童幼,云:'当为世盛德。'其后,二贤英名并耀于世。"旧注据之。不凡,不平常,杰出。

②大德之人,必得其寿:语本《中庸》第十七章:"子曰:'舜其大孝也与!德为圣人,尊为天子,富有四海之内。宗庙飨之,子孙保之。故大德必得其位,必得其禄,必得其名,必得其寿。故天之生物,必因其材而笃焉。故栽者培之,倾者覆之。《诗》曰:"嘉乐君子,宪宪令德。宜民宜人,受禄于天。保佑命之,自天申之。"故大德者必受命。'"朱子章句:"舜年百有十岁。"大德之人,极有贤德的人,道德水准极高的人。

③称人生日,曰初度之辰:语本战国·屈原《离骚》:"帝高阳之苗裔兮,朕皇考曰'伯庸'。摄提贞于孟陬兮,惟庚寅吾以降。皇览揆余初度兮,肇锡余以嘉名。名余曰'正则'兮,字余曰'灵均'。"东汉·王逸注:"肇,始也。锡,赐也。嘉,善也。言父伯庸观我始生年时,度其日月,皆合天地之正中,故赐我以美善之名也。"后因称生日为"初度"。

④逢旬:指逢十的整数生日。比如十岁、二十岁、三十岁生日等,均称为"逢旬"。古人极重逢十的整数生日,如六十岁生日,俗称"六十大寿"。清·赵尔巽《清史稿·乐志六》载《嘉庆二十四年,仁宗六旬万寿,庆隆舞乐九章》诗,有句曰:"岁己巳兮恩普锡,今兹己卯兮六旬圣节。帝泽汪沴兮,海宇乐康,原逢旬庆兮万有千亿。"

⑤生申令旦:语本《诗经·大雅·崧高》:"崧高维岳,骏极于天。维

岳降神,生甫及申。维申及甫,维周之翰。"唐·孔颖达疏:"维此
至天之大岳,降其神灵和气,以福祐伯夷之后,生此甫国之侯及申
国之伯。以伯夷常掌其神祀,故祐助其后,使其国则历代常存,子
孙则多有贤智。维此申伯及此甫侯,维为周之卿士,桢干之臣。"
意为像周代贤臣申伯降生那样的好日子。生日的美称。

⑥三朝:旧时婚后或出生后第三日均称"三朝"。洗儿:旧俗,婴儿
出生后三日或满月时替其洗身,称"洗儿"。前蜀·花蕊夫人
《宫词》之六三:"中尉传闻三日宴,翰林当撰洗儿文。"《资治通
鉴·唐纪·唐玄宗天宝十载》:"上闻后宫欢笑,问其故,左右以贵
妃三日洗禄儿对。上自往观之,喜,赐贵妃洗儿金银钱。"旧俗,
婴儿生后三日或满月时,亲朋会集庆贺,给婴儿洗身,叫作"洗
儿会"。宋·孟元老《东京梦华录·育子》:"至满月……大展洗
儿会,亲宾盛集,煎香汤于盆中,下菓子彩钱葱蒜等,用数丈彩
绕之,名曰'围盆';以钗子搅水,谓之'搅盆';观者各撒钱于水
中,谓之'添盆'。盆中枣子直立者,妇人争取食之,以为生男之
征。浴儿毕,落胎发,遍谢坐客,抱牙儿入他人房,谓之'移窠'。"
元·白朴《梧桐雨》楔子:"是贵妃娘娘与安禄山做洗儿会哩。"

⑦汤饼之会:旧俗寿辰及小孩出生第三天或满月、周岁时举行的
庆贺宴会。因备有象征长寿的汤面,故名"汤饼会"。尤以新生
儿"三朝"为最。《儿女英雄传》第二十八回:"今之热汤儿面,即
古之'汤饼'也。所以如今小儿洗三下面,古谓之'汤饼会'。"
清·胡鸣玉《订讹杂录·汤饼》:"生儿三日会客,名曰'汤饼'。"
汤饼,水煮的面食。《释名·释饮食》:"蒸饼、汤饼、蝎饼、金饼、索
饼之属,皆随形而名之也。"宋·黄朝英《缃素杂记·汤饼》:"余
谓凡以面为食具者,皆谓之'饼'。故火烧而食者呼为'烧饼',
水瀹而食者呼为'汤饼',笼蒸而食者呼为'蒸饼'。"《儿女英雄
传》第二十八回:"羹汤者,有'汤饼'之意存焉。古无'面'字,

凡面食一概都叫作'饼'。"

⑧周岁：新生儿年龄满一岁。试周：俗称"抓周"，又名"试儿"。旧俗婴儿周岁时，父母陈列各种小件器物，任其抓取，以试测小儿的未来志趣和成就。北齐·颜之推《颜氏家训·风操》："江南风俗，儿生一期，为制新衣，盥浴装饰，男则用弓矢纸笔，女则用刀尺针缕，并加饮食之物及珍宝服玩，置之儿前，观其发意所取，以验贪廉愚智，名之为'试儿'。"宋·赵彦卫《云麓漫钞》卷二："魏晋以前，不为生日，南北朝江南风俗，儿生一期，随男女以纸笔针缕置前，观其所取，号为'试儿'。每至此日，饮酒宴乐，后人因为生日。"宋·叶寘《爱日斋丛钞》卷一："《玉壶野史》记曹武惠王（曹彬）始生周晬日，父母以百玩之具罗于席，观其所取，武惠王左手提干戈，右手提俎豆，斯须取一印，余无所视。曹，真定人。江南遗俗乃在此，今俗谓'试周'是也。"

⑨晬（zuì）盘：旧俗于婴儿周岁日，以盘盛纸笔、刀箭等物，听其抓取，以占其将来之志趣，谓之"试儿"，也叫"试晬""抓周"。盛物之盘曰"晬盘"。《颜氏家训·风操》："观其发意所取，以验贪廉愚智，名之为'试儿'。"王利器集解引清·卢文弨曰："子生周年谓之'晬'，子对切，见《说文》。其试儿之物，今人谓之'晬盘'。"

⑩"男生辰"四句：语本《礼记·内则》："子生，男子设弧于门左，女子设帨于门右。三日，始负子，男射女否。"东汉·郑玄注："表男女也。弧者，示有事于武也。帨，事人之佩巾也。"古代重男轻女，认为男子天生有保家卫国之责，女子天生要服侍男子。悬弧，古礼，男子出生，悬木弓于房门左边。后以"设弧""悬弧"用作男子生日之典。生旦，生辰。《宋史·张茂直列传》："茂直既入西阁，会元杰生旦，遣持礼币为赐，复至旧府，时人荣之。"设帨（shuì），古礼，女子出生，挂佩巾于房门右。后用以指女子生辰。帨，佩巾。

⑪贺人生子，曰嵩（sōng）岳降神：语本《诗经·大雅·菘高》："菘高维岳，骏极于天。维岳降神，生甫及申。维申及甫，维周之翰。四国于蕃，四方于宣。"朱子集注："甫，甫侯也，即穆王时作《吕刑》者。或曰此是宣王时人，而作《吕刑》者之子孙也。申，申伯也。皆姜姓之国也。……言岳山高大，而降其神灵和气，以生甫侯、申伯，实能为周之桢干屏蔽，而宣其德泽于天下。"西周时，甫侯、申伯为世所重，时人认为此二人皆为山岳降其神灵所生。后遂以"嵩岳降神"为祝贺他人生儿子的祝福语。

⑫自谦生女，曰缓急非益：语本《史记·孝文本纪》："齐太仓令淳于公有罪当刑，诏狱逮徙系长安。太仓公无男，有女五人。太仓公将行会逮，骂其女曰：'生子不生男，有缓急，非有益也！'"汉代淳于意没有儿子，只有五个女儿，曾说生女"有缓急，非有益也"。"缓急非益"的意思是危急时没什么益处。

⑬"生子"四句：语本《诗经·小雅·斯干》："乃生男子，载寝之床，载衣之裳，载弄之璋。其泣喤喤，朱芾斯皇，室家君王。乃生女子，载寝之地，载衣之裼，载弄之瓦。无非无仪，唯酒食是议，无父母诒罹。"毛传："半圭曰'璋'。裳，下之饰也。璋，臣之职也。"郑笺："男子生而卧于床，尊之也。裳，昼日衣也。衣以裳者，明当主于外事也。玩以璋者，欲其比德焉。正以璋者明成之有渐。"诗意祝所生男子成长后为王侯，执圭璧，后因称生男为"弄璋"。毛传："裼，褓也。瓦，纺砖也。"郑笺："卧于地，卑之也。褓，夜衣也。明当主于内事。纺砖，习其一有所事也。"瓦，即纺砖，古代妇女纺织所用。后因称生女为"弄瓦"。

【译文】

不同凡响之人，出生就有异于常人的地方；贤德之人，必定得享高寿。

提及别人生日，说"初度之辰"；祝贺逢十整岁生日，说"生申令旦"。

　　小孩出生三天要举行"洗儿"仪式,称为"汤饼之会";满周岁要举行"试周"仪式,叫作"晬盘之期"。

　　男孩生下来,要在门左侧挂一张弓,所以男人生日,叫"悬弧令旦";女孩生下来,要在门右侧挂一幅佩巾,所以女人生日,叫"设帨佳辰"。

　　祝贺别人生儿子,说"嵩岳降神";自谦生女儿,说"缓急非益"。

　　生儿子叫"弄璋",儿子长大管理国家;生女儿叫"弄瓦",女儿长大会纺织。

　　梦熊、梦罴,男子之兆;梦虺、梦蛇,女子之祥①。

　　梦兰叶吉,郑文公之妾生穆公之奇②;英物称奇,温峤闻声知桓温之异③。

　　姜嫄生稷,履大人之迹而有娠④;简狄生契,吞玄鸟之卵而叶孕⑤。

　　麟吐玉书,天生孔子之瑞⑥;玉燕投怀,梦孕张说之奇⑦。

　　弗陵太子,怀胎十四月而始生⑧;老子道君,在孕八十一年而始诞⑨。

　　晚年生子,谓之老蚌生珠⑩;暮岁登科,正是龙头属老⑪。

【注释】

　①"梦熊、梦罴(pí)"四句:语本《诗经·小雅·斯干》:"乃寝乃兴,乃占我梦。吉梦维何,维熊维罴,维虺维蛇。大人占之,维熊维罴,男子之祥,维虺维蛇,女子之祥。"郑笺:"大人占之,谓以圣人占梦之法占之也。熊罴在山,阳之祥也,故为生男;虺蛇穴处,阴之祥也,故为生女。"古人以梦中见熊、罴为生男的征兆,后以"梦熊""梦罴"做生男的颂语;以梦中见虺蛇为生女的征兆,后

以"梦罴""梦蛇"做生女的颂语。罴,熊的一种,即棕熊,又叫
"马熊"或"人熊",毛棕褐色,能爬树,会游泳。胆入药。古代认
为熊、罴住山上,是属阳的动物,梦见熊、罴代表将要生男孩。虺
(huǐ),古书上说的一种毒蛇。古代认为虺蛇住在洞穴里,是属阴
的动物,梦见虺蛇代表将要生女孩。

②梦兰叶(xié)吉,郑文公之妾生穆公之奇:语本《左传·宣公三
年》:"郑文公有贱妾曰燕姞,梦天使与己兰,曰:'余为伯鯈。余,
而祖也,以是为而子。以兰有国香,人服媚之如是。'既而文公见
之,与之兰而御之。辞曰:'妾不才,幸而有子。将不信,敢征兰
乎?'公曰:'诺。'生穆公,名之曰'兰'。"春秋时期郑文公的妾
燕姞梦见天使送她兰花,后来果然生下郑穆公。后因称妇人怀孕
为"梦兰"。叶吉,和合吉兆。叶,同"协",和洽。郑文公之妾,
指郑文公的妾燕姞。此句,"郑文公之妾"五字与"温峤闻声"四
字作对,不工。故他本或改此联为:"梦兰叶吉兆,郑燕姞生穆公
之奇;英物试啼声,晋温峤知桓公之异。"郑文公(?—前628),
春秋时郑国国君,姬姓,名捷。郑厉公子。郑文公十八年(前
655),背齐桓公而亲楚。次年,齐、鲁等国攻郑,楚出兵围许以救
郑。三十六年(前637),晋公子重耳出亡过郑,郑文公弗礼。重
耳即位为晋文公,晋、楚城濮之战后,因郑曾背晋助楚,晋、秦联军
围郑,郑文公使烛之武说秦穆公,使秦罢兵,复与郑盟。郑文公之
子子兰前奔晋,得晋文公爱幸,遂从晋意,以子兰入郑为太子,晋
亦罢兵。在位四十五年(前672—前628)。穆公,指郑穆公(前
649—前606),春秋时郑国国君,姬姓,名兰。郑文公子。传说为
他母亲梦见天使赠兰草而生。因曾奔晋,受晋文公爱幸,而得入
郑为太子,并即君位。初立,秦穆公发兵袭郑。得郑商人弦高劳
秦师后之急告,严加戒备,秦兵乃还。此后分别求好于晋、楚。郑
穆公十八年(前610),晋灵公复会诸侯于扈,拒不见郑穆公。赖

郑大夫子家书告赵宣子,陈述郑居大国之间,委曲求全之难,始得晋国谅解。在位共二十二年(前628—前606)。

③英物称奇,温峤(qiáo)闻声知桓温之异:语本《晋书·桓温传》:"桓温,字元子,宣城太守彝之子也。生未期而太原温峤见之,曰:'此儿有奇骨,可试使啼。'及闻其声,曰:'真英物也!'彝以峤所赏,故遂名之曰'温'。"晋代桓温生下来还不到一岁,温峤听见他的哭声,就称赞他是奇才英物。英物,杰出不凡的人物。温峤(288—329),字泰真,一作"太真",两晋之际太原祁县(今山西祁县)人。博学能属文。尝从姨夫刘琨讨石勒、刘聪。晋元帝建武元年(317),奉劝进表南下,见晋元帝,为帝及朝士推重。晋明帝立,拜侍中,参与机密。出为丹杨尹。王敦反,率师讨平之。晋成帝咸和初为江州刺史,镇武昌,有惠政。预讨苏峻、祖约,封始安郡公,拜骠骑将军、开府仪同三司。晋咸和四年(329)卒,谥忠武。桓温(312—373),字元子,东晋谯国龙亢(今安徽怀远龙亢镇)人。桓彝子。晋明帝婿。拜驸马都尉。除琅邪太守。晋穆帝永和元年(345)任荆州刺史。都督荆、司等四州诸军事。永和二年(346),率众伐蜀。永和三年(347),灭成汉。废殷浩,执朝政。永和十年(354),北伐关中,以军粮不继还。永和十二年(356),收复洛阳。屡请还都,朝廷不听。晋废帝海西公太和四年(369),率步骑五万北攻燕,初连胜,至枋头,粮道受阻,大败。太和六年(371),废海西公,立简文帝,以大司马镇姑孰,专擅朝政。意欲受禅,未成,晋孝武帝宁康元年(373)病卒,朝廷追赠桓温丞相,谥号宣武。

④姜嫄(yuán)生稷(jì),履(lǚ)大人之迹而有娠(shēn):语本《诗经·大雅·生民》:"厥初生民,时维姜嫄。生民如何?克禋克祀,以弗无子。履帝武敏歆,攸介攸止,载震载夙。载生载育,时维后稷。"暨《史记·周本纪》:"周后稷,名弃。其母有邰氏女,曰'姜

原’。姜原为帝喾元妃。姜原出野，见巨人迹，心忻然说，欲践之，践之而身动如孕者。居期而生子。……"姜嫄，亦作"姜原"。周人始祖后稷之母。帝喾之元妃。传说她于郊野践巨人足迹怀孕生稷。稷，即后稷，周之先祖。相传其母姜嫄践天帝足迹，怀孕生子，因曾弃而不养，故名之为"弃"。虞舜命为农官，教民耕稼，称为"后稷"。后世奉他为谷神。

⑤简狄（dí）生契（xiè），吞玄鸟之卵而叶孕：语本《史记·殷本纪》："殷契，母曰'简狄'，有娀氏之女，为帝喾次妃。三人行浴，见玄鸟堕其卵，简狄取吞之，因孕生契。"唐·司马贞索隐："旧本作'易'。'易''狄'音同。又作'逷'。"简狄，亦作"简逷"。相传为有娀氏之女，帝喾次妃，吞玄鸟卵怀孕而生商代祖先契。《汉书·古今人表》："简逷，帝喾妃，生卨。"唐·颜师古注："逷，音吐历反。即简狄也。"契，字或作"卨"（xiè），传说中的商族始祖，辅佐大禹治水用功，虞舜命为司徒之官。玄鸟，即燕子。叶孕，怀孕。

⑥麟（lín）吐玉书，天生孔子之瑞：语本晋·王嘉《拾遗记》卷三："夫子未生时，有麟吐玉书于阙里人家，文云：'水精之子，孙（《太平御览》所引，作"继"）衰周而素王。'……征在贤明，知为神异，乃以绣绂系麟角。信宿而麟去。夫子系殷汤，水德而素王。至敬王之末，鲁定公二十四年，鲁人锄商田于大泽，得麟以示夫子。系角之绂，尚犹在焉。夫子知命之将终，乃抱麟解绂，涕泗滂沱。"相传孔子出生之前，有麒麟口吐玉书，说他将为素王。此一传说，不见于先秦典籍，显然是汉魏谶纬之说流行时代的产物。

⑦玉燕投怀，梦孕张说之奇：语本五代·王仁裕《开元天宝遗事·梦玉燕投怀》："张说母梦有一玉燕自东南飞来，投入怀中，而有孕。生说，果为宰相，其至贵之祥也。"传说张说的母亲梦见一只玉燕从东南飞进怀里，怀孕生下了张说。张说（667—730），字道济，一字说之，原籍范阳（今河北涿州），世居河东（治今山西太原），

迁家洛阳（今属河南）。武后永昌中，中贤良方正科第一，授太子校书郎。转右补阙，预修《三教珠英》。累迁凤阁舍人。因持正不愿诡事张易之兄弟构陷魏元忠，忤武后旨，流配钦州。唐中宗复位，召为兵部员外郎，累迁工部、兵部侍郎，兼修文馆学士。唐睿宗景云二年（711），任宰相，监修国史。唐玄宗即位，因决策诛太平公主有功，封燕国公，世称"张燕公"，任中书令。后因与姚崇不和，出为相州、岳州刺史。开元九年（721），又召为兵部尚书，同中书门下三品，迁中书令，俄授右丞相，至尚书左丞相。卒，谥文贞。前后三度为相，掌文学之任凡三十年，文辞俊丽，用思精密，朝廷重要文诰多出其手，尤长于碑文墓志，与许国公苏颋齐名，合称"燕许大手笔"。生平详见张九龄《燕国公张公墓志铭》及新、旧《唐书》本传。

⑧弗陵太子，怀胎十四月而始生：语本《汉书·外戚传》："孝武钩弋赵婕妤，昭帝母也，家在河间。武帝巡狩过河间，望气者言此有奇女，天子亟使使召之。既至，女两手皆拳，上自披之，手即时伸。由是得幸，号曰'拳夫人'。先是，其父坐法宫刑，为中黄门，死长安，葬雍门。拳夫人进为婕妤，居钩弋宫。大有宠，太始三年生昭帝，号'钩弋子'。任身十四月乃生，上曰：'闻昔尧十四月而生，今钩弋亦然。'乃命其所生门曰'尧母门'。"汉昭帝刘弗陵的母亲怀孕十四个月才生下他。弗陵太子，即汉昭帝刘弗陵（前94—前74）。汉武帝少子。年幼即位，统治期间，由霍光辅政。承袭汉武帝政策，移民屯田，多次出兵击败匈奴、乌桓。始元六年（前81），召开盐铁会议，问民疾苦。在位十三年（前87—前74）。

⑨老子道君，在孕八十一年而始诞：语本唐·段成式《酉阳杂俎·玉格》："老君在胎八十一年，剖左腋而生，生而白首。"道教传说，老子道君为其母怀孕八十一年而生。这自然是神话传说，而宋元以来广为流传。宋·张君房《云笈七签（卷一百二）·纪传部·混

元皇帝圣纪》："自太上生后，复八十一万亿八十一万岁，乃生一气。一气生后，复八十一万亿八十一万岁乃生前三气。三气各相去八十一万亿八十一万岁，三合成德，共生老君焉。老君生后，八十一万亿八十一万岁，化生一气。一气生后，八十一万亿八十一万岁，化生后三气。三气又化生玄妙玉女。玉女生后，八十一万亿八十一万岁，三气混沌，凝结变化，五色玄黄，大如弹丸，入玄妙口中。玄妙因吞之，八十一年乃从左腋而生。生而白首，故号为老子。"明·冯梦龙《警世通言》第四十卷《旌阳宫铁树镇妖》："太上老君，乃元气之祖，生天生地，生佛生仙，号铁师元炀上帝。他化身周历尘沙，也不可计数。至商汤王四十八年，又来出世，乘太阳日精，化为弹丸，流入玉女口中。玉女吞之，遂觉有孕，怀胎八十一年，直到武丁九年，破胁而生。生下地时，须发就白，人呼为老子。老子生在李树上，因指李为姓，名耳，字伯阳。后骑着青牛出函谷关。把关吏尹喜望见紫气，知是异人，求得《道德真经》共五千言，传留于世。老子入流沙修炼成仙，今居太清仙境，称为'道德天尊'，这又是一教。"可见一斑。此老子道君，是道教仙话人物，不能简单等同于先秦诸子中的老子。

⑩晚年生子，谓之老蚌（bàng）生珠：语本《三国志·魏书·荀彧传》："太祖以彧为知人，诸所进达皆称职，唯严象为扬州，韦康为凉州，后败亡。"南朝宋·裴松之注："康字元将，亦京兆人。孔融与康父端书曰：'前日元将来，渊才亮茂，雅度弘毅，伟世之器也。昨日仲将又来，懿性贞实，文敏笃诚，保家之主也。不意双珠，近出老蚌，甚珍贵之。'"东汉末年，凉州牧韦端的两个儿子韦康（字元将）、韦诞（字仲将）都很优秀，孔融写信给韦端，赞誉其老蚌生双珠。魏晋六朝时以"老蚌生珠"比喻年老有贤子。《南齐书·王广之传》："世祖见广之子珍国应堪大用，谓广之曰：'卿可谓老蚌也。'"《北齐书·陆卬传》："陆卬，字云驹。少机悟，美风

神，好学不倦，博览群书，五经多通大义。善属文，甚为河间邢邵所赏。邵又与卬父子彰交游，尝谓子彰曰：‘吾以卿老蚌，遂出明珠，意欲为群拜纪可乎？’由是名誉日高，儒雅搢绅，尤所推许。”后世“老蚌生珠”则多用作老年生子的祝语。

⑪暮岁登科，正是龙头属老：语本宋·梁颢《登科谢恩》诗："天福三年来应举，雍熙二载始成名。饶他白发巾中满，且喜青云足下生。观榜更无朋辈在，到家惟有子孙迎。也知年少登科好，争奈龙头属老成。"相传梁颢八十二岁中进士。《古今图书集成》卷九十五引此诗，云出自明·廖用贤《尚友录》。元·阙名《氏族大全》卷九引此诗，云出自宋·宋正敏《遁斋闲览》。后世以“龙头属老”作为老年中榜之典。《儒林外史》第三回："次日起马，范进独自送在三十里之外，轿前打恭。周学道又叫到跟前，说道：‘龙头属老成。本道看你的文字，火候到了，即在此科，一定发达。我复命之后，在京专候。’"登科，科举时期应考人被录取。唐·裴说《见王贞白》诗："共贺登科后，明宣入紫宸。"五代·王仁裕《开元天宝遗事·泥金帖子》："新进士才及第，以泥金书帖子，附家书中，用报登科之喜。"龙头，状元的别称。唐·黄滔《辄吟七言四韵攀寄翁文尧拾遗》诗："龙头龙尾前年梦，今日须怜应若神。"旧注："滔卯年冬在宛陵，梦文尧作状头及第。"宋·王闢之《渑水燕谈录·知人》："孙何、孙仅，学行文辞倾动场屋。何既为状元，王黄州览仅文编，书其后曰：‘明年再就尧阶试，应被人呼小状元。’后榜仅果为第一。……（黄州）并寄何诗曰：‘惟爱君家棣华榜，《登科记》上并龙头。’"

【译文】

梦见熊，梦见罴，是生儿子的预示；梦见虺，梦见蛇，是生女儿的吉兆。

梦见天使赠送兰花，兆示吉祥，郑文公的妾燕姞在生郑穆公之前做了如此奇梦；英雄人物生来就神奇，温峤听见婴儿桓温的哭声，便预知他将来不同凡响。

姜嫄生下稷，是踩到巨人足迹而怀胎的；简狄生下契，是吞下玄鸟的卵而怀孕的。

麒麟口吐玉书，这是上天在孔子降生之前显示的吉兆；玉燕飞入怀中，这是张说的母亲生他之前所做的奇梦。

汉太子刘弗陵，母亲怀胎十四个月后才生下他；道家始祖老子，母亲怀孕八十一年才把他生下来。

晚年生下胖小子，称之为"老蚌生珠"；高龄科考夺头名，正所谓"龙头属老"。

　　贺男寿，曰南极星辉①；贺女寿，曰中天婺焕②。

　　松柏节操，美其寿元之耐久③；桑榆暮景，自谦老景之无多④。

　　矍铄⑤，称人康健；聩眊⑥，自谦衰颓⑦。

　　黄发、儿齿，有寿之征⑧；龙钟、潦倒⑨，年高之状。

　　日月逾迈⑩，徒自伤悲⑪；春秋几何⑫，问人寿算⑬。

　　称少年，曰春秋鼎盛⑭；羡高年，曰齿德俱尊⑮。

【注释】

①贺男寿，曰南极星辉：语本《太平御览（卷五）·天部五》所引《春秋元命苞》："直弧北有一大星为老人星，见则治平，主寿；亡则君危，主亡。常以秋分候之。"老人星，即南极老人星。《史记·天官书》："狼比地有大星，曰'南极老人'。老人见，治安；不见，兵起。常以秋分时候之于南郊。"唐·张守节正义："老人一星，在弧南，一曰'南极'，为人主占寿命延长之应。常以秋分之曙见于景，

春分之夕见于丁。见国长命，故谓之'寿昌'，天下安宁；不见，人主忧也。"《史记·封禅书》："于杜亳有三社主之祠、寿星祠。"唐·司马贞索隐："寿星，盖南极老人星也，见则天下理安，故祠之以祈福寿。"《朱子语类》卷二十三："义刚问：如说'南极见，老人寿'，则是南极也解见。曰：'南极不见。是南边自有一老人星，南极高时，解浮得起来。'"南极老人星，是南部天空一颗光度较亮的二等星。自古以来用作长寿的象征，民间常把它塑造成秃顶广额、白须持杖的老人，故传统以"南极星辉"为祝贺男子老寿之语。

②中天婺（wù）焕：天空中婺女星光彩照人。用作女子过生日的祝辞。中天，天空中间。婺，婺女，星宿名。即女宿。又名"须女""务女"。二十八宿之一，玄武七宿之第三宿，有星四颗。焕，发光。《礼记·月令》："（孟夏之月）日在毕，昏翼中，旦婺女中。"《史记·天官书》："婺女，其北织女。"唐·司马贞索隐："务女。《广雅》云'须女，谓之"务女"，是也。一作"婺"。'"《文选·谢希逸〈宋孝武宣贵妃诔并序〉》："望月方娥，瞻星比婺。"唐·李善注："《汉书》曰：'北宫有婺女。'《星占》曰：'婺女为既嫁之女也。'"宋词中，祝女子老寿，多用"婺女"语典。如，吴徵《念奴娇·寿陈尚书母夫人》："东风着意，正群芳未放，蟠桃初缀。王母当年亲手种，来作人间上瑞。婺女星躔，金华福地，聊驻千千岁。恰才八十，百分未及一二。 况是间生英贤，名高日月，未说文昌贵。今日凝香称寿斝，来岁衮衣当发。黄贴天香，太白珍膳，押赐传中旨。戏拈金果，宫娥应是争取。"宋·程节斋《清平乐·寿伯母》："吾家三母，先后相为寿。管领诸郎尽明秀，都是婺女星宿。 华筵今日居先，适逾甲子周天。敬以庄椿为祝，举觞我愿年年。"

③松柏节操，美其寿元之耐久：语本《世说新语·言语》："顾悦与简文同年，而发早白。简文曰：'卿何以先白？'对曰：'蒲柳之姿，望

秋而落；松柏之质，经霜弥茂。'"东晋大臣顾悦与简文帝同年而头发早白，简文帝问为什么会这样。顾悦说自己好比蒲柳，一到秋天叶子就落了；简文帝好比松柏，霜降之后愈加青翠。后遂以"松柏节操"比喻人经得起岁月风霜。寿元，寿命，寿数。

④桑榆暮景（yǐng），自谦老景之无多：语本《太平御览》卷三引《淮南子》："日西垂，景在树端，谓之'桑榆'。（注：言其光在桑榆树上。）"《文选•曹植〈赠白马王彪〉》："年在桑榆间，影响不能追。"唐•李善注："日在桑榆，以喻人之将老。"桑榆暮景，或作"桑榆晚景"，指太阳余光照在桑树和榆树上的投影。代指人的晚年。景，同"影"，指日影。

⑤矍铄（jué shuò）：语本《后汉书•马援传》："援据鞍顾眄，以示可用。帝笑曰：'矍铄哉！是翁也。'"形容老人目光炯炯、精神健旺，老而强健。

⑥聩眊（kuì mào）：耳聋眼花。引申为昏聩不明事理、头脑糊涂。聩，耳聋。眊，眼花。宋•叶绍翁《四朝闻见录•庆元党》："至于众恶之交归，亦乃群情之共弃，而臣聩眊，初罔闻知，及此省循，甫深疑惧。"

⑦衰颓：（身体、精神等）衰弱颓废。

⑧黄发、儿齿，有寿之征：语本《诗经•鲁颂•泮水》："既多受祉，黄发儿齿。"朱子集传："儿齿，齿落更生细者，亦寿征也。"同篇前云："黄发台背，寿胥与试。"郑笺："黄发台背，皆寿征也。"孔疏："发有黄色之发，背有台文之背，得有如此长寿。"《尔雅•释诂》："黄发、齯齿、鲐背、耇、老，寿也。"《释名•释长幼》"或曰'齯齿'，大齿落尽，更生细者，如小儿齿也。"后遂以黄发儿齿指年老长寿。（按，"齯"同"兒"。"兒"为"儿"之繁体。）

⑨龙钟、潦（liǎo）倒：龙钟、潦倒，或联用，或单用，皆为形容年老体衰、行动不便的样子。唐•李华《卧疾舟中相里范二侍御先行赠

别序》：“华也潦倒龙钟，百疾丛体，衣无完帛，器无兼蔬。”宋·孙奕《履斋示儿编·字说·集字二》：“《缃素杂记》云：古语有二声合为一字音，……从西域二合之音，盖切字之原也。学者不晓‘龙钟潦倒’之义，正如二合之音是也。‘龙钟’切为‘癃’字，‘潦倒’切为‘老’字。谓人之老羸癃疾者，即以龙钟潦倒目之。”

⑩日月逾迈：语本《尚书·秦誓》：“我心之忧，日月逾迈，若弗云来。”唐·孔颖达疏：“言日月益为疾行，并皆过去。”日月前行，指时光流逝。

⑪徒：白白地，空自。

⑫春秋几何：多大年纪。春秋，一春一秋为一年，因此用来指年龄。《战国策·楚策四》：“今楚王之春秋高矣，而君之封地，不可不早定也。”几何，犹若干、多少。《诗经·小雅·巧言》：“为犹将多，尔居徒几何？”清·马瑞辰通释：“尔居徒几何，即言尔徒几何也。”《史记·白起王翦列传》：“于是始皇问李信：‘吾欲攻取荆，于将军度用几何人而足？’”《新唐书·李多祚传》：“（张柬之）乃从容谓曰：‘将军居北门几何？’曰：‘三十年矣。’”

⑬寿算：寿数，年寿。唐·牛僧孺《玄怪录·齐推女》：“李氏寿算长，若不再生，议无厌伏。”

⑭春秋鼎盛：指人的年龄正处于旺盛、强壮之际。鼎盛，正当旺盛之时。《汉书·贾谊传》引其《陈政事疏》：“天子春秋鼎盛，行义未过，德泽有加焉，犹尚若比，况莫大诸侯，权势十此者乎？”后世多用以称少年。

⑮齿德俱尊：年龄和德行都很高，常指年高德重的长者。齿德俱尊，宋明以来习用。《孟子·离娄上》：“二老者，天下之大老也，而归之，是天下之父归之也。天下之父归之，其子焉往？”朱子集注：“大老，言非常人之老者。天下之父，言齿德皆尊，如众父然。既得其心，则天下之心不能外矣。”《金瓶梅》第三十一回《琴童藏

壶构衅,西门开宴为欢》:"周守备道:'二位老太监齿德俱尊。'"
第七十一回《李瓶儿何家托梦,朱太尉引奏朝仪》:"西门庆道:
'学生与天泉同寅晚辈,老公公齿德俱尊,又系中贵,自然该受
礼。'"齿德,《孟子·公孙丑下》:"天下有达尊三:爵一,齿一,德
一。"后用"齿德"指年龄与德行。齿,因为幼马每年长一颗牙齿,
所以用齿数来计算牛马的岁数,也泛指人的年龄。《礼记·文王
世子》:"古者谓年龄,齿亦龄也。"

【译文】

祝贺男士过生日,说"南极星辉";祝贺女士寿诞,说"中天婺焕"。

松柏经冬耐寒,"松柏节操",常用来称颂老人健康长寿;桑榆是日落
之处,"桑榆暮景",常用来自谦年纪大,来日无多。

"矍铄"的意思是精神很好,用来夸赞别人身体健康;"聩眊"的意思
是耳聋眼花,多用以自谦年迈衰老。

长出黄发和小白牙,是长寿的象征;行动迟缓、反应迟钝,是年纪大
的表现。

"日月逾迈",是自叹年华虚度的伤悲之语;"春秋几何",是询问别人
年纪多大。

称赞别人年轻,说"春秋鼎盛",也即年富力强之意;艳美别人长寿,
说"齿德俱尊",也即年长德高之意。

行年五十,当知四十九年之非①;在世百年,那有三万
六千日之乐②?

百岁曰上寿,八十曰中寿,六十曰下寿③;八十曰耋,九
十曰耄,百岁曰期颐④。

童子十岁就外傅,十三舞勺,成童舞象⑤;老者六十杖
于乡,七十杖于国,八十杖于朝⑥。

后生固为可畏⑦，而高年尤是当尊⑧。

【注释】

① 行年五十，当知四十九年之非：语本《淮南子·原道训》："凡人中寿七十岁，然而趋舍指凑，日以月悔也，以至于死，故蘧伯玉年五十而有四十九年非。"东汉·高诱注："伯玉，卫大夫瑗瑗也。今年则行是也，则还顾知去年之所行非也。岁岁悔之，以至于死，故有四十九年非，所谓月悔朔，日悔昨也。"

② 在世百年，那有三万六千日之乐：语本唐·李白《襄阳歌》："百年三万六千日，一日须倾三百杯。"一年三百六十日，百年三万六千日。百年，指人的一生。又，李白《阳春歌》："圣君三万六千日，岁岁年年奈乐何。"

③ "百岁曰上寿"三句：语本《庄子·盗跖》："人上寿百岁，中寿八十，下寿六十，除病瘦死丧忧患，其中开口而笑者，一月之中不过四五日而已矣。"

④ "八十曰耋（dié）"三句：语本《礼记·曲礼上》："人生十年曰'幼'，学；二十曰'弱'，冠；三十曰'壮'，有室；四十曰'强'，而仕；五十曰'艾'，服官政；六十曰'耆'，指使；七十曰'老'，而传；八十、九十曰'耄'，七年曰'悼'。悼与耄，虽有罪，不加刑焉。百年曰'期颐'。"唐·陆德明释文："本或作'八十曰"耋"，九十曰"旄（耄）"'。"东汉·郑玄注："耄，惛忘也。《春秋传》曰：'谓老将知，耄又及之。'"东汉·郑玄注："期，犹要也；颐，养也。不知衣服食味，孝子要尽养道而已。"唐·孔颖达疏："人年百岁不复知衣服、饮食、寒暖、气味，故人子用心要求亲之意而尽养道也。颐，养也。"清·孙希旦集解："百年者饮食、居处、动作，无所不待于养。方氏悫曰：'人生以百年为期，故百年以期名之。'"耄（mào），年老。古代指八九十岁的年纪。耋，古代指七八十岁的年纪。《说

文》："年八十曰'耄'。字亦作'𦒍'。"亦有说指七十岁。耄、𦒍，具体各指多大年纪，古注略有分期，但大抵不出七十至九十岁这一范围。旧时习惯"耄𦒍"连用，代指高寿之人。期颐（yí），指百岁以上的老人，意思是人生以百年为期，所以称百岁为"期颐之年"。

⑤"童子十岁就外傅"三句：语本《礼记·内则》："十年，出就外傅，居宿于外，学书计。衣不帛襦袴。礼帅初，朝夕学幼仪，请肄简谅。十有三年，学乐，诵诗，舞勺。成童舞象，学射御。"东汉·郑玄注："外傅，教学之师也。""先学《勺》，后学《象》，文武之次也。成童，十五以上。"唐·孔颖达疏："'舞《勺》'者，熊氏云：勺篇也。言十三之时，学此舞勺之文舞也。'成童舞象'者，成童谓十五以上，舞象谓舞武也。熊氏云：'谓用干戈之小舞也。以其年尚幼，故习文武之小舞也。'"就外傅，指（儿童）离家就学于师。舞勺，指古代儿童学文舞。《礼记·内则》言儿童十三岁之时，学此舞勺之文舞也。后用以指幼年。成童，古代指年龄稍大的儿童。一说是十五岁以上，见《礼记·内则》郑玄注。一说是八岁以上，《穀梁传·昭公十九年》："羁贯成童，不就师傅，父之罪也。"晋·范宁注："成童，八岁以上。"舞象，学象舞。象舞，武舞，古代成童所学。见《礼记·内则》。后以指成童之年。唐·邢璹《〈周易略例〉序》："臣舞象之年，鼓箧鳣序，渔猎坟典，徧习《周易》，研穷耽玩，无舍寸阴。"

⑥"老者六十杖于乡"三句：语本《礼记·王制》："五十杖于家，六十杖于乡，七十杖于国，八十杖于朝，九十者，天子欲有问焉，则就其室，以珍从。"杖，这里作动词，指拄拐杖。老人是尊者，拄拐杖是尊老的表示。周礼，年过五十可以在家拄拐杖，六十可以在乡拄拐杖，七十可以在国中柱拐杖，八十老人可以在朝堂上拄拐杖。

⑦后生固为可畏：语本《论语·子罕》："后生可畏，焉知来者之不如

今也?"朱子集注:"孔子言后生年富力强,足以积学而有待,其势可畏,安知其将来不如我之今日乎?"后遂以"后生可畏"指青年势必超过前辈,令人敬畏。

⑧高年尤是当尊:语本《孔子家语·正论解》:"哀公问于孔子曰:'二三大夫皆劝寡人,使隆敬于高年,何也?'孔子对曰:'君之及此言,将天下始赖之,岂唯鲁哉!'公曰:'何也,其义可得闻乎?'孔子曰:'昔者,有虞氏贵德而尚齿,夏后氏贵爵而尚齿,殷人贵富而尚齿,周人贵亲而尚齿。虞、夏、殷、周,天下之盛王也,未有遗年者焉。高年者,贵于天下久矣,次于事亲,是故朝廷同爵而尚齿。……'"高年,上了年纪的人。

【译文】

人到五十岁,应当反省前四十九年的过失;人生不过百年,哪能指望三万六千日每天都过得无忧无虑?

百岁叫"上寿",八十岁叫"中寿",六十岁叫"下寿";八十岁又叫"耋",九十岁又叫"耄",一百岁又称为"期颐"。

儿童年满十岁就要外出从师学习,十三岁要开始学文舞,十五岁则要学武舞;老人年届六十可以在乡里拄拐杖,到了七十岁可以在国都拄拐杖,满了八十岁可以在朝堂上拄拐杖。

年轻人潜力无穷,固然值得敬畏;而年纪大的人经验丰富,更应当受到尊敬。

身体

【题解】

本篇61联,讲的都是和身体各部位相关的成语典故。

开篇数句述古圣贤王天生异相。大抵出自《春秋元命苞》《帝王世纪》等书,多为谶纬流行时代的产物,迷信色彩浓重,附会成分亦多。然流传深广,汉代以来,为多种典籍称引。其中较著者,有《淮南子》《论衡》《刘子》《金楼子》等。

　　百体惟血肉之躯^①,五官有贵贱之别^②。

　　尧眉分八彩^③,舜目有重瞳^④。

　　耳有三漏,大禹之奇形^⑤;臂有四肘,成汤之异体^⑥。

　　文王龙颜而虎眉^⑦,汉高斗胸而隆准^⑧。

　　孔圣之顶若圩^⑨,文王之胸四乳^⑩。

　　周公反握,作兴周之相^⑪;重耳骈胁,为霸晋之君^⑫。

　　此皆古圣之英姿,不凡之贵品^⑬。

【注释】

①百体:人体的各个部分。《管子·立政》:"令则行,禁则止,宪之所及,俗之所被,如百体之从心,政之所期也。"李光明庄本,"惟"作"非",据钱本改。

②五官:人体五种器官,耳、目、鼻、口、形。或谓耳、目、鼻、口、心。《荀子·天论》:"耳、目、鼻、口、形,能各有接而不相能也,夫是之谓'天官'。心居中虚,以治五官,夫是之谓'天君'。"《荀子·正名》:"五官簿之而不知,心征之而无说。"唐·杨倞注:"五官,耳、目、鼻、口、心也。"因心为主宰,地位尊于耳、目、鼻、口,故云"五官有贵贱之别"。

③尧眉分八彩:语本《淮南子》《论衡》《春秋元命苞》《孔丛子》诸书,流传深广。《艺文类聚(卷十一)·帝王部一》引《春秋元命苞》曰:"尧眉八采,是谓通明,历象日月璇玑玉衡。"《孔丛子·居卫》:"昔尧身修十尺,眉分八采。"传说尧的眉毛有八种颜色。一说,眉分八采,即八字眉。晋·葛洪《抱朴子内篇·祛惑》:"世云

尧眉八采,不然也,直两眉头甚竖,似八字耳。"另,《初学记(卷九)·帝王部》引《尚书大传》曰:"尧八眉。八眉者如八字。"《太平御览(卷三百六十五)·人事部六》亦引之,文字略有出入。

④舜目有重瞳(chóng tóng):语本《淮南子》《论衡》《史记》《孝经援神契》诸书,流传深广。《艺文类聚(卷十一)·帝王部一》引《孝经援神契》曰:"舜龙颜重瞳大口。"重瞳,一个眼睛里有两个瞳孔。《史记·项羽本纪论》"吾闻之周生曰'舜目盖重瞳子',又闻项羽亦重瞳子。"南朝宋·裴骃集解引《尸子》:"舜两眸子,是谓重瞳。"

⑤耳有三漏,大禹之奇形:语本《淮南子》《论衡》《帝王世纪》诸书,流传深广。《艺文类聚(卷十一)·帝王部一》引《帝王世纪》曰:"伯禹夏后氏,姒姓也,生于石坳,虎鼻大口,两耳参漏。"三漏,亦作"参漏"。两耳各有三个孔。

⑥臂有四肘,成汤之异体:语本《春秋元命苞》《帝王世纪》诸书,流传深广。《艺文类聚(卷十一)·帝王部一》引《春秋元命苞》曰:"汤臂四肘,是谓神肘。"《初学记(卷九)·帝王部》引《帝王世纪》:"主癸之妃曰'扶都',见白气贯月,意感以乙日生汤,故名'履'。字天乙,是谓成汤帝。丰下锐上,晰而有髯,倨身而扬声;长九尺,臂四肘,有圣德。"《太平御览》亦引《春秋元命苞》《帝王世纪》,文字略有出入。《论衡·骨相》则曰"汤臂再肘"、《刘子·命相》亦曰"汤臂二肘"。《论衡》《刘子》或以单臂言之。

⑦文王龙颜而虎眉:语本《帝王世纪》。《艺文类聚(卷十二)·帝王部二》引《帝王世纪》曰:"文王昌,龙颜虎肩,身长十尺,胸有四乳。"《史记·周本纪》唐·张守节正义,《太平御览(卷八十四)·皇王部九·周文王》亦引《帝王世纪》。《宋书·符瑞志》、南朝梁·萧绎《金楼子·兴王篇》亦曰:"(文王)龙颜虎肩,身长十尺,胸有四乳。"而《太平御览(卷三百六十五)·人事部六》引《帝王世纪》曰:"文王虎眉。"《史记·周本纪》、唐·张守节正义、

《金楼子·兴王篇》，皆另有版本作"龙颜虎眉"。则"虎肩""虎眉"之异，由来已久。"肩""眉"二字形近，窃疑"眉"为"肩"之讹。龙颜，指眉骨圆起。相传黄帝、周文王、汉高祖皆是此相。后因用以指帝王的容貌。

⑧汉高斗胸而隆准：语本《史记·汉高祖本纪》："高祖为人，隆准而龙颜，美须髯，左股有七十二黑子。"南朝宋·裴骃集解引文颖曰："高祖感龙而生，故其颜貌似龙，长颈而高鼻。"唐·张守节正义引《河图》："帝刘季口角戴胜，斗胸，龟背，龙股，长七尺八寸。"斗胸，胸部隆起像斗一样。相传大禹、汉高祖皆是此相。后来便用"斗胸"代表圣君之象。隆准，高鼻梁。因汉高祖刘邦生有此相，故后以代指帝王。

⑨孔圣之顶若圩（yú）：语本《史记·孔子世家》："鲁襄公二十二年而孔子生。生而首上圩顶，故因名曰'丘'云。"唐·司马贞索隐："'圩顶'言顶上窳也，故孔子顶如反宇。反宇者，若屋宇之反，中低而四傍高也。"圩顶，指头顶凹陷，即头部中央低而四旁高。圩，凹。

⑩文王之胸四乳：语本《春秋元命苞》《帝王世纪》诸书，流传深广。诸书引《帝王世纪》者，见前注。《初学记（卷九）·帝王部》引《春秋元命苞》："文王四乳，是谓含良，盖法酒旗布恩舒明。"东汉·宋均注："酒者乳也，能乳天下布恩之谓也。"《艺文类聚（卷十二）·帝王部二》亦引之。四乳，胸前有四只乳头。多出的两只，恐即今之所谓副乳。

⑪周公反握，作兴周之相：语本唐·道宣《广弘明集》卷十三《辩正论》："周公反握，犹骐骥之一毛；禹耳齐肩，乃昆山之片玉。"反握，传说周公手骨绵软，可以反转过来握住自己的手腕。旧注引《相法》："周公两手如绵，可以反握。"

⑫重耳骈胁（pián xié），为霸晋之君：语本《左传·僖公二十三年》：

"及曹,曹共公闻其骈胁,欲观其裸。浴,薄而观之。"晋·杜预注:"骈胁,合干。"《史记·管蔡世家》:"初,晋公子重耳其亡过曹,曹君无礼,欲观其骈胁。"南朝宋·裴骃集解引三国吴·韦昭曰:"骈者,并干也。"骈胁,肋骨连接在一起。春秋时期的晋文公重耳生此异相。

⑬贵品:高贵的品类、贵重的特征。品,等级,种类。此数句述古圣贤王天生异相。大抵出自《春秋元命苞》《帝王世纪》等书,多为谶纬流行时代的产物,迷信色彩浓重,附会成分亦多。然流传深广,汉代以来,为多种典籍称引。其中较著者,有《淮南子》《论衡》《刘子》《金楼子》等。《淮南子·修务训》:"若夫尧眉八彩,九窍通洞,而公正无私,一言而万民齐;舜二瞳子,是谓重明,作事成法,出言成章;禹耳参漏,是谓大通,兴利除害,疏河决江;文王四乳,是谓大仁,天下所归,百姓所亲;皋陶马喙,是谓至信,决狱明白,察于人情;禹生于石,契生于卵;史皇产而能书,羿左臂修而善射。若此九贤者,千岁而一出,犹继踵而生。"《论衡·骨相》:"传言黄帝龙颜,颛顼戴午,帝喾骈齿,尧眉八采,舜目重瞳,禹耳三漏,汤臂再肘,文王四乳,武王望阳,周公背偻,皋陶马口,孔子反羽。斯十二圣者,皆在帝王之位,或辅主忧世,世所共闻,儒所共说,在经传者较著可信。"北齐·刘昼《刘子·命相第二十五》:"伏羲日角,黄帝龙颜,帝喾戴肩,颛顼骈骭,尧眉八采,舜目重瞳,禹耳三漏,汤臂二肘,文王四乳,武王骈齿,孔子返宇,颜回重瞳,皋陶鸟喙。若此之类,皆圣贤受天殊相而生者也。"梁·萧绎《金楼子·兴王篇》所述,篇幅尤长,不具引,读者可自行翻检。

【译文】

人体各部分均由血肉构成,五官的作用也是主次有别。

尧的眉毛有八种色彩,舜的眼睛有两个瞳仁。

两只耳朵各有三个孔,大禹外表不同寻常;两只手臂共有四个肘,成汤体貌与众不同。

周文王额头像龙、眉毛像虎,汉高祖胸部如斗、鼻梁很高。

孔子的头顶下凹,周文王的胸前生有四只乳头。

周公的手可以反转回去握住手腕,后来成为振兴周朝的贤能宰相;重耳的肋骨连成一块,后来成为称霸中原的晋国君王。

以上这些,都是古代圣贤的英伟身姿,有着不同常人的高贵品质。

至若发肤不可毁伤,曾子常以守身为大①;待人须当量大,师德贵于唾面自干②。

谗口中伤,金可铄而骨可销③;虐政诛求,敲其肤而吸其髓④。

受人牵制,曰掣肘⑤;不知羞愧,曰厚颜⑥。

好生议论⑦,曰摇唇鼓舌⑧;共话衷肠⑨,曰促膝谈心⑩。

怒发冲冠,蔺相如之英气勃勃⑪;炙手可热,唐崔铉之贵势炎炎⑫。

貌虽瘦而天下肥,唐玄宗之自谓⑬;口有蜜而腹有剑,李林甫之为人⑭。

赵子龙一身都是胆⑮,周灵王初生便有须⑯。

【注释】

①至若发肤不可毁伤,曾(zēng)子常以守身为大:语本《孝经·开宗明义章》:"身体发肤,受之父母,不敢毁伤,孝之始也。"及《孟子·离娄上》:"事,孰为大? 事亲为大。守,孰为大? 守身为大。"东汉·赵岐注:"事亲,养亲也。守身,使不陷于不义也。"朱子集注:"守身,持守其身,使不陷于不义也。一失其身,则亏体辱

亲，虽日用三牲之养，亦不足以为孝矣。"守身，保持品德和节操，不使自身陷于不义，遭受刑罚。

②待人须当量大，师德贵于唾（tuò）面自干：语本《新唐书·娄师德传》："其弟守代州，辞之官，教之耐事。弟曰：'人有唾面，絜之乃已。'师德曰：'未也。絜之，是违其怒，正使自干耳。'"后以"唾面自干"形容逆来顺受，受辱而不计较、反抗。此事流传甚广，《大唐新语》卷七、《隋唐嘉话》卷下皆载。宋·吴曾《能改斋漫录·唾面自干》："唐娄师德，其弟守代州，辞之官，教之耐事。弟曰：'人有唾面者，洁之乃已。'师德曰：'未也，洁之是违其怒，正使其自干耳。'盖本《尚书大传·大战篇》太公曰：'骂汝毋叹，唾汝毋干。毋叹毋干，是谓艰难。'"师德，娄师德（630—699），字宗仁，郑州原武（今河南原阳）人。唐太宗贞观中擢进士第。唐高宗上元初，为监察御史。仪凤三年（678）应诏从军，屡胜吐蕃。累官至同凤阁鸾台平章事，掌朝政。前后总边要、为将相三十年，所至有功。卒谥贞。唾面自干，别人把唾沫吐在自己脸上，不要自己擦干净，而应让唾沫自己干。

③谗（chán）口中伤，金可铄（shuò）而骨可销：语本《史记》所载西汉·邹阳《狱中上梁孝王书》。《史记·鲁仲连邹阳列传》："邹阳客游，以谗见禽，恐死而负累，乃从狱中上书曰：'……昔者鲁听季孙之说而逐孔子，宋信子罕之计而囚墨翟。夫以孔、墨之辩，不能自免于谗谀，而二国以危。何则？众口铄金，积毁销骨也。'"邹阳之语，西汉·刘向《新序·杂事三》、东汉·班固《汉书·贾邹枚路传》亦载。《汉书》唐·颜师古注曰："美金见毁，众共疑之，数被烧炼，以至销铄。谗佞之人，肆其诈巧，离散骨肉，而不觉知。"又，《史记·张仪列传》："臣闻之，积羽沉舟，群轻折轴，众口铄金，积毁销骨，故愿大王审定计议，且赐骸骨辟魏。"《汉书·景十三王传》："臣身远与寡，莫为之先，众口铄金，积毁销骨，丛

轻折轴,羽翮飞肉,纷惊逢罗,潜然出涕。"东汉·应劭《风俗通义·正失序》:"孟轲云:尧、舜不胜其美,桀、纣不胜其恶。传言失指,图景失形。众口铄金,积毁消骨,久矣其患之也。""众口铄金,积毁销骨",或为先秦秦汉时期俗语。"众口铄金"单用,更见于《国语》《楚辞》等先秦典籍。《国语·周语下》:"王不听,卒铸大钟。二十四年,钟成,伶人告和。王谓伶州鸠曰:'钟果和矣。'对曰:'未可知也。'王曰:'何故?'对曰:'上作器,民备乐之,则为和。今财亡民罢,莫不怨恨,臣不知其和也。且民所曹好,鲜其不济也。其所曹恶,鲜其不废也。故谚曰:"众心成城,众口铄金。"今三年之中,而害金再兴焉,惧一之废也。'王曰:'尔老耄矣!何知?'二十五年,王崩,钟不和。"三国吴·韦昭注:"铄,销也。众口所毁,虽金石犹可销也。"《楚辞·九章·惜诵》:"昔余梦登天兮,魂中道而无杭。吾使厉神占之兮,曰有志极而无旁。终危独以离异兮,曰君可思而不可恃。故众口其铄金兮,初若是而逢殆。"东汉·王逸注:"言众口所论,万人所言,金性坚刚,尚为销铄,以喻谗言多,使君乱惑也。"谗口,说坏话的嘴,说坏话的人。《诗经·小雅·十月之交》:"无罪无辜,谗口嚣嚣。"谗,在别人面前说陷害某人的坏话。中伤,诬蔑诽谤别人,让对方受到损害。《汉书·佞幸传·石显》:"内深贼,持诡辩以中伤人。"金可铄而骨可销,也即"众口铄金,积毁销骨"。原指在众人持续的指责攻击之下,即使坚如铁石与骨骼之物,也会熔化毁灭。后来比喻舆论作用极大,众口一词,能颠倒是非,置人于死地。

④虐政诛求,敲其肤而吸其髓(suǐ):语本《景德传灯录·菩提达磨》:"昔人求道,敲骨取髓,刺血济饥。"后以"敲骨吸髓"比喻残酷地剥削。此处改"骨"为"肤",是为了更好地与上文"铄"字对仗("铄"字仄声,"肤"字平声)。另,《明史·田大益列传》:"大益因上言:'陛下驱率狼虎,飞而食人,使天下之人,剥肤而吸

髓,重足而累息,以致天灾地坼,山崩川竭。……'"虐政,残暴的政策法令,暴政。诛求,蛮横索取,强制征收。《左传·襄公三十一年》:"以敝邑褊小,介于大国,诛求无时,是以不敢宁居,悉索敝赋,以来会时事。"晋·杜预注:"诛,责也。"

⑤掣肘(chè zhǒu):典出《吕氏春秋·审应览·具备》:"宓子贱治亶父,恐鲁君之听谗人,而令己不得行其术也。将辞而行,请近吏二人于鲁君,与之俱至于亶父。邑吏皆朝,宓子贱令吏二人书。吏方将书,宓子贱从旁时掣摇其肘。吏书之不善,则宓子贱为之怒。吏甚患之,辞而请归。宓子贱曰:'子之书甚不善,子勉归矣。'二吏归报于君,曰:'宓子不可为书。'君曰:'何故?'吏对曰:'宓子使臣书,而时掣摇臣之肘,书恶而有甚怒,吏皆笑宓子(按,此句不可解,或有讹误),此臣所以辞而去也。'鲁君太息而叹曰:'宓子以此谏寡人之不肖也。寡人之乱子,而令宓子不得行其术,必数有之矣。微二人,寡人几过。'"此事亦见载于《孔子家语·屈节解》:"孔子弟子有宓子贱者,仕于鲁,为单父宰。恐鲁君听谗言,使己不得行其政,于是辞行,故请君之近史二人,与之俱至官。宓子贱戒其邑吏,令二史书。方书辄掣其肘,书不善则从而怒之。二史患之,辞请归鲁。宓子曰:'子之书甚不善,子勉而归矣。'二史归报于君曰:'宓子使臣书而时掣臣肘,书恶而又怒臣,邑吏皆笑之。此臣所以去之而来也。'"后因以"掣肘"谓从旁牵制。唐·陆贽《论缘边守备事宜状》:"若谓志气足任,方略可施,则当要之于终,不宜掣肘于其间也。"

⑥厚颜:厚脸皮,不知羞耻。《荀子·解蔽》:"厚颜而忍诟。"又,"颜厚"一词见于《诗》《书》二经,早于"厚颜"。《尚书·五子之歌》:"其五曰:呜呼曷归?予怀之悲。万姓仇予,予将畴依?郁陶乎予心,颜厚有忸怩。弗慎厥德,虽悔可追?"西汉·孔安国传:"颜厚,色愧。"《诗经·小雅·巧言》:"荏染柔木,君子树之。往来

行言,心焉数之。蛇蛇硕言,出自口矣。巧言如簧,颜之厚矣。"朱子集注:"颜厚者,顽不知耻也。"五代·王仁裕《开元天宝遗事·惭颜厚如甲》:"进士杨光远,惟多矫饰,不识忌讳。游谒王公之门,干索权豪之族,未尝自足;稍有不从,便多诽谤,常遭有势挞辱,略无改悔。时人多鄙之,皆云杨光远惭颜厚如十重铁甲也。"

⑦好(hào)生议论:喜欢发表议论。

⑧摇唇鼓舌:出自《庄子·盗跖》:"摇唇鼓舌,擅生是非,以迷天下之主。"是庄子杜撰盗跖骂孔子的话。后用以形容利用口才进行煽动或游说。亦泛指多言,卖弄口才。

⑨共话衷肠:相互倾诉心里的话。衷肠,心里话、内心的感情。

⑩促膝谈心:形容亲密地交谈心里话。唐·田颖《揽云台记》:"即有友人,不过十余知音之侣,来则促膝谈心,率皆圣贤之道,不敢稍涉异言。"古人席地而坐,或坐在床上,两人对坐时,膝盖靠近,叫作"促膝"。促,靠近。

⑪怒发冲冠,蔺(lìn)相如之英气勃勃:语本《史记·廉颇蔺相如列传》:"赵王于是遂遣相如奉璧西入秦。秦王坐章台见相如,相如奉璧奏秦王。秦王大喜,传以示美人及左右,左右皆呼万岁。相如视秦王无意偿赵城,乃前曰:'璧有瑕,请指示王。'王授璧,相如因持璧却立,倚柱,怒发上冲冠,谓秦王曰:……"战国时,秦王提出以十五座城换赵国和氏璧,赵国蔺相如奉命出使秦国,在秦廷见秦王无意给赵国城池,怒发冲冠,斥责秦王不守信用。怒发冲冠,愤怒到头发直竖,顶着帽子,形容极端愤怒。英气,英武豪迈的气概。勃勃,兴盛貌。

⑫炙(zhì)手可热,唐崔铉(xuàn)之贵势炎炎:语本《新唐书·崔铉传》:"宣宗初,擢河中节度使,以御史大夫召,用会昌故官辅政,进尚书左仆射,兼门下侍郎,封博陵郡公。铉所善者郑鲁、杨绍复、段瓌、薛蒙,颇参议论。时语曰:'郑、杨、段、薛,炙手可热;

欲得命通，鲁、绍、璘、蒙。'"唐朝宰相崔铉，权势很大，当时人们称他这一派势力"炙手可热"。炙手可热，接近之便烫手，比喻权势大，气焰盛，多指气焰嚣张，令人不敢接近。唐·杜甫《丽人行》："炙手可热势绝伦，慎莫近前丞相嗔。"炙，烤。崔铉（？—869），字台硕，唐博陵（今河北蠡县南）人。崔元略子。唐文宗大和元年（827）登进士第，开成末，入为左拾遗，迁司勋员外郎，充翰林学士。唐武宗时，任司封郎中、知制诰、翰林学士承旨，迁中书舍人。会昌三年（843），拜中书侍郎、同平章事，后罢相出为陕虢观察使。唐宣宗初，为河中节度使，召为御史大夫，复任相七年，出为淮南、山南东道二镇节度使。唐懿宗咸通六年（865），徙为荆南节度使，封魏国公。卒于官。生平见新、旧《唐书》本传。贵势炎炎，权势如同火焰一般旺盛。炎炎，原指火焰旺盛，代指威势显赫。《汉书·扬雄传下》："炎炎者灭，隆隆者绝。"宋·罗大经《鹤林玉露》卷十一："（潘良贵）晚年力量尤凝定，秦桧势正炎炎，冷处一角，笑傲泉石。"

⑬貌虽瘦而天下肥，唐玄宗之自谓：语本《新唐书·韩休传》："嵩宽博多可，休峭鲠，时政所得失，言之未尝不尽。帝尝猎苑中，或大张乐，稍过差，必视左右曰：'韩休知否？'已而疏辄至。尝引鉴，默不乐。左右曰：'自韩休入朝，陛下无一日欢。何自戚戚，不逐去之？'帝曰：'吾虽瘠，天下肥矣。且萧嵩每启事，必顺旨，我退而思天下，不安寝。韩休敷陈治道，多诋直，我退而思天下，寝必安。吾用休，社稷计耳。'"唐玄宗每次游猎行乐稍稍过头，宰相韩休必定谏阻，玄宗为此闷闷不乐，曾对镜黯然，有人劝玄宗放逐韩休，玄宗说我虽瘦而天下肥，我用韩休是为了天下啊！

⑭口有蜜而腹有剑，李林甫之为人：语本《资治通鉴·唐纪·唐玄宗天宝元年》："李林甫为相，凡才望功业出己右及为上所厚、势位将逼己者，必百计去之；尤忌文学之士，或阳与之善，啖以甘言而

阴陷之。世谓李林甫'口有蜜，腹有剑'。"唐代宰相李林甫当面对人非常和善客气，但背后却常常说坏话诌害他人。世人说他嘴唇涂蜜糖，肚里藏利剑。后因以"口蜜腹剑"形容两面派的狡猾阴险，多指心肠狠毒、表里不一的人。

⑮赵子龙一身都是胆：语本《三国志·蜀书·赵云传》南朝宋·裴松之注引《云别传》："夏侯渊败，曹公争汉中地，运米北山下，数千万囊。黄忠以为可取，云兵随忠取米。忠过期不还，云将数十骑轻行出围，迎视忠等。值曹公扬兵大出，云为公前锋所击，方战，其大众至，势逼，遂前突其陈，且斗且却。公军败，已复合，云陷敌，还趣围。将张著被创，云复驰马还营迎著。公军追至围，此时沔阳长张翼在云围内，翼欲闭门拒守，而云入营，更大开门，偃旗息鼓。公军疑云有伏兵，引去。云雷鼓震天，惟以戎弩于后射公军，公军惊骇，自相蹂践，堕汉水中死者甚多。先主明旦自来，至云营围视昨战处，曰：'子龙一身都是胆也！'"一身都是胆，全身是胆，形容胆量大，无所畏惧。

⑯周灵王初生便有须：语本《左传·昭公二十六年》："王子朝使告于诸侯曰：'……秦人降妖，曰："周其有髭王，亦克能修其职。诸侯服享，二世共职。王室其有间王位，诸侯不图，而受其乱灾。"'至于灵王，生而有髭。王甚神圣，无恶于诸侯。"相传，周灵王刚生下来就有胡须。周灵王（？—前545），东周第十一代国王，姓姬，名泄心，前571—前545年在位。

【译文】

至于说头发、皮肤都是父母双亲所给，不能让它轻易受到损伤，曾子常将爱惜身体当作人生大事；待人应该胸怀开阔，娄师德最重忍辱，提倡即便脸上被人吐了唾沫，也不妨让它自己晾干。

说坏话诬陷他人的杀伤力，可以达到熔化金属、销毁骨头的地步；实施暴政搜刮百姓，可怕的程度如同敲破骨头吸取骨髓。

行动受人牵制，叫"掣肘"；内心不知羞愧，叫"厚颜"。

喜欢胡乱发议论，称为"摇唇鼓舌"；相互倾诉心里话，叫作"促膝谈心"。

"怒发冲冠"，形容蔺相如大义凛然的英勇气概；"炙手可热"，形容崔铉手中的权势盛如火焰。

"吾貌虽瘦而天下肥"，唐玄宗自称宁愿自己身体清瘦，也要让天下百姓富足安康；"口有蜜而腹有剑"，李林甫待人，嘴上如同涂了蜜糖，肚子里却暗藏利剑。

赵子龙浑身都是胆，周灵王生下来便有胡须。

来俊臣注醋于囚鼻，法外行凶①；严子陵加足于帝腹，忘其尊贵②。

久不屈兹膝，郭子仪尊居宰相③；不为米折腰，陶渊明不拜吏胥④。

断送老头皮，杨璞得妻送之诗⑤；新剥鸡头肉，明皇爱贵妃之乳⑥。

纤指如春笋⑦，媚眼若秋波⑧。

肩曰玉楼，眼名银海⑨；

泪曰玉箸⑩，顶曰珠庭⑪。

歇担，曰息肩⑫；不服，曰强项⑬。

【注释】

①来俊臣注醋于囚鼻，法外行凶：语本《新唐书·酷吏传·来俊臣》："俊臣鞫囚，不问轻重皆注醯（醯，醋）于鼻，掘地为牢，或寝以匽溺，或绝其粮，囚至啮衣絮以食，大抵非死终不得出。每赦令下，必先杀重囚乃宣诏。"来俊臣（651—697），唐京兆万年（今陕西

西安东北）人。性残忍。武则天天授中，上书告密，累擢侍御史，加朝散大夫，拜左台御史中丞。以酷吏著名。曾与其党朱南山辈造《告密罗织经》一篇，作各种酷刑。诬告胁制大臣，前后族千余家。后与诸武有隙，被诸武告发其罪而诛，国人竞剐其肉。法外，法律规章之外。也即不顾法律约束。

②严子陵加足于帝腹，忘其尊贵：语本《后汉书·逸民传·严光》："复引光入，论道旧故，相对累日。帝从容问光曰：'朕何如昔时？'对曰：'陛下差增于往。'因共偃卧，光以足加帝腹上。明日，太史奏客星犯御坐甚急。帝笑曰：'朕故人严子陵共卧耳。'"严子陵早年与汉光武帝刘秀是好朋友。后来刘秀成为皇帝，请他来到宫中叙旧聊天，晚上同榻而眠，他肆无忌惮地将脚伸到皇帝肚子上继续呼呼大睡。严子陵，严光（前37—43），字子陵，一名遵，两汉之际会稽馀姚（今浙江馀姚）人。少有高名，与光武帝刘秀同学。及刘秀即帝位，变姓名隐居。聘至京师，与光武帝相处如昔。光武帝欲其出仕，答以"士故有志，何至相逼乎！"除谏议大夫，不就，归耕于富春山。

③久不屈兹膝，郭子仪尊居宰相：语本《旧唐书·郭子仪传》："田承嗣方跋扈魏州，傲狠无礼，子仪尝遣使至，承嗣西望拜之，指其膝谓使者曰：'兹膝不屈于人若干岁矣，今为公拜。'"《新唐书》亦载。唐朝时，藩镇田承嗣跋扈无礼，只有郭子仪的使者到了，才肯向西而拜。郭子仪，见前《祖孙父子》篇"问安惟点颔，郭子仪厥孙最多"条注。

④不为米折腰，陶渊明不拜吏胥（xū）：语本《宋书·隐逸传·陶潜》："郡遣督邮至，县吏白应束带见之。潜叹曰：'我不能为五斗米折腰向乡里小人。'即日解印绶去职，赋《归去来》。"《晋书》《南史》本传亦载。晋代大诗人陶渊明曾任彭泽县令，因厌恶官场上的卑鄙小人和繁文缛节，不肯为五斗米折腰，愤而去职。折

腰,弯腰行礼,因陶渊明不为五斗米折腰,后以"折腰"为屈身事
人之典。吏胥,地方官府中掌管簿书案牍的小吏。此处指督邮。

⑤断送老头皮,杨璞(pú)得妻送之诗:语本《东坡志林》卷二:"昔
年过洛,见李公简言:'真宗既东封,访天下隐者,得杞人杨朴,能
诗。及召对,自言不能。上问:"临行有人作诗送卿否?"朴曰:
"惟臣妾有一首云:更休落魄耽杯酒,且莫猖狂爱咏诗。今日捉将
官里去,这回断送老头皮。"上大笑,放还山。'余在湖州,坐作诗
追赴诏狱,妻子送余出门,皆哭。无以语之,顾语妻曰:'独不能如
杨子云处士妻作诗送我乎?'妻子不觉失笑,余乃出。"宋·赵令
畤《侯鲭录》卷六亦载。杨朴妻赠行诗"今日捉将官里去,这回
断送老头皮",在宋代流传甚广。辛弃疾、刘克庄词皆用此语典。
宋·辛弃疾《添字浣溪沙·三山戏作》:"记得瓢泉快活时,长年
耽酒更吟诗。蓦地捉将来断送,老头皮。绕屋人扶行不得,闲窗
学得鹧鸪啼。却有杜鹃能劝道,不如归。"宋·刘克庄《念奴娇》:
"轮囷世故,千万态、过眼谁能殚纪?只履携归消许急,日暮行人
问邸。麝以脐灾,狨为尾累,焚象都因齿。后之览者,亦将有感于
此。检点洛下同盟,萧疏甚,白发戴花人几?一觉鼾鼾,笑仆家越
石,闻鸡而起。颜发俱非,头皮犹在,胜捉来官里。俗间俚耳,未
曾闻这腔子。"杨璞,名或作"朴",字契玄,宋郑州新郑(今河南
郑州)人。善歌诗,士大夫多传诵。每乘牛往来村店,自称"东
里遗民"。与毕士安尤相善,毕士安荐之,以布衣为宋太宗召见,
赋《蓑衣诗》辞官归,又作《归耕赋》以见志。宋真宗曾遣使赐以
茶帛。性癖,曾策杖入嵩山穷绝处构诗,每欲作,即伏草间,得句
则跃而出,遇者皆惊。卒年七十八。有《东里集》。生平见《宋
史·隐逸传》。

⑥新剥鸡头肉,明皇爱贵妃之乳:语本宋·刘斧《青琐高议(前集卷
六)·骊山记》:"一日,贵妃浴出,对镜匀面,裙腰褪,微露一乳,帝

以指扪弄曰:'吾有句,汝可对也。'乃指妃乳言曰:'软温新剥鸡头肉。'妃未果对。禄山从旁曰:'臣有对。'帝曰:'可举之。'禄山曰:'润滑初来塞上酥。'妃子笑曰:'信是胡奴只识酥。'帝亦大笑。"新剥鸡头肉,形容美女胸部娇嫩白皙,如同新剥的鸡头肉。鸡头,芡实的别名。北魏·贾思协《齐民要术·养鱼》:"鸡头,一名'雁喙',即今茨子是也。由子形上花似鸡冠,故名曰'鸡头'。"

⑦春笋:喻女子纤润的手指。五代、两宋词习用语。南唐·李煜《捣练子令》:"斜托香腮春笋嫩,为谁和泪倚阑干?"宋·苏轼《满庭芳》:"报道金钗坠也,十指露、春笋纤长。"宋·黄庭坚《阮郎归》:"雪浪浅,露花圆。捧瓯春笋寒。"宋·惠洪《西江月》:"十指嫩抽春笋,纤纤玉软红柔。"

⑧秋波:秋天的水波,清澈明亮,故用以比喻美女的眼睛。五代、两宋词习用语。南唐·李煜《菩萨蛮》:"眼色暗相钩,秋波横欲流。"宋·苏轼《百步洪》:"佳人未肯回秋波,幼舆欲语防飞梭。"宋·晁补之《斗百花·汶妓褚延娘》:"脸色朝霞红腻,眼色秋波明媚。"以"秋波"喻美人之眼,当源自战国楚·宋玉《招魂》:"娭光眇视,目曾波些。"东汉·王逸注:"娭,戏也。眇,眺也。波,华也。言美女酣乐,顾望娭戏,身有光文,眺视曲眄,目采盼然,白黑分明,若水波而重华也。"按,曾,同"层(層)"。

⑨肩曰玉楼,眼名银海:语本宋·赵令畤《侯鲭录》卷一:"东坡在黄州日,作雪诗云:'冻合玉楼寒起粟,光摇银海眩生花。'人不知其使事也。后移汝海,过金陵,见王荆公,论及此诗,云:'道家以两肩为玉楼,以目为银海,是使此否?'坡笑之。退谓叶致远曰:'学荆公者,岂有此博学哉!'"玉楼、银海,道教语。分指双肩和眼睛。

⑩玉箸(zhù):玉做的筷子。代指美女的眼泪。南朝梁·简文帝《楚妃叹》诗:"金簪鬓下垂,玉箸衣前滴。"

⑪珠庭:饱满的天庭(相术指人两眉之间。亦指前额中央),星相家

认为代表富贵之相。多与"日角"（额骨中央部分隆起，形状如日。旧时相术家认为是大贵之相）连用。北周·庾信《周大将军赵公墓志铭》："是以维岳降神，自天生德，凝脂点漆，日角珠庭，为子则名高五都，为臣则光照千里。"《新唐书·李珏传》："甫冠，举明经，李绛为华州刺史，见之，曰：'日角珠庭，非庸人相，明经碌碌，非子所宜。'乃更举进士高第。"

⑫息肩：卸下肩头的负担休息。《左传·襄公二年》："郑成公卒，子驷请息肩于晋。"晋·杜预注："欲辟楚役，以负担喻。"

⑬强项：硬着脖子不肯低头。形容刚正不为威武所屈。《后汉书·酷吏传·董宣》："董宣字少平，陈留圉人也。初为司徒侯霸所辟，举高第，累迁北海相。……后特征为洛阳令。时湖阳公主苍头白日杀人，因匿主家，吏不能得。及主出行，而以奴骖乘，宣于夏门亭候之，乃驻车叩马，以刀画地，大言数主之失，叱奴下车，因格杀之。主即还宫诉帝，帝大怒，召宣，欲箠杀之。宣叩头曰：'愿乞一言而死。'帝曰：'欲何言？'宣曰：'陛下圣德中兴，而纵奴杀良人，将何以理天下乎？臣不须箠，请得自杀。'即以头击楹，流血被面。帝令小黄门持之，使宣叩头谢主，宣不从，强使顿之，宣两手据地，终不肯俯。主曰：'文叔为白衣时，藏亡匿死，吏不敢至门。今为天子，威不能行一令乎？'帝笑曰：'天子不与白衣同。'因敕强项令出。赐钱三十万，宣悉以班诸吏。由是搏击豪强，莫不震慄。京师号为'卧虎'。歌之曰：'枹鼓不鸣董少平。'"东汉光武帝时洛阳令董宣不畏强权，湖阳长公主奴仆杀人，董宣格杀之。光武帝逼他向长公主叩头赔罪，他坚决不肯。又，《后汉书·杨震传》："帝尝从容问奇曰：'朕何如桓帝？'对曰：'陛下之于桓帝，亦犹虞舜比德唐尧。'帝不悦，曰：'卿强项，真杨震子孙。'"

【译文】

来俊臣将醋灌进囚犯的鼻子，这是擅自使用酷刑；严子陵把脚搁在汉光武帝刘秀的肚皮上,毫不顾忌对方的尊贵地位。

唐郭子仪出将入相,傲慢的藩镇田承嗣见了他的使者,也屈膝向西而拜,说"久不屈兹膝";陶渊明做彭泽令时,宁可放弃职位俸禄,也拒绝向上级官员督邮点头哈腰,说"不为五斗米折腰"。

"这回断送老头皮",是杨璞进京做官前,妻子所赠之诗;"软温新剥鸡头肉",是唐明皇赞美杨贵妃乳房美丽,所说之句。

女人纤细的手指,如同春天的竹笋;女人柔媚的眼神,好像秋天的水波。

道家将两肩叫作"玉楼",眼睛唤作"银海"。

美女的眼泪称为"玉箸",额头叫作"珠庭"。

放下担子休息,叫作"息肩";不肯向人服软,称为"强项"。

丁谓与人拂须,何其谄也①!彭乐截肠决战,不亦勇乎②!

剜肉医疮,权济目前之急③;伤胸扪足,计安众士之心④。

汉张良蹑足附耳⑤,东方朔洗髓伐毛⑥。

尹继伦,契丹称为黑面大王⑦;傅尧俞,宋后称为金玉君子⑧。

土木形骸,不自妆饰⑨;铁石心肠,秉性坚刚⑩。

叙会晤,曰得挹芝眉⑪;叙契阔⑫,曰久违颜范⑬。

请女客,曰奉迓金莲⑭;邀亲友,曰敢攀玉趾⑮。

【注释】

①丁谓与人拂须,何其谄（chǎn）也:语本《宋史·寇准传》:"初,丁谓出准门至参政,事准甚谨。尝会食中书,羹污准须,谓起,徐拂之。准笑曰:'参政国之大臣,乃为官长拂须邪?'谓甚愧之。"宋朝奸臣丁谓位居参知政事（副宰相）时,为讨好宰相寇准,曾为

他擦掉胡须上的菜屑。丁谓拂须事,见载于宋人王闢之《渑水燕谈录》卷四、曾巩《隆平集》卷四、王偁《东都事略》卷四十一、彭百川《太平治迹统类》卷五、朱子《宋名臣言行录》前集卷四、李焘《续资治通鉴长编》卷九十七、陈均《九朝编年备要》卷八等文献,流传深广。丁谓(966—1037),字谓之,后改字公言,宋苏州长洲(今江苏苏州)人。宋太宗淳化三年(992)进士,为饶州通判。宋真宗咸平初除三司户部判官,权三司使。大中祥符初因阿谀宋真宗封禅,拜三司使。五年(1012),进户部侍郎、参知政事。后出知升州。天禧三年(1019)以吏部尚书复参知政事。四年(1020),为枢密使,迁平章事。乾兴元年(1022)封晋国公。宋仁宗即位,为山陵使,获罪贬崖州司户参军。明道中以秘书监致仕。景祐四年(1037)卒,年七十二。丁谓机敏有智谋,憸狡过人,善揣摩人意,是宋朝著名奸臣。《东都事略》卷四十九、《宋史》卷二百八十三有传。谄,谄媚,奉承,巴结。

②彭乐截肠决战,不亦勇乎:语本《北史·彭乐传》:"彭乐,字兴,安定人也。骁勇善骑射。……天平四年,从神武西讨,与周文相拒。神武欲缓持之,乐气奋请决战,曰:'我众贼少,百人取一,差不可失也。'神武从之。乐因醉入深,被刺肠出,内之不尽,截去复战,身被数创,军势遂挫,不利而还。"彭乐(? —551),字兴,北朝安定(治今甘肃泾川北)人。东魏、北齐名将,以武勇著称。初随杜洛周,后降尔朱荣,从攻葛荣。为都督,从高欢。后又投河北韩楼,封北平王。及魏大都督侯渊来攻,叛楼降渊。旋随高欢出山东。累有功,爵汨阳郡公,除肆州刺史。东魏孝静帝元象元年(538),与西魏战于邙山,乐以数千精骑冲入西魏军,宇文泰几落其手。齐文宣帝天保初,封陈留王,迁太尉。以谋反被杀。截,断。

③剜(wān)肉医疮,权济目前之急:语本唐·聂夷中《伤田家》诗:"二月卖新丝,五月粜新谷。医得眼前疮,剜却心头肉。"剜肉医

疮，挖下一块肉去填补其他部位的疮口。比喻只顾眼前，用有害的方法来救急。剜，挖削。权，暂且，权宜。济，帮助，救济。

④伤胸扪（mén）足，计安众士之心：语本《史记·汉高祖本纪》："项羽大怒，伏弩射中汉王。汉王伤匈，乃扪足曰：'虏中吾指！'汉王病创卧，张良强请汉王起行劳军，以安士卒，毋令楚乘胜于汉。"汉高祖刘邦在与项羽的战斗中被射中胸部，为安定众心，他故意捂住脚说："敌寇射中了我的脚趾。"扪，按，压。此句"胸"字，李光明庄本误作"心"，据《史记》及他本改。

⑤汉张良蹑（niè）足附耳：语本《史记·淮阴侯列传》："汉四年，遂皆降，平齐。使人言汉王曰：'齐伪诈多变，反覆之国也，南边楚，不为假王以镇之，其势不定。愿为假王便。'当是时，楚方急围汉王于荥阳，韩信使者至，发书，汉王大怒，骂曰：'吾困于此，旦暮望若来佐我，乃欲自立为王！'张良、陈平蹑汉王足，因附耳语曰：'汉方不利，宁能禁信之王乎？不如因而立，善遇之，使自为守。不然，变生。'汉王亦悟，因复骂曰：'大丈夫定诸侯，即为真王耳，何以假为！'乃遣张良往立信为齐王，征其兵击楚。"韩信要刘邦封他为假（代）齐王，刘邦非常生气，张良、陈平踩刘邦的脚，附在他耳边建议先稳住韩信，封韩信为真王。蹑足，踩别人的脚，或以此表示有所示意。附耳，贴近耳朵，指说悄悄话，不让外人听见。张良，见《武职》篇"张良有进履之谦"条注。

⑥东方朔（shuò）洗髓（suǐ）伐毛：语本（旧题）东汉·郭宪《汉武帝别国洞冥记》："朔以元封中，游鸿濛之泽，忽遇王母采桑于白海之滨。俄而有黄眉翁，指阿母以语朔曰：'昔为吾妻，托形为太白之精。今汝亦此星之精也。吾却食吞气，已九千余年，目中瞳子，色皆青光，能见幽隐之物。三千年一反骨洗髓，二千年一刻肉伐毛，自吾生，已三洗髓五伐毛矣。'"《太平广记（卷六）·神仙六·东方朔》亦引之，文字略有出入。东方朔（前154—前93），

字曼倩,西汉平原厌次(今山东陵县)人。汉武帝时,入长安,自荐,待诏金马门。后为常侍郎、太中大夫。滑稽有急智,善观察颜色,直言切谏。曾以辞赋戒武帝奢侈,又陈农战强国之策,终不见用。辞赋以《答客难》《非有先生论》为著。有《东方朔》二十篇,今佚。洗髓伐毛,道教谓修道者洗去凡髓,涤除尘垢,换成仙骨。亦比喻彻底改变思想、习性。

⑦尹继伦,契(qì)丹称为黑面大王:语本《宋史·尹继伦列传》:"尹继伦,开封浚仪人。……太宗即位,改供奉官。从征太原,还,迁洛苑使,充北面缘边都巡检使。端拱中,威虏军粮馈不继,契丹潜议入寇。上闻,遣李继隆发镇、定兵万余,护送辎重数千乘。契丹将于越谍知之,率精锐数万骑,将邀于路。继伦适领兵巡徼,路与寇直。于越径趋大军,过继伦军,不顾而去。继伦谓其麾下曰:'寇蔑视我尔。彼南出而捷,还则乘胜驱我而北,不捷亦且泄怒于我,将无遗类矣。为今日计,但当卷甲衔枚以蹑之。彼锐气前趣,不虞我之至,力战而胜,足以自树。纵死犹不失为忠义,岂可泯然而死,为胡地鬼乎!'众皆愤激从命。继伦令军中秣马,俟夜,人持短兵,潜蹑其后。行数十里,至唐河、徐河间。天未明,越去大军四五里,会食讫将战,继隆方阵于前以待,继伦从后急击,杀其将皮室一人。皮室者,契丹相也。皮室既擒,众遂惊溃。于越方食,失箸,为短兵中其臂,创甚,乘善马先遁。寇兵随之大溃,相蹂践死者无数,余党悉引去。契丹自是不敢窥边,其平居相戒,则曰:当避'黑面大王',以继伦面黑故也。以功领长州刺史,仍兼巡检。"尹继伦(947—996),宋开封浚仪(今河南开封)人。宋太祖时为殿直,有战功。宋太宗时,从征太原,任北面缘边都巡检使。端拱二年(989),率兵大败来攻之辽兵,因面黑,辽兵相戒当避"黑面大王"。至道二年(996)任灵庆兵马副都部署以攻李继迁,行至庆州卒。契丹,古族名。亦为古国名。居今辽河上游西

拉木伦河一带,以游牧为生。北魏时,自号契丹。907年,迭剌部首领阿保机统一各部族;916年,建"契丹"国号,后改称"辽"。960年北宋建国后,与宋朝长期对峙。1125年被金所灭。

⑧傅尧俞,宋后称为金玉君子:语本《宋史·傅尧俞传》:"元祐四年,拜中书侍郎。六年,卒,年六十八。哲宗与太皇太后哭临之,太皇太后语辅臣曰:'傅侍郎清直一节,终始不变,金玉君子也。方倚以相,遽至是乎!'"傅尧俞(1024—1091),字钦之,宋郓州须城(今山东东平西北)人,徙居孟州济源(今河南济源)。宋仁宗庆历二年(1042)进士。嘉祐末为监察御史,论事略无回隐。熙宁时言新法不便,忤王安石,除权盐铁副使,出为河北转运使,改知江宁府,徙知许州、河阳、徐州,两年六移官。复坐事落职。宋哲宗立,召除秘书少监兼侍讲,累迁吏部尚书兼侍读。元祐四年(1089),拜中书侍郎。六年(1091)卒,年六十八,谥献简。傅尧俞历仕仁宗、英宗、神宗、哲宗四朝,为官清正,高太后称誉其为"金玉君子"。《宋史》有传。宋后,指宣仁圣烈皇后高滔滔(1032—1093),乃宋英宗皇后,宋神宗之母,宋哲宗之祖母。宋哲宗即位初期,高太后临朝听政,启用司马光等老臣,废止王安石新法。高太后是著名贤后,有女中尧、舜之称。

⑨土木形骸(hái),不自妆饰:语本《世说新语·容止》:"嵇康身长七尺八寸,风姿特秀。"南朝梁·刘孝标注引《康别传》曰:"康长七尺八寸,伟容色,土木形骸,不加饰厉,而龙章凤姿,天质自然。正尔在群形之中,便知非常之器。"又《世说新语·容止》曰:"刘伶身长六尺,貌甚丑悴,而悠悠忽忽,土木形骸。"余嘉锡注:"土木形骸,谓乱头粗服,不加修饰,视其形骸,如土木然。"土木形骸,形体象土木一样自然。比喻人不加修饰的本来面目。

⑩铁石心肠,秉性坚刚:语本唐·皮日休《桃花赋·序》:"余尝慕宋广平之为相,贞姿劲质,刚态毅状,疑其铁肠石心,不鲜吐婉媚辞,

然睹其文而有《梅花赋》，清便富艳，得南朝徐庾体，殊不类其为人也。后苏相公味道得而称之，广平之名遂振。呜呼！以广平之才未为是赋，则苏公果暇知其人？将广平困于穷，厄于踬，然强为是文邪？日体于文尚矣，状花卉，体风物，非有所讽？辄抑而不发，因感广平之所作，复为《桃花赋》。"皮日休称宋璟（封广平郡公）铁石心肠而能为清艳委婉之《梅花赋》。后遂以"铁石心肠"比喻刚强而不为感情所动的秉性。秉性，天性，本性。坚刚，刚强。

⑪得挹（yì）芝眉：旧时书信习用语，指有机会见到某人。挹，舀取。引申为收取、看到，如"挹胜"即看到胜景。芝眉，谓眉宇有芝采。古谓贵相。晋·皇甫谧《帝王世纪》："吕望芝眉。"旧时书信中用作称人容颜的敬辞。《颜氏家藏尺牍·吴侍郎元莱》："远承手谕，如对芝眉，复荷渥仪，安敢滥拜。"旧注："元德秀字紫芝，退隐山中，不为墙垣，岁饥，日或不食，以弹琴自娱。房琯每见，叹曰：'见紫芝眉宇，令人名利之心都尽。'"语本《新唐书·卓行传·元德秀》："元德秀字紫芝，……善文辞，作《蹇士赋》以自况。房琯每见德秀，叹息曰：'见紫芝眉宇，使人名利之心都尽。'"房琯称赞元德秀之语，亦见于五代·王定保《唐摭言》卷七。唐代人元德秀，字紫芝，很有风骨，房琬每次见到他都感叹说："我见到紫芝的容貌神情，名利之心都没有了。"后因用"紫芝眉宇"为称颂人德行高洁之词。清·钱谦益《二哀诗·刘司空敬仲》："青简诗章抛粪土，紫芝眉宇漫灰尘。"按，"芝眉"作为语典，早于"紫芝眉宇"，不必以"紫芝眉宇"释"芝眉"。

⑫叙契（qiè）阔：契阔，久别，远别。《诗经·邶风·击鼓》："死生契阔，与子成说。"朱子集传："契阔，隔远之意。"后遂以"叙契阔"指老友诉说分别后的情思。

⑬久违：语出唐·刘长卿《送皇甫曾赴上都》诗："东游久与故人违，西去荒凉旧路微。"后多以"久违"用作久别重逢时的套语。颜

范：容颜风范。

⑭奉迓（yà）：敬辞。迎接。唐·段成式《剑侠传·车中女子》："今日方欲奉迓，邂逅相遇，实慰我心。"金莲：指女子的纤足。唐·吴融《和韩致光侍郎无题》之二："玉箸和妆裛，金莲逐步新。"

⑭敢攀玉趾：敬辞。请人移动脚步，表示欢迎邀请之意。敢，谦辞。自言冒昧。攀，高攀，指跟地位高的人结亲戚或拉关系。玉趾，对人脚步的敬称。《左传·僖公二十六年》："寡君闻君亲举玉趾，将辱于敝邑。"清·蒲松龄《聊斋志异·二班》："先生，余亦避难石室，幸可栖宿，敢屈玉趾，且有所求。"

【译文】

丁谓亲手擦掉宰相寇准胡子上的菜屑，是多么会巴结人！彭乐砍断流出来的肠子继续战斗，又是多么英勇！

挖下好肉块去医治疮伤，这是暂且解救当前的急难；刘邦胸口受伤却假装揉按脚趾，是为了安定将士的军心。

汉朝张良足智多谋，他偷踩高祖刘邦的脚，附在他耳边出谋划策；东方朔颇有道行，曾遇到每隔三千年洗一次骨髓、每隔两千年褪一次体毛的老神仙。

宋代尹继伦，被惧怕他的契丹军民称为"黑面大王"；宋代傅尧俞，被器重他的高太后称为"金玉君子"。

"土木形骸"，形容朴素不爱打扮；"铁石心肠"，比喻生性坚毅刚直，不易动情。

见面谈话的客气说法是"得挹芝眉"，久别重逢的感叹之辞是"久违颜范"。

请女人做客，称"奉迓金莲"；邀请亲友，称"敢攀玉趾"。

侏儒①，谓人身矮；魁梧②，称人貌奇。

龙章凤姿，廊庙之彦；獐头鼠目，草野之夫③。

恐惧过甚，曰畏首畏尾④；感佩不忘⑤，曰刻骨铭心⑥。

貌丑，曰不飏⑦；貌美，曰冠玉⑧。

足跛，曰蹒跚⑨；耳聋，曰重听⑩。

期期艾艾⑪，口讷之称⑫；喋喋便便⑬，言多之状。

可嘉者⑭，小心翼翼⑮；可鄙者⑯，大言不惭⑰。

【注释】

①侏儒（zhū rú）：形容身材异常矮小。《礼记·王制》："喑聋、跛躄、断者、侏儒、百工，各以其器食之。"东汉·郑玄注："侏儒，短人也。"《左传·襄公四年》："冬十月，邾人、莒人伐鄫。臧纥救鄫，侵邾，败于狐骀。国人逆丧者皆髽。鲁于是乎始髽，国人诵之曰：'臧之狐裘，败我于狐骀。我君小子，朱儒是使。朱儒朱儒，使我败于邾。'"晋·杜预注："襄公幼弱，故曰'小子'。臧纥短小，故曰'朱儒'。"

②魁梧（kuí wú）：形容身体强壮高大。《史记·留侯世家论》："余以为其人计魁梧奇伟，至见其图，状貌如妇人好女。"南朝宋·裴骃集解引东汉·应劭曰："魁梧，丘虚壮大之意。"

③"龙章凤姿"四句：语本《旧唐书·李揆传》："初，揆秉政，侍中苗晋卿累荐元载为重官。揆自恃门望，以载地寒，意甚轻易，不纳，而谓晋卿曰：'龙章凤姿之士不见用，獐头鼠目之子乃求官。'载衔恨颇深。"《新唐书》亦载。龙章凤姿，龙的外表，凤的姿态，比喻风采出众。《世说新语·容止》："嵇康身长七尺八寸，风姿特秀。"南朝梁·刘孝标注引《康别传》曰："康长七尺八寸，伟容色，土木形骸，不加饰厉，而龙章凤姿，天质自然。正尔在群形之中，便知非常之器。"廊庙之彦（yàn），能担当国家重任的人才。廊庙，指朝廷。《后汉书·申屠刚传》："廊庙之计，既不豫定，动

军发众，又不深料。"唐·李贤注："廊，殿下屋也；庙，太庙也。国事必先谋于廊庙之所也。"彦，有才学、德行的人。獐（zhāng）头鼠目，脑袋像獐子那样又小又尖，眼睛像老鼠那样又小又圆。古人认为此为寒贱相，后多用以形容人的面目猥琐、心术不正。草野，民间，乡下。

④畏首畏尾：前也怕，后也怕，形容胆子小，疑虑重重。《左传·文公十七年》："畏首畏尾，身其余几？"晋·杜预注："言首尾有畏，则身中不畏者少。"

⑤感佩：感动于心，永不忘怀。唐·李商隐《上尚书范阳公启》之三："特蒙仁恩，赐备行李。……感佩恩私，不知所喻。"

⑥刻骨铭（míng）心：像镂刻在骨头和心上，形容感受深切，永远不忘。唐·李白《上安州李长史书》："深荷王公之德，铭刻心骨。"铭，把文字刻在石头或金属器物上。

⑦不飏（yáng）：即不扬。谓容貌不英俊。《左传·昭公二十八年》："今子少不飏，子若无言，吾几失子矣。"晋·杜预注："颜貌不显扬。"唐·裴度《自题写真赞》："尔才不长，尔貌不扬，胡为将，胡为相。"

⑧冠玉：语本《史记·陈丞相世家》："绛侯、灌婴等咸谗陈平曰：'平虽美丈夫，如冠玉耳，其中未必有也。'"南朝宋·裴骃集解引《汉书音义》："饰冠以玉，光好外见，中非所有。"后用以喻男性的美貌。

⑨蹒跚（pán shān）：因足跛而走路不稳当的样子。

⑩重（zhòng）听：指听觉不灵敏。西汉·枚乘《七发》："虚中重听，恶闻人声。"《汉书·循吏传·黄霸》："许丞廉吏，虽老，尚能拜起送迎，正颇重听，何伤？"唐·白居易《欢喜二偈》诗："眼暗头旋耳重听，唯余心口尚醒醒。"

⑪期期艾艾（ài）：形容口吃的人吐辞重复，说话含糊不流利。《史记·张丞相列传》："及帝欲废太子，而立戚姬子如意为太子，大臣

固争之，莫能得；上以留侯策即止。而周昌廷争之强，上问其说，昌为人吃，又盛怒，曰：'臣口不能言，然臣期期知其不可。陛下虽欲废太子，臣期期不奉诏。'上欣然而笑。"南朝宋·刘义庆《世说新语·言语》："邓艾口吃，语称'艾艾'。晋文王戏之曰：'卿云艾艾，定是几艾？'对曰：'凤兮凤兮，故是一凤。'"

⑫口讷（nè）：说话迟钝。《后汉书·党锢传·刘儒》："郭林宗常谓儒口讷心辩，有珪璋之质。"讷，语言迟钝。

⑬喋喋（dié）：唠唠叨叨，说个没完。《汉书·张释之传》："释之曰：'夫绛侯、东阳侯称为长者，此两人言事曾不能出口，岂效此啬夫喋喋利口捷给哉！'"便便（pián）：形容巧言利口，擅长辞令。《论语·乡党》："其在宗庙朝廷，便便言，唯谨尔。"朱子集注："便便，辩也。宗庙，礼法之所在；朝廷，政事之所出；言不可以不明辨。故必详问而极言之。"《尔雅·释训》："诸诸、便便，辩也。"

⑭可嘉：值得称赞。

⑮小心翼翼：本形容严肃虔诚的样子，后用来形容举动谨慎小心、丝毫不敢疏忽。翼翼，恭敬慎重的样子。《诗经·大雅·大明》："维此文王，小心翼翼。昭事上帝，聿怀多福。"东汉·郑玄笺："小心翼翼，恭慎貌。"

⑯可鄙：令人鄙视、鄙夷。

⑰大言不惭：说大话而毫不感到难为情。《论语·宪问》："子曰：'其言之不怍，则为之也难。'"朱子集注："大言不惭，则无必为之志，而不自度其能否矣。欲践其言，其不难哉！"

【译文】

"侏儒"，形容人身材矮小；"魁梧"，形容人身材伟岸高大。

"龙章凤姿"，用来赞美国家栋梁之材；"獐头鼠目"，用来形容乡野奸诈之人。

过于恐惧害怕，称为"畏首畏尾"；衷心地感激钦佩，叫作"刻骨铭心"。

长得丑,叫"其貌不扬";长得美,称"面如冠玉"。

腿脚跛,叫"蹒跚";耳朵聋,称"重听"。

"期期艾艾",形容口吃;"喋喋便便",形容话多。

"小心翼翼",值得称赞;"大言不惭",令人鄙视。

腰细,曰柳腰①;身小,曰鸡肋②。

笑人齿缺,曰狗窦大开③;讥人不决④,曰鼠首偾事⑤。

口中雌黄,言事而多改移⑥;皮里春秋,心中自有褒贬⑦。

唇亡齿寒,谓彼此之失依⑧;足上首下,谓尊卑之颠倒⑨。

所为得意,曰吐气扬眉⑩;待人诚心,曰推心置腹⑪。

心慌,曰灵台乱⑫;醉倒,曰玉山颓⑬。

睡曰黑甜⑭,卧曰偃息⑮。

【注释】

①柳腰:比喻女子纤柔的腰身。唐·孟棨《本事诗·事感》:"白尚书姬人樊素善歌,妓人小蛮善舞,尝为诗曰:'樱桃樊素口,杨柳小蛮腰。'"

②身小,曰鸡肋(lèi):语本《晋书·刘伶传》:"尝醉与俗人相忤,其人攘袂奋拳而往。伶徐曰:'鸡肋不足以安尊拳。'其人笑而止。"鸡肋,鸡的肋骨。比喻瘦弱的身体。

③笑人齿缺,曰狗窦(dòu)大开:语本《世说新语·排调》:"张吴兴年八岁,亏齿,先达知其不常,故戏之曰:'君口中何为开狗窦?'张应声答曰:'正使君辈从此中出入!'"晋人张吴兴(张玄之)八岁的时候门牙掉了,有人嘲笑他:"你嘴里怎么开了狗洞?"他回答说:"就是让你这样的人进出啊!"狗窦,狗洞。嘲笑别人缺少

牙齿尤其指门牙的样子。

④不决：犹豫，拿不定主意。决，决断。

⑤鼠首：据文意，当为"首鼠"。疑因与上句"狗窦"刻意对仗之故，故改作"鼠首"。意为犹豫不决、动摇不定貌。《史记·魏其武安侯列传》："武安已罢朝，出止车门，召韩御史大夫载，怒曰：'与长孺共一老秃翁，何为首鼠两端？'"《后汉书·邓训传》："先是小月氏胡分居塞内，胜兵者二三千骑，皆勇健富强，每与羌战，常以少制多，虽首施两端，汉亦时收其用。"清·王念孙曰："首施，犹首尾也。首尾两端，即今人所云进退无据也。"（见《读书杂志馀编上·后汉书》。）刘大白《〈辞通〉序》则谓"首鼠""首施"都是踟蹰的叠韵转变字。偾（fèn）事：把事情办砸。《礼记·大学》："一家仁，一国兴仁；一家让，一国兴让；一人贪戾，一国作乱，其机如此。此谓一言偾事，一人定国。"东汉·郑玄注："偾，犹覆败也。"

⑥口中雌黄，言事而多改移：语本《文选·刘孝标〈广绝交论〉》"雌黄出其唇吻"唐·李善注引晋·孙盛《晋阳秋》："王衍字夷甫，能言，于意有不安者，辄更易之，时号口中雌黄。""口中雌黄"指王衍随口更改言论不当处，如用雌黄蘸笔，涂改错字。后多用以比喻言论前后矛盾，没有一定见解。雌黄，矿物名。多指用此矿物雌黄制成的颜料。过去写字用黄纸，写错了就用雌黄涂抹后重写，故引申为改易。

⑦皮里春秋，心中自有褒贬：语本《晋书·褚裒传》："褚裒，字季野，康献皇后父也。……裒少有简贵之风，与京兆杜乂俱有盛名，冠于中兴。谯国桓彝见而目之曰：'季野有皮里春秋。'言其外无臧否，而内有所褒贬也。"孔子作《春秋》，意含褒贬，故"皮里春秋"指心有褒贬，却不说出来。"皮里春秋"，亦作"皮里阳秋"。《世说新语·赏誉》："桓茂伦云：'褚季野皮里阳秋。'谓其裁中也。"晋时因避晋简文帝郑后阿春讳，改"春"为"阳"。本句"心中"，他

本多作"胸中"。

⑧唇亡齿寒，谓彼此之失依：语本《左传·僖公五年》："晋侯复假道于虞以伐虢。宫之奇谏曰：'虢，虞之表也。虢亡，虞必从之。晋不可启，寇不可玩，一之谓甚，其可再乎？谚所谓"辅车相依，唇亡齿寒"者，其虞、虢之谓也。'"嘴唇一旦失去，牙齿即要寒冷，故以"唇亡齿寒"比喻互为依存，利害相关。又，《左传·哀公八年》："夫鲁，齐、晋之唇，唇亡齿寒，君所知也。不救何为？"亦作"唇竭齿寒""唇揭齿寒"。《庄子·胠箧》："唇竭则齿寒。"《吕氏春秋·慎大览·权勋》："先人有言曰：'唇竭而齿寒。'"东汉·高诱注："竭，亡也。"《淮南子·说林训》："川竭而谷虚，丘夷而渊塞，唇竭而齿寒。"《战国策·韩策二》："臣闻之，唇揭者其齿寒。"宋·鲍彪注："揭，犹反也。"揭，谓反举其唇以向上。

⑨足上首下，谓尊卑之颠倒：语本《汉书·贾谊传》所引《陈政事疏》："天下之势方倒县。凡天子者，天下之首，何也？上也。蛮夷者，天下之足，何也？下也。今匈奴嫚侮侵掠，至不敬也，为天下患，至亡已也，而汉岁致金絮采缯以奉之。夷狄征令，是主上之操也；天子共贡，是臣下之礼也。足反居上，首顾居下，倒县如此，莫之能解，犹为国有人乎？"汉初向匈奴上贡示好，贾谊认为脚在上，头在下，尊卑颠倒。

⑩吐气扬眉：亦作"扬眉吐气"。形容被压抑者一旦得到舒展而快活得意的神情。唐·李白《与韩荆州书》："而君侯何惜阶前盈尺之地，不使白扬眉吐气，激昂青云耶？"

⑪推心置腹：语本《后汉书·光武帝纪》："秋，光武击铜马于鄡，吴汉将突骑来会清阳。贼数挑战，光武坚营自守；有出卤掠者，辄击取之，绝其粮道。积月余日，贼食尽，夜遁去，追至馆陶，大破之。受降未尽，而高湖、重连从东南来，与铜马余众合，光武复与大战于蒲阳，悉破降之，封其渠帅为列侯。降者犹不自安，光武知其

意,敕令各归营勒兵,乃自乘轻骑按行部陈。降者更相语曰:'萧王推赤心置人腹中,安得不投死乎!'由是皆服。悉将降人分配诸将,众遂数十万,故关西号光武为'铜马帝'。"把赤诚的心交给人家,比喻真心待人。

⑫灵台:语本《庄子·达生》:"工倕旋而盖规矩,指与物化而不以心稽,故其灵台一而不桎。忘足,履之适也;忘要,带之适也;知忘是非,心之适也;不内变,不外从,事会之适也。始乎适而未尝不适者,忘适之适也。"《庄子·庚桑楚》:"备物以将形,藏不虞以生心,敬中以达彼,若是而万恶至者,皆天也,而非人也,不足以滑成,不可内于灵台。灵台者有持,而不知其所持,而不可持者也。"晋·郭象注:"灵台者,心也。清畅,故忧患不能入。"《文选·刘孝标〈广绝交论〉》:"寄通灵台之下,遗迹江湖之上。"唐·李善注:"寄通神于心府之下,遗迹相忘于江湖之上也。"

⑬醉倒,曰玉山颓(tuí):语本《世说新语·容止》:"嵇叔夜之为人也,岩岩若孤松之独立;其醉也,傀俄若玉山之将崩。"后遂以"玉山颓"形容人醉酒歪倒。

⑭睡曰黑甜:语本宋·苏轼《发广州》诗:"三杯软饱后,一枕黑甜余。"自注:"浙人谓饮酒为软饱。俗谓睡为黑甜。"宋·魏庆之《诗人玉屑》卷六引《西清诗话》:"南人以饮酒为软饱,北人以昼寝为黑甜。"黑甜,酣睡。也指梦境。

⑮偃(yǎn)息:睡卧休息。宋·司马光《和君倚藤床十二韵》:"朝讯狱中囚,暮省案前文。虽有八尺床,初无偃息痕。"偃,仰面倒下,仰卧。

【译文】

女子腰肢纤细,叫作"柳腰";身材瘦小,称为"鸡肋"。

嘲笑人门牙缺了,说"狗窦大开";讥讽人犹豫不决,说"首鼠偾事"。

"口中雌黄",指乱说话又不算数;"皮里春秋",指内心有看法却不肯说出。

　　"唇亡齿寒",指彼此失去依靠;"足上首下",形容尊卑地位颠倒。

　　做事得意称心,就叫"吐气扬眉";待人诚心诚意,称作"推心置腹"。

　　心慌意乱,称为"灵台乱";醉酒歪倒,叫作"玉山颓"。

　　睡眠,称为"黑甜";躺卧,叫作"偃息"。

　　口尚乳臭,谓世人年少无知①;三折其肱,谓医士老成谙练②。

　　西子捧心,愈见增妍;丑妇效颦,弄巧反拙③。

　　慧眼始知道骨④,肉眼不识贤人⑤。

　　婢膝奴颜⑥,谄容可厌⑦;胁肩谄笑⑧,媚态难堪⑨。

　　忠臣披肝⑩,为君之药⑪;妇人长舌,为厉之阶⑫。

　　事遂心⑬,曰如愿⑭;事可愧,曰汗颜⑮。

　　人多言,曰饶舌⑯;物堪食,曰可口⑰。

【注释】

①口尚乳臭,谓世人年少无知:语本《汉书·高帝纪上》:"汉王以韩信为左丞相,与曹参、灌婴俱击魏。食其还,汉王问:'魏大将谁也?'对曰:'柏直。'王曰:'是口尚乳臭,不能当韩信。'"口尚乳臭,口中还有奶气。指人年少无知。

②三折其肱(gōng),谓医士老成谙(ān)练:语本《左传·定公十三年》:"冬十一月,荀踬、韩不信、魏曼多奉公以伐范氏、中行氏,弗克。二子将伐公,齐高强曰:'三折肱知为良医。唯伐君为不可,民弗与也。我以伐君在此矣。三家未睦,可尽克也。克之,君将谁与?若先伐君,是使睦也。'弗听,遂伐公。国人助公,二子败,从而伐之。"三折其肱,指人三次折断手臂,因经历多而知治疗方法,

可为良医。肱,手臂。老成谙练,老练成熟,因阅历多而技术高。

③“西子捧心”四句:语本《庄子·天运》。引文见前《女子》篇“东
施效颦而可厌”条注。美女西施因为胸口疼痛而用手捂心,样子
更加楚楚可怜。邻居有个丑女,也学着她的样子捧起心口,皱起
眉头,结果更难看了。妍(yán),美丽。效颦(pín),亦作“东施效
颦”。嘲讽不顾自身条件而一味模仿,以致效果很坏的人。亦为
模仿别人的谦语。颦,皱眉。弄巧反拙,本想要弄聪明,结果做了
蠢事。弄,卖弄、耍弄。巧,灵巧。拙,笨拙。

④慧眼:佛教用语。“五眼”之一。指二乘的智慧之目。亦泛指能照
见实相的智慧。后多用以代指敏锐的眼力。《维摩诘经·入不二
法门品》:“实见者尚不见实,何况非实? 所以者何? 非肉眼所见,
慧眼乃能见。而此慧眼,无见无不见。”道骨:修道者清新脱俗的
气质风骨。

⑤肉眼不识贤人:语本五代·王定保《唐摭言》卷十二:“(郑)光
业尝言及第之岁,策试夜,有一同人突入试铺,为吴语谓光业曰:
‘必先必先,可以相容否?’光业为辍半铺之地。其人复曰:‘必先
必先,谙仗取一杓水。’光业为取。其人再曰:‘便干托煎一碗茶,
得否?’光业欣然与之烹煎。居二日,光业状元及第,其人首贡一
启,颇叙一宵之素。略曰:‘既取水,更煎茶,当时之不识贵人,凡夫
肉眼。今日之俄为后进,穷相骨头。’”唐代状元郑光业,曾被同场
考生指使煎茶倒水,发榜后,其人向郑光业道歉,说自己肉眼凡胎,
不识贵人。肉眼,佛教用语。佛经所说“五眼”之一,谓肉身之
眼。认为肉眼见近不见远,见前不见后,见明不见暗。泛指俗眼。

⑥婢膝奴颜:又作“奴颜婢膝”。形容人奴才相十足,低三下四、拍
马讨好。唐·陆龟蒙《江湖散人歌》:“奴颜婢膝真乞丐,反以正
直为狂痴。”婢,被役使的女子。

⑦谄(chǎn)容:谄媚的表情。

⑧胁肩谄笑：语出《孟子·滕文公》："胁肩谄笑，病于夏畦。"朱子集注："胁肩，竦体。谄笑，强笑。皆小人侧媚之态也。"清·焦循正义："胁肩者，故为竦敬之状也；谄笑者，强为媚悦之颜也。"缩起肩膀装出讨好的笑脸，形容极端谄媚的样子。胁肩，耸起双肩做出恭谨的样子。谄笑，装出奉承的笑容。

⑨媚态：谄媚的样子。

⑩披肝：把心剖露出来（给人看）。比喻坦诚相见、竭尽忠诚。《汉书·路温舒传》："故大将军受命武帝，股肱汉国，披肝胆，决大计，黜亡义，立有德，辅天而行，然后宗庙以安，天下咸宁。"《晋书·杜弢传》："吾得披露肝胆，没身何恨！"

⑪为君之药：可以作为皇帝的良药。药，这里指忠臣的建议与劝告。好药往往味苦难吃，比喻忠言逆耳。《韩非子·外储说左上》："夫良药苦于口，而智者劝而饮之，知其入而已己疾也；忠言拂于耳，而明主听之，知其可以致功也。"西汉·刘向《说苑·正谏》："孔子曰：'良药苦于口利于病，忠言逆于耳利于行。'"

⑫妇人长舌，为厉之阶：语本《诗经·大雅·瞻卬》："哲夫成城，哲妇倾城。懿厥哲妇，为枭为鸱。妇有长舌，维厉之阶。乱匪降自天，生自妇人。匪教匪诲，时维妇寺。"东汉·郑玄笺："长舌，喻多言语。是王降大厉之阶。阶，所由上下也。今王之有此乱政，非从天而下，但从妇人出耳。又非有人教王为乱，语王为恶者，是惟近爱妇人，用其言故也。"长舌，长长的舌头，比喻好说闲话、搬弄是非。为厉之阶，导致祸患的原因。厉，灾祸，祸患。阶，本义是台阶，引申为导致、招致。

⑬遂心：称心，合自己的心意。《魏书·张彝传》："而才轻任重，多不遂心。"

⑭如愿：符合愿望。又，晋·干宝《搜神记》卷四："庐陵欧明，从贾客，道经彭泽湖。每以舟中所有，多少投湖中，云：'以为礼。'积

数年。后复过，忽见湖中有大道，上多风尘。有数吏，乘车马来候明，云：'是青洪君使要。'须臾达，见有府舍，门下吏卒，明甚怖。吏曰：'无可怖。青洪君感君前后有礼，故要君。必有重遗君者。君勿取，独求如愿耳。'明既见青洪君，乃求如愿。使逐明去。如愿者，青洪君婢也。明将归，所愿辄得，数年，大富。"相传，"如愿"是彭泽湖神（青洪君）的婢女，庐陵人欧明得之，凡有愿望皆能实现，于是成了巨富。

⑮汗颜：因羞愧而脸上冒汗，借指惭愧。唐·韩愈《祭柳子厚文》："不善为斫，血指汗颜。巧匠旁观，缩手袖间。子之文章，而不用世。乃令吾徒，掌帝之制。"韩愈自谦自己文章不如柳宗元，而为知制诰，起草诏书。

⑯饶舌：唠叨，多嘴。《北齐书·斛律光传》："盲眼老公背上下大斧，饶舌老母不得语。"禅宗一脉，喜斥人话多为"饶舌"。参《祖堂集》《五灯会元》《景德传灯录》。饶，多。

⑰可口：语出《庄子·天运》："三皇五帝之礼义法度，其犹楂梨橘柚邪！其味相反而皆可于口。"指食物味道好，合口胃。

【译文】

"口尚乳臭"，形容人年少无知；"三折其肱"，是称赞医生老练成熟。

西施手捧心口，楚楚可怜，更增添美丽；丑妇学她皱眉，弄巧成拙，越发难看。

别具慧眼，才能认出不凡的气质风骨；肉眼凡胎，无法识别贤德之人。

"奴颜婢膝"的谄媚姿态，实在讨厌；"胁肩谄笑"的谄媚样子，真让人受不了。

忠臣敞开心扉，直言不讳说的话，是君王治国的良药；女人话多，搬弄是非，是祸患产生的源头。

遇事合乎心意，叫作"如愿"；自觉行不当，并为之羞愧，称为"汗颜"。

喜欢唠叨,叫作"饶舌";食物美味,称为"可口"。

　　泽及枯骨,西伯之深仁^①;灼艾分痛,宋祖之友爱^②。

　　唐太宗为臣疗病,亲剪其须^③;颜杲卿骂贼不辍,贼断其舌^④。

　　不较横逆,曰置之度外^⑤;洞悉虏情,曰已入掌中^⑥。

　　马良有白眉,独出乎众^⑦;阮籍作青眼,厚待乎人^⑧。

　　咬牙封雍齿,计安众将之心^⑨;含泪斩丁公,法正叛臣之罪^⑩。

　　掷果盈车,潘安仁美姿可爱;投石满载,张孟阳丑态堪憎^⑪。

【注释】

①泽及枯骨,西伯之深仁:语本《吕氏春秋·孟冬纪·异用》:"周文王使人扣池,得死人之骸。吏以闻于文王,文王曰:'更葬之。'吏曰:'此无主矣。'文王曰:'有天下者,天下之主也;有一国者,一国之主也。今我非其主也?'遂令吏以衣棺更葬之。天下闻之曰:'文王贤矣! 泽及髊骨,又况于人乎?'"《新序·杂事》亦载之,文字略有出入:"扣"作"掘","髊"作"枯"。泽及枯骨,恩泽惠及死者,形容给人恩惠极大。泽,恩泽。枯骨,死去已久的人。西伯,即周文王。《孟子·离娄上》:"孟子曰:'伯夷辟纣,居北海之滨,闻文王作,兴曰:"盍归乎来! 吾闻西伯善养老者。"'"朱子集注:"西伯,即文王也。纣命为西方诸侯之长,得专征伐,故称'西伯'。"

②灼(zhuó)艾分痛,宋祖之友爱:见前《兄弟》篇"宋君灼艾而分痛"条注。

③唐太宗为臣疗病,亲剪其须:语本《旧唐书·李勣传》"勣时遇暴

疾,验方云'须灰可以疗之',太宗乃自翦须,为其和药。勣顿首见血,泣以恳谢。帝曰:'吾为社稷计耳,不烦深谢。'"唐·吴兢《贞观政要·任贤》亦载此事,或为《旧唐书》之所本。唐太宗剪下自己的胡须烧成灰烬后为功臣李勣和药。

④颜杲(gǎo)卿骂贼不辍,贼断其舌:语本《新唐书·忠义传·颜杲卿》:"杲卿昼夜战,井竭,粮、矢尽,六日而陷,与履谦同执。贼胁使降,不应。取少子季明加刃颈上曰:'降我,当活而子。'杲卿不答。遂并卢逖杀之。杲卿至洛阳,禄山怒曰:'吾擢尔太守,何所负而反?'杲卿瞋目骂曰:'汝营州牧羊羯奴耳,窃荷恩宠,天子负汝何事,而乃反乎?我世唐臣,守忠义,恨不斩汝以谢上,乃纵尔反耶?'禄山不胜忿,缚之天津桥柱,节解以肉啖之,詈不绝,贼钩断其舌,曰:'复能骂否?'杲卿含胡而绝,年六十五。"颜杲卿(692—756),字昕,唐琅邪临沂(今山东临沂)人。以荫调遂州司法参军。唐玄宗开元中,与兄颜春卿、弟颜耀卿并书判超等,颜杲卿以政绩迁范阳户曹参军。安禄山镇范阳,表为营田判官。天宝十四载(755),摄常山太守。适逢安禄山叛,颜杲卿潜谋图之。应从弟平原太守颜真卿约起兵,设计杀安禄山假子李钦凑,擒叛将高邈等械送京师,拜卫尉卿兼御史中丞。时颜氏兄弟兵大振,河北诸郡皆望风反正。次年,叛将史思明急攻常山,颜杲卿未及为守计,粮矢尽,城陷,被执至洛阳,面责安禄山,被断舌而死。追谥忠节。辍,中止、停止。

⑤不较横逆,曰置之度外:语本《后汉书·隗嚣传》:"六年,关东悉平。帝积苦兵间,以嚣子内侍,公孙述远据边陲,乃谓诸将曰:'且当置此两子于度外耳。'因数腾书陇、蜀,告示祸福。"东汉光武帝刘秀平定关东之后,不欲兴兵消灭隗嚣、公孙述两大割据势力,说"且当置此两子于度外耳"。"度外"早期用法,多指法度之外。如,《三国志·魏书·杨阜传》:"曹公有雄才远略,决机无疑,法一而兵精,能用度外之人,所任各尽其力,必能济大事者也。"《梁

书·谢朏传》："既而武帝言于高帝,请诛朏。帝曰:'杀之则遂成其名,正应容之度外耳。'遂废于家。"《北齐书·神武纪》:"东南不宾,为日已久,先朝已来,置之度外。今天下户口减半,未宜穷兵极武。"后世引申用法,乃将"度外"解为放在考虑之外,亦即不放在心上。不较横逆,不和横暴不顺服者计较。横逆,语出《孟子·离娄下》:"有人于此,其待我以横逆,则君子必自反也。"东汉·赵岐注:"横逆者,以暴虐之道来加我也。"

⑥洞悉虏情,曰已入掌中:语本《资治通鉴·晋纪·晋安帝义熙五年》:"刘裕过大岘,燕兵不出。裕举手指天,喜形于色。左右曰:'公未见敌而先喜,何也?'裕曰:'兵已过险,士有必死之志;余粮栖亩,人无匮乏之忧。虏已入吾掌中矣。'"晋安帝义熙五年(409),刘裕率军北伐南燕,未遇抵抗而越过大岘山,喜形于色地和左右说敌人已落入我方掌控之中。洞悉,透彻地了解,熟悉。虏情,敌情,敌人的动向。虏,敌人。掌中,掌控之中。

⑦马良有白眉,独出乎众:语本《三国志·蜀书·马良传》:"马良字季常,襄阳宜城人也。兄弟五人,并有才名,乡里为之谚曰:'马氏五常,白眉最良。'良眉中有白毛,故以称之。"马良(187—222),字季常,三国蜀襄阳宜城(今湖北宜城)人。兄弟五人,并有才名,良眉中有白毛,乡里称"马氏五常,白眉最良"。刘备领荆州,辟为从事。及刘备入蜀,马良留荆州,为左将军掾。刘备称帝,以为侍中。及征吴,马良入武陵招纳"五溪蛮夷",五溪民相率响应。吴蜀彝陵之战,死于军中。

⑧阮(ruǎn)籍作青眼,厚待乎人:语本《晋书·阮籍传》:"籍又能为青白眼,见礼俗之士,以白眼对之。及嵇喜来吊,籍作白眼,喜不怿而退。喜弟康闻之,乃赍酒挟琴造焉,籍大悦,乃见青眼。由是礼法之士疾之若仇,而帝每保护之。"阮籍(210—263),字嗣宗,三国时期魏国陈留尉氏(今河南尉氏)人。是名列"建安七子"

之一的阮瑀之子。齐王芳时任尚书郎，以疾归。大将军曹爽被诛后，任散骑常侍、步兵校尉，封关内侯。世称"阮步兵"。好《老》《庄》，蔑视礼教。纵酒谈玄，后期口不臧否人物，以此自全。擅长五言诗，风格隐晦。又工文。与嵇康齐名，为"竹林七贤"之一。后人辑有《阮步兵集》。青眼，指对人喜爱或器重。与"白眼"相对。魏晋之际名士阮籍能作"青白眼"，眼睛平视则见黑眼珠，上视则见白眼珠。阮籍蔑视礼俗，以白眼对凡夫俗子，以青眼待喜欢的人。阮籍母亲去世，嵇喜（嵇康之兄）来吊唁，阮籍对他以白眼；嵇康来吊唁，阮籍以青眼相迎。

⑨咬牙封雍（yōng）齿，计安众将之心：语本《史记·留侯世家》："上已封大功臣二十余人，其余日夜争功不决，未得行封。上在雒阳南宫，从复道望见诸将往往相与坐沙中语。上曰：'此何语？'留侯曰：'陛下不知乎？此谋反耳。'上曰：'天下属安定，何故反乎？'留侯曰：'陛下起布衣，以此属取天下，今陛下为天子，而所封皆萧、曹故人所亲爱，而所诛者皆生平所仇怨。今军吏计功，以天下不足遍封，此属畏陛下不能尽封，恐又见疑平生过失及诛，故即相聚谋反耳。'上乃忧曰：'为之奈何？'留侯曰：'上平生所憎，群臣所共知，谁最甚者？'上曰：'雍齿与我故，数尝窘辱我。我欲杀之，为其功多，故不忍。'留侯曰：'今急先封雍齿以示群臣，群臣见雍齿封，则人人自坚矣。'于是上乃置酒，封雍齿为什方（邡）侯，而急趣丞相、御史定功行封。群臣罢酒，皆喜曰：'雍齿尚为侯，我属无患矣。'"汉高祖刘邦为了安定众将之心，采纳张良建议，封他最痛恨的大将雍齿为侯。雍齿（？—前192），秦汉之际沛（今江苏沛县）人。出身豪强，早年随汉高祖刘邦起兵反秦，后来又背叛刘邦，几经反复后，再次归向刘邦。从战有功，而刘邦终不满雍齿。汉高祖六年（前201），大封功臣，已封大功臣二十余人，其余日夜争功不决。高祖用张良言，先封平生所憎之雍齿为

什邡侯,群臣皆喜而定。

⑩ 含泪斩丁公,法正叛臣之罪:语本《史记·季布栾布列传》:"季布母弟丁公,为楚将。丁公为项羽逐窘高祖彭城西,短兵接,高祖急,顾丁公曰:'两贤岂相厄哉!'于是丁公引兵而还,汉王遂解去。及项王灭,丁公谒见高祖。高祖以丁公徇军中,曰:'丁公为项王臣不忠,使项王失天下者,乃丁公也。'遂斩丁公,曰:'使后世为人臣者无效丁公!'"丁公(?—前202),名固,秦末薛(今山东滕州)人。季布同母异父弟。为项羽将,曾追逐刘邦,短兵相接,刘邦请其勿迫害,丁公于是引兵而还。及项羽灭,丁公谒见,汉高祖斩杀了他,戒为人臣者毋效丁公。

⑪ "掷果盈车"四句:语本《世说新语·容止》:"潘岳妙有姿容,好神情。少时挟弹出洛阳道,妇人遇者,莫不连手共萦之。左太冲绝丑,亦复效岳游遨,于是群妪齐共乱唾之,委顿而返。"南朝梁·刘孝标注引《语林》曰:"安仁至美,每行,老妪以果掷之,满车。张孟阳至丑,每行,小儿以瓦石投之,亦满车。"《晋书·潘岳传》:"岳美姿仪,辞藻绝丽,尤善为哀诔之文。少时常挟弹出洛阳道,妇人遇之者,皆连手萦绕,投之以果,遂满车而归。时张载甚丑,每行,小儿以瓦石掷之,委顿而反。"晋代潘安仁长相英俊,每次出行,妇女们都向他车上扔果子;张孟阳相貌丑陋无比,每次出行,顽童们都往他车上扔石头。潘安仁,潘岳,字安仁。见前《文臣》篇"河阳遍种桃花,乃潘岳之为县官"条注。张孟阳,张载,字孟阳,西晋安平(今属河北)人。与弟张协、张亢并称"三张"。作《剑阁铭》《榷论》《濛汜赋》等篇,为司隶校尉傅玄所称赏。历官著作郎、乐安相、弘农太守、长沙王记室督、中书侍郎。见世方乱,称疾告归。卒于家。

【译文】

恩惠施及死人枯骨,为之改葬,可知西伯侯姬昌的仁爱;烧艾分担兄弟的痛楚,足见宋太祖的友爱之情。

唐太宗为给贤臣李勣治病,亲手剪下自己的胡须配药;颜杲卿不停唾骂反贼安禄山,被反贼割断舌头。

不和横暴不顺服的人计较,称为"置之度外";完全掌握敌情,称为"已入掌中"。

马良长着独特的"白眉",在兄弟中数他最为出众;阮籍用"青眼"打量别人时,表明他尊重并喜欢对方。

汉高祖咬牙封仇人雍齿为侯,是想安抚众将的军心;他含泪杀掉曾在战场上放过自己的丁公,是为了依法惩治叛臣的罪行。

"掷果盈车",足见潘安仁英俊惹人爱;"投石满载",说明张孟阳丑得讨人嫌。

　　　事之可怪,妇人生须;人所骇闻,男人诞子①。
　　　求物济用②,谓燃眉之急③;悔事无成,曰噬脐何及④。
　　　情不相关,如秦越人之视肥瘠⑤;事当探本,如善医者只论精神⑥。
　　　无功食禄,谓之尸位素餐⑦;谫劣无能⑧,谓之行尸走肉⑨。
　　　老当益壮,宁知白首之心?穷且益坚,不坠青云之志⑩。
　　　一息尚存,此志不容少懈⑪;十手所指,此心安可自欺⑫?

【注释】

①"事之可怪"四句:语本《宋史·五行志一》:"宣和六年,都城有卖青果男子,孕而生子,蓐母不能收,易七人,始免而逃去。丰乐楼酒保朱氏子之妻,可四十余,楚州人,忽生髭,长仅六七寸,疏秀而美,宛然一男子,特诏度为女道士。"骇闻,即"骇人听闻",使听众十分吃惊害怕,指发生出人意料的事件令人感到害怕。骇,惊

吓,震惊。

②济用:指有助于运用或使用。《后汉书·刘玄传》:"陛下定业,虽因下江、平林之势,斯盖临时济用,不可施之既安。"

③燃眉之急:火烧眉毛那样紧急,形容事情非常急迫。燃,烧。宋·释普济《五灯会元》卷十六:"问:'如何是急切一句?'师曰:'火烧眉毛。'"《文献通考·市籴二》:"元祐初,温公入相,诸贤并进用,革新法之病民者,如救眉燃,青苗、助役其尤也。"后以"燃眉之急"比喻事情非常紧迫。亦喻指异常紧迫之事。

④噬(shì)脐何及:语本《左传·庄公六年》:"楚文王伐申,过邓。邓祁侯曰:'吾甥也。'止而享之。骓甥、聃甥、养甥请杀楚子,邓侯弗许。三甥曰:'亡邓国者,必此人也。若不早图,后君噬齐,其及图之乎?图之,此为时矣。'邓侯曰:'人将不食吾余。'对曰:'若不从三臣,抑社稷实不血食,而君焉取余。'弗从。还年,楚子伐邓。十六年,楚复伐邓,灭之。"晋·杜预注:"若啮腹齐,喻不可及。"噬齐、腹齐,即"噬脐""腹脐"。人的牙齿无法咬到自己的肚脐,因为够不着,比喻后悔已经来不及。噬,咬。脐,肚脐。

⑤情不相关,如秦越人之视肥瘠(jí):语本唐·韩愈《争臣论》:"今阳子在位,不为不久矣;闻天下之得失,不为不熟矣;天子待之,不为不加矣,而未尝一言及于政。视政之得失,若越人视秦人之肥瘠,忽焉不加喜戚于其心。问其官,则曰'谏议'也;问其禄,则曰'下大夫之秩也';问其政,则曰'我不知也'。有道之士,固如是乎哉?"越国和秦国相距遥远,两地人民毫不关心对方胖瘦,引申为不关心和自己遥远不相关的人事。又,秦越人即先秦名医扁鹊。此句语本韩文,而变换"若越人视秦人之肥瘠"为"如秦越人之视肥瘠",亦刻意以"秦越人"与"善医者"为对。

⑥事当探本,如善医者只论精神:语本唐·韩愈《杂说二》:"善医

者,不视人之瘠肥,察其脉之病否而已矣;善计天下者,不视天下之安危,察其纪纲之理乱而已矣。天下者,人也;安危者,肥瘠也;纪纲者,脉也。脉不病,虽瘠不害;脉病而肥者,死矣。通于此说者,其知所以为天下乎!"探本,探究本源。善医者只论精神,指名医不为人之肥瘠表象迷惑,而善于从精气神方面判断。《宋史·李纲传》:"夫灾异变故,譬犹一人之身,病在五脏,则发于气色,形于脉息,善医者能知之。"

⑦无功食禄,谓之尸位素餐:语本《诗经·魏风·伐檀》:"彼君子兮,不素餐兮。"毛序:"《伐檀》,刺贪也。在位贪鄙,无功而受禄,君子不得进仕尔。"又,《孟子·尽心上》:"公孙丑曰:'《诗》曰"不素餐兮",君子之不耕而食,何也?'孟子曰:'君子居是国也,其君用之,则安富尊荣;其子弟从之,则孝弟忠信。"不素餐兮",孰大于是?'"朱子集注:"素,空也。无功而食禄,谓之'素餐'。"尸位素餐,指空占着职位而不做事,白吃饭。尸位,古代祭祀时让一人端坐不动,充当祭主,称"尸位"。用来比喻一个有职位而不做事。素餐,白吃饭。《汉书·朱云传》:"今朝廷大臣,上不能匡主,下亡以益民,皆尸位素餐,孔子所谓'鄙夫不可与事君','苟患失之,亡所不至'者也。"唐·颜师古注:"尸位者,不举其事,但主其位而已。素餐者,德不称官,空当食禄。"又,"尸位"指居位而无所作为。语出《尚书·夏书·五子之歌》:"太康尸位以逸豫,灭厥德,黎民咸贰。乃盘游无度,畋于有洛之表,十旬弗反。有穷后羿,因民弗忍,距于河;厥弟五人,御其母以从,徯于洛之汭,五子咸怨;述大禹之戒以作歌。"东汉·王充《论衡·量知》:"无道艺之业,不晓政治,默坐朝廷,不能言事,故曰'尸位'。"

⑧谫(jiǎn)劣:浅薄低劣。明·张居正《考满谢恩命疏》:"臣学术迂疏,行能谫劣。"谫,浅薄。

⑨行尸走肉:语出晋·王嘉《拾遗记》卷六:"(任末)临终诫曰:'夫

人好学,虽死若存,不学者,虽存,谓之行尸走肉耳。'"东汉大儒任末临终遗言,说人若不学,便是行尸走肉,比喻徒具形骸,庸碌无为,毫无生气的人。

⑩ "老当益壮"四句:语本唐·王勃《滕王阁序》:"嗟乎! 时运不齐,命途多舛。冯唐易老,李广难封。屈贾谊于长沙,非无圣主;窜梁鸿于海曲,岂乏明时? 所赖君子安贫,达人知命。老当益壮,宁知(一作"移")白首之心;穷且益坚,不坠青云之志。酌贪泉而觉爽,处涸辙以犹欢。北海虽赊,扶摇可接。东隅已逝,桑榆非晚。孟尝高洁,空怀报国之心;阮籍猖狂,岂效穷途之哭。"老当益壮,年纪虽老但志气更加豪壮。穷且益坚,语出《后汉书·马援传》:"(援)转游陇汉间,常谓宾客曰:'丈夫为志,穷当益坚,老当益壮。'"意为处境虽难但内心更见坚定。青云之志,指远大的志向。《文选·颜延之〈五君咏·阮始平〉》:"仲容青云器,实秉生民秀。"唐·李善注:"青云,言高远也。"唐·李周翰注:"青云器,高大者也。"

⑪ 一息尚存,此志不容少懈:语本《论语·泰伯》:"死而后已,不亦远乎"朱子集注:"一息尚存,此志不容少懈,可谓远矣。"一息尚存,还有一口气,意为还活着,生命尚未终止。息,呼吸,气息。少懈,稍有懈怠。

⑫ 十手所指,此心安可自欺:语本《礼记·大学》:"所谓诚其意者,毋自欺也。如恶恶臭,如好好色,此之谓自谦。故君子必慎其独也。小人闲居为不善,无所不至,见君子而后厌然,掩其不善,而著其善。人之视己,如见其肺肝,然则何益矣。此谓诚于中,形于外,故君子必慎其独也。曾子曰:'十目所视,十手所指,其严乎!'富润屋,德润身,心广体胖,故君子必诚其意。"十目所视、十手所指,指个人的言论行动总是处在众人监督之下,不允许做坏事,做了也不可能隐瞒。

【译文】

女人长胡须，这事可是让人惊异；男人生孩子，这消息简直骇人听闻。

乱找东西解决问题，叫作"燃眉之急"；后悔事情没办成，称为"噬脐何及"。

彼此互不关心，就像秦国人和越国人漠视对方的胖瘦；论事当探究本质，如同良医治病只论病人的精气神一样。

没有功劳而享受俸禄报酬，称为"尸位素餐"；浅薄无知又没有本事，叫作"行尸走肉"。

年纪虽老却更加积极向上，哪里能了解白头老人的心态？家境贫困却更加坚韧不拔，说明不肯放弃远大理想。

"一息尚存"，就不应放弃自己的理想；"十手所指"，怎么能欺骗自己的良心？

衣服

【题解】

本篇24联，讲的都是和衣服有关的成语典故。华夏自古称衣冠上国，极重服饰。传统礼制，或用服饰区分等级。传统服饰的指导思想，一是要得体，二是提倡节俭。

冠称元服①，衣曰身章②。

曰弁、曰冔、曰冕，皆冠之号③；曰履、曰舄、曰屣，悉鞋之名④。

上公命服有九锡⑤，士人初冠有三加⑥。

簪缨、缙绅⑦，仕宦之称；章甫、缝掖⑧，儒者之服。

布衣⑨，即白丁之谓⑩；青衿⑪，乃生员之称⑫。

葛屦履霜，诮俭啬之过甚⑬；绿衣黄里，讥贵贱之失伦⑭。

【注释】

①元服：指冠。古称行冠礼为"加元服"。《仪礼·士冠礼》："始加，祝曰：'令月吉日，始加元服。弃尔幼志，顺尔成德。寿考惟祺，介尔景福。'"《汉书·昭帝纪》："（元凤）四年春正月丁亥，帝加元服，见于高庙。"唐·颜师古注："元，首也。冠者，首之所着，故曰'元服'。"

②衣曰身章：语本《左传·闵公二年》："衣，身之章也。"晋·杜预注："章贵贱。"《孝经·卿大夫章》："非先王之法服不敢服。"唐·李隆基注："服者，身之表也。先王制五服，各有等差。言卿大夫遵守礼法，不敢僭上逼下。"宋·邢昺疏："'服者，身之表也'者，此依孔传也。《左传》曰：'衣，身之章也。'彼注云'章贵贱'，言服饰所以章其贵贱，章则表之义也。"身章，本指表明贵贱身份的服饰，后泛指衣服的文饰。

③曰弁（biàn）、曰冔（xǔ）、曰冕，皆冠之号：弁、冔、冕，都是古代冠（帽子）的名称，或有时代及体式之别。《仪礼·士冠礼》及《礼记·郊特牲》皆引《冠义》："周弁，殷冔，夏收。"《礼记·王制》及《内则》皆曰："有虞氏皇而祭，深衣而养老。夏后氏收而祭，燕衣而养老。殷人冔而祭，缟衣而养老。周人冕而祭，玄衣而养老。"《礼记·檀弓下》："周人弁而葬，殷人冔而葬。"又，《诗经·大雅·文王》："厥作裸将，常服黼冔。"毛传："冔，殷冠也。夏后氏曰'收'，周曰'冕'。"《公羊传·宣公元年》："已练可以弁冕。"东汉·何休注："弁，礼所谓皮弁、爵弁也。皮弁，武冠。爵弁，文冠。夏曰'收'，殷曰'冔'，周曰'弁'。加旒曰'冕'，主所以入宗庙。"弁，古代贵族的一种帽子，通常穿礼服时用之（吉礼之服

用冕）。赤黑色的布做的叫"爵弁"，是文冠；白鹿皮做的叫"皮弁"，是武冠。冔，殷商时期的一种冠帽。冕，古代天子、诸侯、卿、大夫等行朝仪、祭礼时所戴的礼帽。《说文》："冕，大夫以上冠也。"

④曰履（lǚ）、曰舄（xì）、曰屣（xǐ），悉鞋之名：履、舄、屣，在古代均指鞋。关于三者间的差异，有人认为上朝穿的叫"履"，祭祀穿的叫"舄"，宴会穿的叫"屣"。又说，单层底的叫"履"，双层底的叫"舄"。清·陈元龙《格致镜原》卷十八："单底曰'履'，复底曰'舄'""祭服曰'舄'，朝服曰'履'，燕服曰'屣'也。"从字源角度来看，《说文解字》收"履""舄"二字，不收"屣"，说明"屣"字起源较晚。且"履"字在先秦文献里一般用作动词，是"践"之义；用作名词，表"鞋"义，是后起现象。《诗经》不乏写鞋之篇，无"屣"字；有"履"字，但皆非"鞋"义。《诗经》里的鞋，主要是"屦（jù）"和"舄"，"屦"一般称"葛屦"，"舄"则称"赤舄""金舄"，屦贱而舄贵。"屦"为单底鞋，多以麻、葛、皮等制成。"舄"是一种以木为复底的鞋，多为仪式性装饰。《诗经》，"葛屦"凡三见（《齐风·南山》《魏风·葛屦》《小雅·大东》），"赤舄"二见（《豳风·狼跋》《大雅·韩奕》），"金舄"一见（《小雅·车攻》）。《诗经·齐风·南山》："葛屦五两，冠緌双止。"毛传："葛屦，服之贱者。"《诗经·豳风·狼跋》："公孙硕肤，赤舄几几。"毛传："赤舄，人君之盛屦也。"《诗经·小雅·车攻》："赤芾金舄，会同有绎。"毛传："诸侯'赤芾金舄'，舄，达屦也。时见曰'会'，殷见曰'同'。"郑笺："金舄，黄朱色也。"孔疏："《天官·屦人》注云：'舄有三等，赤舄为上，冕服之舄，下有白舄、黑舄。'此云'金舄'者，即礼之'赤舄'也。故笺云'金舄，黄朱色'。加金为饰，故谓之'金舄'。白舄、黑舄犹有在其上者，为尊未达。其赤舄则所尊莫是过，故云'达屦'，言是屦之最上达者也。此舄也，而曰'屦'，

屦,通名。以舄是祭服,尊卑异之耳,故屦人兼掌屦舄,是屦为通名也。”

⑤上公:指位在“三公”以上的公爵。周制,“三公”(太师、太傅、太保)八命,出封时,加一命,称为“上公”。《周礼·春官·典命》:“上公九命为伯,其国家、宫室、车旗、衣服、礼仪皆以‘九’为节。”东汉·郑玄注:“上公,谓王之三公有德者,加命为二伯。二王之后亦为上公。”唐·贾公彦疏:“案下文,三公八命,出封皆加一等。”汉制,仅以太傅为上公。《后汉书·百官志一》:“太傅,上公一人。本注曰:掌以善导,无常职。世祖以卓茂为太傅,薨,因省。其后每帝初即位,辄置太傅录尚书事,薨,辄省。”清·袁枚《随园随笔·领录尚书事更尊于尚书令》:“和帝时太尉邓彪以太傅录尚书事,位上公,在三公之上。每少帝立,则置此官,犹古冢宰总己之义。”晋制,太宰、太傅、太保皆为上公。《晋书·职官志》:“太宰、太傅、太保,周之三公官也。魏初唯置太傅,以钟繇为之,末年又置太保,以郑冲为之。晋初以景帝讳故,又采《周官》官名,置太宰以代太师之任,秩增三司,与太傅太保皆为上公,论道经邦,燮理阴阳,无其人则阙。”命服:原指周代天子赐予元士至上公九种不同命爵的衣服。后泛指官员及其配偶按等级所穿的制服。《诗经·小雅·采芑》:“服其命服,朱芾斯皇。”朱子集注:“命服,天子所命之服也。”九锡:古代天子赐给诸侯、大臣的九种器物。是一种最高礼遇。《公羊传·庄公元年》:“锡者何?赐也;命者何?加我服也。”东汉·何休注:“礼有九锡:一曰车马,二曰衣服,三曰乐则,四曰朱户,五曰纳陛,六曰虎贲,七曰弓矢,八曰铁钺,九曰秬鬯。”《穀梁传·庄公元年》晋·范宁传与之同。《三国志·魏书·武帝纪》载汉献帝加魏公曹操九锡文:“又加君九锡,其敬听朕命:以君经纬礼律,为民轨仪,使安职业,无或迁志,是用锡君大辂、戎辂各一,玄牡二驷。君劝分务本,稼人昏作,粟帛滞

积，大业惟兴，是用锡君衮冕之服，赤舄副焉。君敦尚谦让，俾民兴行，少长有礼，上下咸和，是用锡君轩县之乐，六佾之舞。君翼宣风化，爰发四方，远人革面，华夏充实，是用锡君朱户以居。君研其明哲，思帝所难，官才任贤，群善必举，是用锡君纳陛以登。君秉国之钧，正色处中，纤毫之恶，靡不抑退，是用锡君虎贲之士三百人。君纠虔天刑，章厥有罪，犯关干纪，莫不诛殛，是用锡君鈇钺各一。君龙骧虎视，旁眺八维，掩讨逆节，折冲四海，是用锡君彤弓一，彤矢百，玈弓十，玈矢千。君以温恭为基，孝友为德，明允笃诚，感于朕思，是用锡君秬鬯一卣，珪瓒副焉。"与何休注相合。

⑥士人：士大夫，儒生。亦泛称知识阶层。士、农、工、商，并为古之四民。士人是中国古代文化阶层的统称。他们学习知识、传播文化，是国家政治的参与者，又是中国传统文化的创造者、传承者。初冠：古代男子年满二十岁，要举行冠礼。后来也用"初冠"代称成年男子。三加：士人行冠礼要先戴缁布冠（黑布帽），再戴皮弁，最后戴爵弁，称为"三加"。《礼记·冠义》："故冠于阼，以着代也。醮于客位，三加弥尊，加有成也。"东汉·郑玄注："冠者，初加缁布冠，次加皮弁，次加爵弁，每加益尊，所以益成也。"

⑦簪缨（zān yīng）：古代官吏的冠饰。亦用以比喻显贵。簪，即簪子，是古人用来绾发或固定头冠的头饰，针状。缨，即帽带子，用来系帽于脖。缙绅（jìn shēn）：插笏于绅带间，旧时官宦的装束。亦借指士大夫。《汉书·郊祀志上》："其语不经见，缙绅者弗道。"唐·颜师古注："李奇曰：'缙，插也，插笏于绅。'……字本作'搢'，插笏于大带与革带之间。"

⑧章甫：商代的一种冠。《礼记·儒行》："丘少居鲁，衣逢掖之衣；长居宋，冠章甫之冠。"清·孙希旦集解："章甫，殷玄冠之名，宋人冠之。"《庄子·逍遥游》："宋人资章甫而适诸越，越人断发文身，无所用之。"《汉书·贾谊传》："章父荐屦，渐不可久兮。"唐·颜

师古注:"章父,殷冠名也。……父,读曰'甫'。"后亦用以称儒者之冠。宋·梅尧臣《杨畋赴官荆州》诗:"吴钩皆尚壮,章甫几为儒。"亦可喻指仕宦。北魏·杨衒之《洛阳伽蓝记·正始寺》:"辄以山水为富,不以章甫为贵,任性浮沉,若淡兮无味。"缝掖:亦作"缝腋"。大袖单衣,古儒者所服。亦用以代指儒者。《后汉书·王符传》:"徒见二千石,不如一缝掖。"唐·李贤注:"《礼记·儒行》:'孔子曰:"丘少居鲁,衣逢掖之衣。"'东汉·郑玄注曰:'逢,犹大也。大掖之衣,大袂单衣也。'"西汉·桓宽《盐铁论·散不足》:"大夫士,狐貉缝腋,羔麑豹袪。"

⑨布衣:麻布制的衣服。借指平民。古代平民不能衣锦绣,故称。《荀子·大略》:"古之贤人,贱为布衣,贫为匹夫。"西汉·桓宽《盐铁论·散不足》:"古者庶人耋老而后衣丝,其余则麻枲而已,故命曰'布衣'。"

⑩白丁:指没有功名的人,平民。宋·岳飞《奏乞除在外宫观第三札子》:"伏念臣起自白丁,误蒙器使。"亦指文盲。唐·刘禹锡《陋室铭》:"谈笑有鸿儒,往来无白丁。"

⑪青衿(jīn):青色交领的长衫。古代学子和明清秀才的常服。《诗经·郑风·子衿》:"青青子衿,悠悠我心。"毛传:"青衿,青领也。学子之所服。"《儒林外史》第四十四回:"蒙前任大宗师考补博士弟子员。这领青衿不为希罕,却喜小侄的文章前三天满城都传遍了。"亦借指学子。明清时期则借指秀才。清·纪昀《阅微草堂笔记·如是我闻四》:"身列青衿,败检酿命。"自注:"科举时称秀才为'青衿'。"

⑫生员:国学及州、县学在学学生。后指经本省各级考试取入府、州、县学学习者,通称"秀才"。

⑬葛屦(jù)履(lǚ)霜,诮(qiào)俭啬之过甚:语本《诗经·魏风·葛屦》:"纠纠葛屦,可以履霜?"毛传:"纠纠,犹缭缭也。夏葛屦,

冬皮屦。葛屦非所以屦霜。"郑笺:"葛屦贱,皮屦贵,魏俗至冬犹谓葛屦可以屦霜,利其贱也。"毛序:"《葛屦》,刺褊也。魏地狭隘,其民机巧趋利,其君俭啬褊急,而无德以将之。"葛屦履霜,冬天穿着夏天的鞋子踏着冰霜行走,比喻过分节俭吝啬。葛屦,葛绳编制的鞋,夏天所穿。屦,鞋子。履,行走,踩踏。诮,讥笑,嘲笑。俭啬,吝啬抠门,节俭过分。

⑭绿衣黄里,讥贵贱之失伦:语本《诗经·邶风·绿衣》:"绿兮衣兮,绿衣黄里。心之忧矣,曷维其已。"毛传:"兴也。绿,间色。黄,正色。"毛序:"《绿衣》,卫庄姜伤己也。妾上僭,夫人失位而作是诗也。"朱子集传:"比也。绿,苍胜黄之间色。黄,中央土之正色。间色贱而以为衣,正色贵而以为里,言皆失其所也。已,止也。庄公惑于嬖妾,夫人庄姜贤而失位,故作此诗,言'绿衣黄里',以比贱妾尊显,而正嫡幽微。"绿衣黄里,古时以黄色为正色,绿为间色。以绿色为衣,用黄色为里,比喻尊卑反置,贵贱颠倒。失伦,颠倒次序,坏了规矩,乱了伦理。

【译文】

帽子因为戴在头上,所以称为"元服";衣服因为饰有纹章,所以叫作"身章"。

"弁""冔""冕",都是冠的叫法;"履""舄""屣",均为鞋子的名称。

上公由皇帝赐予九种仪式品物,称为"九锡";士人成年,举行冠礼要先后戴上缁布冠、皮弁和爵弁,称为"三加"。

"簪缨""缙绅",均为官吏的称呼;"章甫""缝掖",都指儒者的服装。

"布衣",是对平民百姓的称谓;"青衿",是对各级生员的叫法。

穿着夏天的葛鞋行走在冰霜之上,这是嘲笑别人节俭吝啬过分;拿绿色做衣面却将黄色做衣里子,则是讽刺贵贱尊卑次序颠倒。

上服曰衣,下服曰裳①;衣前曰襟②,衣后曰裾③。

敝服曰褴褛^④，美服曰华裾^⑤。

襁褓^⑥，乃小儿之衣；弁髦^⑦，亦小儿之饰。

左衽是夷狄之服^⑧，短后是武夫之衣^⑨。

尊卑失序，如冠履倒置^⑩；富贵不归，如锦衣夜行^⑪。

狐裘三十年，俭称晏子^⑫；锦帐四十里，富羡石崇^⑬。

【注释】

① 上服曰衣，下服曰裳：语本《诗经·邶风·绿衣》："绿兮衣兮，绿衣黄裳。"毛传："上曰'衣'，下曰'裳'。"裳，古人穿的遮蔽下体的衣裙，男女都穿，是裙的一种，不是裤子。《左传·昭公十二年》："裳，下之饰也。"

② 襟：古指衣的交领。后指衣的前幅。

③ 裾（jū）：衣的前后襟，亦单指衣的后襟。此处取后一种意思。《尔雅·释器》："衣眥，谓之'襟'"，晋·郭璞注："交领"；"裾，谓之'裾'"，晋·郭璞注："衣后襟也。"

④ 敝服：犹"敝衣"，指破旧衣服，也指穿戴破旧。《史记·范雎蔡泽列传》："范雎闻之，为微行，敝衣闲步之邸，见须贾。"《后汉书·独行传·范冉》："因遁身逃命于梁、沛之间，徒行敝服，卖卜于市。"褴褛（lán lǚ）：亦写作"蓝缕"。指衣服破烂，不堪入目。《方言》卷三："褛裂、须捷、挟斯，败也。南楚，凡人贫衣被丑弊，谓之'须捷'，或谓之'褛裂'，或谓之'褴褛'。故《左传》曰：'筚路褴褛以启山林。'"《左传·宣公十二年》："训之以若敖、蚡冒筚路蓝缕以启山林。"晋·杜预注："筚路，柴车。蓝缕，敝衣。"唐·孔颖达疏："《方言》云：'楚谓凡人贫衣破丑敝为"蓝缕"。"蓝缕"谓"敝衣"也。'服虔云：'言其缕破蓝蓝然。'"本句"敝服"，他本多作"敝衣"，从对仗角度而言，"衣"胜于"服"。

⑤华裾：华丽的服装。古诗文习用语。唐·李贺《高轩过》诗："华裾织翠青如葱，金环压辔摇玲珑。"

⑥襁褓（qiǎng bǎo）：亦作"襁緥"，或"襁葆"。背负婴儿用的宽带和包裹婴儿的被子。后亦泛指婴儿包。《列子·天瑞》："人生有不见日月，不免襁褓者，吾既已行年九十矣。"《汉书·宣帝纪》："曾孙虽在襁褓，犹坐收系郡邸狱。"唐·颜师古注引三国魏·孟康曰："褓，小儿被也。"

⑦弁髦（biàn máo）：弁，黑色布帽。髦，童子眉际垂发。古代男子行冠礼，先加缁布冠，次加皮弁，后加爵弁，三加后，即弃缁布冠不用，并剃去垂髦，理发为髻。

⑧左衽（rèn）：古代其他民族的一种服装款式，前襟开在左边，而汉族服装的前襟通常开在右边。《尚书·毕命》："四夷左衽，罔不咸赖。"《论语·宪问》："微管仲，吾其被发左衽矣。"朱子集注："衽，衣衿也。被发左衽，夷狄之俗也。"夷狄：古称东方部族为"夷"，北方部族为"狄"，常用来泛称除华夏族以外的其他民族。《论语·八佾》："夷狄之有君，不如诸夏之亡也。"

⑨短后：语出《庄子·说剑》："吾王所见剑士，皆蓬头、突鬓、垂冠，曼胡之缨，短后之衣，瞋目而语难。"晋·郭象注："短后之衣，为便于事也。"即短后衣。后幅较短的上衣，便于活动，多为武士之衣。唐·岑参《北庭西郊候封大夫受降回军献上》诗："自逐定远侯，亦着短后衣。"

⑩冠履倒置：亦作"冠履倒易"。语出东汉末年杨赐上书："今妾媵人阉尹之徒，共专国朝，欺罔日月，又鸿都门下，招会群小，造作赋说，以虫篆小技见宠于时，如驩兜、共工更相荐说，旬月之间，并各拔擢，乐松处常伯，任芝居纳言。郤俭、梁鹄俱以便辟之性，佞辩之心，各受丰爵不次之宠，而令缙绅之徒委伏田亩，口诵尧、舜之言，身蹈绝俗之行，弃捐沟壑，不见逮及。冠履倒易，陵谷代处，

从小人之邪意,顺无知之私欲,不念《板》《荡》之作,虺蜴之诚。殆哉之危,莫过于今。"鞋和帽子颠倒位置,比喻尊卑失序。杨赐之语,载《后汉书·杨震传》(杨赐为杨秉之子、杨震之孙)。《东观汉记》《资治通鉴》亦载之。

⑪富贵不归,如锦衣夜行:语本《史记·项羽本纪传》:"项羽引兵西屠咸阳,杀秦降王子婴,烧秦宫室,火三月不灭;收其货宝妇女而东。人或说项王曰:'关中阻山河四塞,地肥饶,可都以霸。'项王见秦宫室皆以烧残破,又心怀思欲东归,曰:'富贵不归故乡,如衣绣夜行,谁知之者!'"衣绣夜行,《汉书·项籍传》作"衣锦夜行"。穿了锦绣衣服在黑夜里行走,比喻身居官位,却未能使人看到自己的荣耀。

⑫狐裘三十年,俭称晏子:语本《礼记·檀弓下》:"曾子曰:'晏子可谓知礼也已,恭敬之有焉。'有若曰:'晏子一狐裘三十年,遣车一乘,及墓而反。国君七个,遣车七乘,大夫五个,遣车五乘,晏子焉知礼?'曾子曰:'国无道,君子耻盈礼焉。国奢,则示之以俭,国俭,则示之以礼。'"暨《孔子家语·曲礼子贡问》:"子贡问曰:'管仲失于奢,晏子失于俭。与其俱失矣,二者孰贤?'孔子曰:'管仲镂簋而朱纮,旅树而反坫,山节藻棁。贤大夫也,而难为上。晏平仲祀其先祖,而豚肩不掩豆,一狐裘三十年。贤大夫也,而难为下。君子上不僭下,下不逼上。'"春秋时期的齐国晏子很俭朴,一件狐裘穿了三十年。狐裘,狐皮制作的大衣。晏子,即晏婴(? —前500),字仲,谥平,夷维(今山东高密)人。后世多称他为"晏子"。春秋后期齐国大夫。历事灵公、庄公、景公三世,为卿。长于辞令,关心民事,节俭力行,尽忠直谏,名显诸侯。劝齐景公轻赋役,省刑罚,听臣下之言。曾奉景公命使晋联姻,与晋大夫叔向议及齐国政。对礼治衰落有所惋惜,断定齐国将为陈氏(即田氏)所取代。后人集其行事言论为《晏子春秋》,传于世。

⑬锦帐四十里,富羡石崇:语本《世说新语·汰侈》:"王君夫以饴糒
　　澳釜,石季伦用蜡烛作炊。君夫作紫丝巾步障碧绫裹四十里,石
　　崇作锦步障五十里以敌之。石以椒为泥,王以赤石脂泥壁。"暨
　　《晋书·石崇传》:"与贵戚王恺、羊琇之徒以奢靡相尚。恺以饴
　　澳釜,崇以蜡代薪。恺作紫丝布步障四十里,崇作锦步障五十里
　　以敌之。崇涂屋以椒,恺用赤石脂。崇、恺争豪如此。"锦帐,锦
　　制的帷帐。亦泛指华美的帷帐。四十里,据《世说新语·汰侈》
　　及《晋书》石崇本传,当为"五十里"。石崇(249—300),西晋渤
　　海南皮(今河北南皮)人。大司马石苞子,字季伦,因生于青州,
　　故小名"齐奴"。因伐吴有功,封安阳乡侯。晋惠帝时,任南中
　　郎将、荆州刺史,领南蛮校尉,加鹰扬将军,因劫掠往来商客而致
　　富。后任太仆、征虏将军、卫尉等职。与潘岳等谄事外戚贾谧,号
　　为"二十四友"。永康元年(300),贾后、贾谧被赵王伦所杀,中
　　书令孙秀诬陷石崇谋反,赵王伦矫诏杀石崇及其外甥欧阳建。石
　　崇性情豪放奢靡,曾于河阳置金谷别馆,富甲天下;又曾与贵戚王
　　恺(字君夫)斗富。石崇有宠妓名绿珠,孙秀求之不与,石崇被捕
　　时,绿珠跳楼而死。

【译文】

　　上身的衣服称为"衣",下身的衣裙称为"裳";衣的前部分叫作
"襟",衣的后部分叫作"裾"。

　　破旧衣服,称为"褴褛";华美服装,叫作"华裾"。

　　"襁褓",是包裹婴儿的衣物;"弁髦",也是儿童所戴的帽子。

　　衣襟向左开,是夷狄的服饰特征;上衣后幅较短,是习武之人的服饰
特征。

　　尊卑次序颠倒混乱,如同把冠帽和鞋子位置弄反;富贵却不归乡,就
像穿着锦绣的衣服摸黑走路。

　　一件狐皮衣穿了三十年,晏子的节俭值得称赞;华美的帷帐绵延四

十里，石崇的富裕令人惊羡。

　　孟尝君珠履三千客①，牛僧孺金钗十二行②。
　　千金之裘，非一狐之腋③；绮罗之辈，非养蚕之人④。
　　贵者重裀叠褥⑤，贫者裋褐不完⑥。
　　卜子夏甚贫，鹑衣百结⑦；公孙弘甚俭，布被十年⑧。
　　南州冠冕，德操称庞统之迈众⑨；三河领袖，崔浩羡裴骏之超群⑩。
　　虞舜制衣裳，所以命有德⑪；昭侯藏敝裤，所以待有功⑫。

【注释】

①孟尝君珠履（lǚ）三千客：语本《史记·春申君列传》："赵平原君使人于春申君，春申君舍之于上舍。赵使欲夸楚，为玳瑁簪，刀剑室以珠玉饰之，请命春申君客。春申君客三千余人，其上客皆蹑珠履以见赵使，赵使大惭。"据《史记》，本篇此处"孟尝君"当为"春申君"。孟尝君，即田文（？—前279？），战国时齐国人。齐公族，田婴子，袭父封爵，称"薛公"，相齐。在薛招致天下之士，食客常数千，名闻诸侯，号孟尝君，与楚国春申君、魏国信陵君和赵国平原君并称战国"四公子"。曾入秦为昭王相，昭王嫉而欲杀之，赖客有鸡鸣狗盗者排险阻，乃得以脱身。齐闵王畏其势，欲去之。齐闵王七年（前294），乃至魏为魏昭王相。合秦、赵、燕诸国之力破齐。齐襄王立，田文居薛，无所依属而襄王仍畏其势，乃与之复亲。卒，诸子争立，齐、魏共灭薛。

②牛僧孺金钗十二行：语本唐·白居易《酬思黯戏赠》诗："钟乳三千两，金钗十二行。妒他心似火，欺我鬓如霜。慰老资歌笑，销愁仰酒浆。眼看狂不得，狂得且须狂。"自注："思黯自夸前后服钟

乳三千两,甚得力。而歌舞之妓颇多。"唐人牛僧孺家中有歌舞妓多人,故白居易《酬思黯戏赠》诗有"金钗十二行"之语,后以比喻姬妾之众多。"金钗十二行"更早的语典出处,是南朝梁武帝《河中之水歌》:"河中之水向东流,洛阳女儿名莫愁。……头上金钗十二行,足下丝履五文章。"南朝梁武帝诗,"金钗十二行"是形容一人头上插有多根金钗。白居易诗,"金钗十二行",则形容头上插有金钗的美人之多。牛僧孺(780—848),字思黯,排行二,郡望安定(今甘肃泾川北),唐陇西狄道(今甘肃临洮)人。十五岁至长安习业。唐德宗贞元十九年(803)韦执谊命刘禹锡、柳宗元至樊乡造访,由是知名。二十一年(805)登进士第。唐宪宗元和三年(808)中贤良方正、能直言极谏科,授伊阙尉。因条指失政,为宰相李吉甫所忌,久不调。后除河南尉,迁监察御史,历礼部、考功员外郎、库部郎中知制诰、御史中丞等职。唐穆宗长庆元年(821)拜户部侍郎,次年以本官同平章事。唐敬宗即位,加中书侍郎,封奇章郡公,后历武昌节度使、太子少师等职。唐武宗即位,李德裕用事,罢为太子少师,复留守东都。会昌四年(844)贬循州长史。唐宣宗即位,量移衡、汝二州长史,复迁太子少师。卒于洛阳,谥文贞。牛僧孺与李宗闵朋党相结,排斥李吉甫之子李德裕,史称"牛李党争"。生平见杜牧《牛僧孺墓志铭》及新、旧《唐书》本传。著有传奇集《玄怪录》。金钗,妇女插于发髻的金制首饰,由两股合成。

③千金之裘(qiú),非一狐之腋(yè):语本《史记·刘敬叔孙通列传》:"太史公曰:语曰'千金之裘,非一狐之腋也;台榭之榱,非一木之枝也;三代之际,非一士之智也。'"意思是说,价值千金的皮衣,决非一只狐狸的腋皮所能做成。比喻积小才能成大,集合大家的力量才能做成事情。西汉·刘向《说苑·建本》:"千金之裘,非一狐之皮;台庙之榱,非一木之枝;先王之法,非一士之智

也。"一狐之腋,一只狐狸腋下的皮毛,常用以喻指少量的皮毛或极其珍贵的东西。《史记·赵世家》:"吾闻千羊之皮,不如一狐之腋。"《史记·商君列传》:"千羊之皮,不如一狐之掖;千人之诺诺,不如一士之谔谔。"

④绮(qǐ)罗之辈,非养蚕之人:语本宋·张俞《蚕妇》诗:"昨日到城郭(一作"昨日入城市"),归来泪满巾。遍身罗绮者,不是养蚕人。"绮罗之辈,身穿绮罗衣衫的人。指富人、权贵。绮罗,也作"罗绮",泛指华贵的丝织品或丝绸衣服。

⑤重裀(yīn)叠褥(rù):指双层的坐卧垫褥。裀,通"茵",垫褥。唯贵者可以重裀而坐,因以"重裀""累茵"喻指身居高位,生活富贵。《孔子家语·致思》:"子路见于孔子曰:'负重涉远,不择地而休;家贫亲老,不择禄而仕。昔者由也事二亲之时,常食藜藿之实,为亲负米百里之外。亲殁之后,南游于楚,从车百乘,积粟万钟,累茵而坐,列鼎而食,愿欲食藜藿,为亲负米,不可复得也。枯鱼衔索,几何不蠹? 二亲之寿,忽若过隙。'"《说苑·建本》亦载子路之言。

⑥贫者裋褐(shù hè)不完:语本《汉书·贡禹传》:"禹上书曰:'臣禹年老贫穷,家訾不满万钱,妻子糠豆不赡,裋褐不完。'"裋褐不完,粗陋的布衣破旧不完整,形容赤贫。裋褐,粗陋布衣,古代多为贫贱者所穿。

⑦卜子夏甚贫,鹑(chún)衣百结:语本《荀子·大略》:"子夏贫,衣若县鹑。"卜子夏,姓卜,名商,春秋时晋国人。孔子的学生,"孔门十哲"之一。他曾来到魏国的西河(今河南安阳一带)讲学,门徒三百人,史称"西河设教"。鹑衣百结,形容衣服破破烂烂,打满补丁,像挂着很多鹑鸟。为古诗文习用语。

⑧公孙弘甚俭,布被十年:语本《史记·平津侯主父列传》:"弘为人恢奇多闻,常称以为人主病不广大,人臣病不俭节。弘为布被,食不重肉。后母死,服丧三年。每朝会议,开陈其端,令人主自择,

不肯面折庭争。……汲黯曰：'弘位在三公，奉禄甚多。然为布被，此诈也。'上问弘。弘谢曰：'有之。夫九卿与臣善者无过黯，然今日庭诘弘，诚中弘之病。夫以三公为布被，诚饰诈欲以钓名。且臣闻管仲相齐，有三归，侈拟于君，桓公以霸，亦上僭于君。晏婴相景公，食不重肉，妾不衣丝，齐国亦治，此下比于民。今臣弘位为御史大夫，而为布被，自九卿以下至于小吏，无差，诚如汲黯言。且无汲黯忠，陛下安得闻此言。'天子以为谦让，愈益厚之。卒以弘为丞相，封平津侯。"汉武帝时期，大臣公孙弘崇尚节俭，虽位至丞相，仍用布被（不用锦被）。公孙弘（前200—前121），字季，一字次卿，西汉菑川（今山东寿光）人。少时为狱吏，因罪免。家贫，牧豕海上。年四十余始学《公羊传》。武帝初，以贤良征为博士，奉命出使匈奴，失旨，免归。元光五年（前130），复以贤良对策擢第一，拜博士。后为内史数年，迁御史大夫。弘不肯面折廷争，议事常顺武帝之意，熟习文法吏治，缘饰以儒术，为武帝所信任。元朔五年（前124），擢为丞相，封平津侯。元狩二年（前121）卒。布被十年，一床布被盖了十年。《史记》原文无"十年"二字，为《幼学琼林》编者所加，作用是与上句"百结"对仗。

⑨南州冠冕，德操称庞统之迈众：语本《三国志·蜀书·庞统传》："庞统字士元，襄阳人也。少时朴钝，未有识者。颍川司马徽清雅有知人鉴，统弱冠往见徽，徽采桑于树上，坐统在树下，共语自昼至夜。徽甚异之，称统当南州士之冠冕，由是渐显。"庞统年轻时没有名气，只有名士司马徽赏识他，称赞他是南州士人中首屈一指的人物。南州，泛指南方地区。《楚辞·远游》："嘉南州之炎德兮，丽桂树之冬荣。"《后汉书·徐稚传》："徐稚字孺子，豫章南昌人也。……及林宗有母忧，稚往吊之，置生刍一束于庐前而去。众怪，不知其故。林宗曰：'此必南州高士徐孺子也。'"《晋书·羊祜传》："南州人征市日，闻祜丧，莫不号恸。"冠冕，古代帝

王、官员所戴的帽子。比喻首位。德操，司马徽（？—208），字德操，汉末颍川阳翟（今河南禹州）人。著名隐士。清雅善知人。刘备访世事于徽，因荐诸葛亮、庞统。时庞德公亦善品藻，称徽为"水镜"。庞统（179—214），字士元，汉末襄阳（今湖北襄阳襄城区）人。与诸葛亮齐名，号为"凤雏"。刘备得荆州，任命他做耒阳令，因政绩差而免官。诸葛亮、鲁肃盛赞其才，刘备升他做治中从事，与诸葛亮并为军师中郎将。后从备入蜀，取刘璋，围攻雒城时，中流矢而卒。追赐关内侯，谥靖。迈众，超过众人。

⑩三河领袖，崔浩羡裴骏之超群：语本《魏书·裴骏传》："会世祖亲讨盖吴，引见骏，骏陈叙事宜，甚会机理。世祖大悦，顾谓崔浩曰：'裴骏有当世才具，且忠义可嘉。'补中书博士。浩亦深器骏，目为'三河领袖'。"三河，汉代以河内、河东、河南三郡为"三河"，即今河南洛阳黄河南北一带。《史记·货殖列传》："昔唐人都河东，殷人都河内，周人都河南。夫三河，在天下之中，若鼎足，王者所更居也。"《后汉书·党锢传·刘祐》："政为三河表。"唐·李贤注："三河，谓河东、河内、河南也。"领袖，衣服的领和袖。比喻同类人或物中之突出者。南朝宋·刘义庆《世说新语·赏誉》："胡毋彦国吐佳言如屑，后进领袖。"唐玄宗《〈孝经〉序》："韦昭、王肃，先儒之领袖。"宋·邢昺疏："此指言韦、王所学，在先儒之中如衣之有领袖也。"崔浩（381—450），字伯渊，小名桃简，北魏清河东武城（今河北清河）人。崔宏子。少好学，综览经史百家，识天文，明历学。弱冠为郎，魏道武帝以其工书常置左右。魏明帝初拜博士祭酒，为帝授经书，参议军国大事。魏太武帝始光中晋爵东郡公，拜太常卿，制定《五寅元历》，引荐道士寇谦之，助道抑佛。帝击溃赫连昌，败柔然，取北凉，崔浩均参赞谋划。以功加侍中、抚军大将军，后迁司徒。军国大计多先咨浩，然后行。崔姓本北方士族大姓，崔浩乃主张辨别姓族门第，企图恢复五等封爵，

发展士族势力,因与北魏鲜卑贵族产生矛盾。魏太武帝太平真君十一年(450),崔浩以所监修之国史暴露"国恶"罪名,被杀,族诛。裴骏(?—468),字神驹,小名"皮",北魏河东闻喜(今山西闻喜)人。盖吴起事,来袭闻喜,裴骏率乡豪数百人赴救,盖吴退走,魏太武帝亲自接见裴骏,称赞他"忠义可嘉",是当世英才。以骏补中书博士,后转中书侍郎。名臣崔浩称裴骏为"三河领袖"。皇兴二年(468)卒。赠平南将军、秦州刺史、闻喜侯,谥曰康。

⑪虞舜制衣裳,所以命有德:语本《尚书·益稷》:"予欲观古人之象,日、月、星、辰、山、龙、华虫,作会。宗彝、藻火、粉米、黼黻,绨绣,以五采彰施于五色,作服,汝明。"西汉·孔安国传:"天子服日月而下,诸侯自龙衮而下至黼黻,士服藻火,大夫加粉米。上得兼下,下不得僭上。以五采明施于五色,作尊卑之服,汝明制之。"虞舜,即上古传说中与尧帝并称的舜帝。舜,又称"虞舜",因为据说他的国号为"有虞",按先秦时期以国为氏的习惯,所以称他为"有虞氏"。据《史记·五帝本纪》,舜名重华,二十岁即以孝顺闻名于天下,三十岁时被尧帝从民间选拔重用,五十岁时摄行天子事,后受尧帝禅让,六十一岁即位为天子。即位三十九年,南巡,崩于苍梧之野。命有德,指舜帝命人区分并制作衣服,作为统治阶级各层级的命服。命服,见本篇"上公命服有九锡"条注。

⑫昭侯藏敝裤,所以待有功:语本《韩非子·内储说》:"韩昭侯使人藏弊裤,侍者曰:'君亦不仁矣,弊裤不以赐左右而藏之。'昭侯曰:'非子之所知也。吾闻明主之爱,一嚬一笑,嚬有为嚬,而笑有为笑。今夫裤,岂特嚬笑哉!裤之与嚬笑相去远矣。吾必待有功者,故藏之未有予也。'"昭侯,指韩昭侯(?—前333),战国时期韩国国君,韩哀侯孙,在位共二十六年。昭侯元年(前362),被秦败于西山。二年(前361),宋取韩黄池,魏取朱。八年(前355),以申不害为相,国内大治,诸侯不来侵犯。敝裤,破旧的裤子。

【译文】

孟尝君门下三千食客,都穿着宝珠装饰的鞋子;牛僧孺家中十二行姬妾,头上都戴着华贵的金钗。

价值千金的皮衣,绝非一只狐狸的腋皮所能制成;穿着绸缎衣服的人,不是亲手养蚕的劳动者。

有钱人坐着厚垫子、睡着厚褥子,而穷人连粗布衣服都残破不全。

卜子夏很贫穷,衣服上打满补丁,像挂着很多鹑鸟;公孙弘很节俭,一条破布被竟用了十年之久。

司马徽赞叹庞统才华出众,堪为"南州冠冕";崔浩美称裴骏能力超群,可当"三河领袖"。

舜帝制定服饰等级,赐给有德行的各级官员;韩昭侯将穿旧了的裤子收藏好,是要将来赏给有功之臣。

唐文宗袖经三浣①,晋文公衣不重裘②。

衣履不敝,不肯更为,世称尧帝③;衣不经新,何由得故,妇劝桓冲④。

王氏之眉贴花钿,被韦固之剑所刺⑤;贵妃之乳服诃子,为禄山之爪所伤⑥。

姜氏翕和,兄弟每宵同大被⑦;王章未遇,夫妻寒夜卧牛衣⑧。

缓带轻裘,羊叔子乃斯文主将⑨;葛巾野服⑩,陶渊明真陆地神仙⑪。

服之不衷,身之灾也⑫;缊袍不耻,志独超欤⑬!

【注释】

①唐文宗袖经三浣(huàn):语本《新唐书·柳公权传》:"(文宗)常

与六学士对便殿。帝称汉文帝恭俭,因举袂曰:'此三浣矣!'学士皆贺,独公权无言。帝问之,对曰:'人主当进贤退不肖,纳谏诤,明赏罚,服浣濯之衣,此小节耳。'"唐文宗常与六位学士在便殿议事,一次他说:"我这身衣服已洗过多次。"大臣柳公权却说:"皇帝应该考虑大事,不应考虑洗衣服这样的小事。"袂经三浣,衣服已洗过多次。唐文宗,即李昂(809—840),唐朝第十四位皇帝。唐穆宗次子,唐敬宗弟。初名"涵",后改名"昂"。唐敬宗宝历二年(826),为宦官王守澄等拥立即位。初励精图治,出宫女三千余人,放五坊鹰犬,省冗食千二百余员,政号清明。后宦官挠权,乃用李训、郑注等发动甘露之变,谋尽诛宦官。事败,李训、郑注等被杀,唐敬宗亦被软禁。开成五年(840),抑郁而终,卒谥元圣昭献皇帝。在位共十四年。三浣,洗过多次。三,为约数。

②晋文公衣不重裘(chóng qiú):语本《尹文子·大道上》:"昔晋国苦奢,文公以俭矫之,乃衣不重帛,食不兼肉。无几时,国人皆大布之衣,脱粟之饭。"晋文公提倡节俭,不穿两件以上的丝绸衣服。晋文公(前697—前628),姬姓,名重耳。晋献公次子。春秋时晋国国君。骊姬之乱,重耳出奔,在外十九年,历经狄、卫、齐、曹、宋、郑、楚、秦诸国。晋惠公死,晋怀公继立,不得人心。遂借秦穆公力归晋,得即君位。任用狐偃、赵衰等人,整顿内政,增强军力,使国力复强。平周王室王子带之乱,迎周襄王复位,以"尊王"为号召,树立威信。城濮之战大败楚、陈、蔡三国军,会诸侯于践土,遂成霸主。在位九年。重裘,厚毛皮衣。西汉·贾谊《新书·谕诚》:"重裘而立,犹愍然有寒气,将奈我元元之百姓何?"《尹文子》原文作"衣不重帛",《幼学琼林》编者改为"衣不重裘",是出于骈偶文体的考虑。上句句末"浣"字仄声,需用平声字作对。"帛"字仄声(入声),不宜作对;"裘"字平声,可作对,故改"帛"为"裘"。

③"衣履(lǚ)不敝"三句:语本《太平御览(卷八十)·皇王部五》

引《六韬》曰：“太公曰：‘帝尧王天下之时，金银珠玉弗服，锦绣文绮弗衣，奇怪异物弗听，宫垣屋室弗崇，楠橡柱楹不藻饰，茅茨之盖弗剪齐。鞴韐之绲履不弊尽，不更为也；滋味不重糁，弗食也；温饭暖羹不酸喂，不易也。不以私曲之故，留耕种之时，削心约志，从事无予为。’”尧帝节俭，衣服鞋子如果不是破得不能穿了，绝不肯换新的。衣履，衣服与鞋子。敝，破旧。更为，另做新衣服。更，重新。为，制作。

④“衣不经新”三句：语本《世说新语·贤媛》：“桓车骑不好着新衣，浴后，妇故送新衣与。车骑大怒，催使持去。妇更持还，传语云：‘衣不经新，何由而故？’桓公大笑，着之。”东晋车骑将军桓冲很节俭，不爱穿新衣。一次桓冲沐浴后，妻子故意送新衣给他，桓冲生气地催促拿走。妻子说：“没有新衣，哪来的旧衣呢？”桓冲听罢大笑，便穿上了新衣。桓（huán）冲（328—384），字幼子，小字买德郎，东晋谯国龙亢（今安徽怀远龙亢镇）人。桓温弟。初拜鹰扬将军。数从桓温征伐有功。累迁江州刺史。桓温卒，晋孝武帝诏拜中军将军、扬豫二州刺史，都督扬、江、豫三州军事，代掌兵权。谢安辅政，桓冲惧逼，自解扬州刺史职，求外出。转徐州刺史，镇京口。不久解任，迁为车骑将军、都督豫州之历阳淮南庐江安丰襄城及江州之寻阳二州六郡诸军事，改镇姑孰。复出为荆州刺史，镇江陵。晋孝武帝太元三年（378），前秦围攻襄阳，桓冲屯兵上明，不敢救。四年（379），襄阳陷落，守将朱序被俘。秦兵内侵，桓冲请遣精锐三千赴京都，谢安以三千人不足以为损益，拒不听。淝水之战，闻苻坚被攻破，桓冲虽屯兵西线，牵制前秦兵力，仍以惭耻发病卒。

⑤王氏之眉贴花钿（tián），被韦固之剑所刺：典出唐·李复言《续玄怪录·定婚店》。书中记载：韦固在宋城南店遇见执掌人间姻缘的月老，月老说他将来的妻子现在只有三岁，就是店北卖菜的陈

婆的女儿。韦固派人刺杀女孩,伤其眉心。十四年后,韦固官任相州参军,刺史王泰将十七岁的女儿嫁给他。王氏女长得很美,但眉心长年贴一片花钿。韦固问她缘故,她说自己其实是王刺史的侄女,小时候双亲及兄长亡故,家产唯有一庄在宋城南,只有乳母陈氏照顾她,三岁的时候被贼人刺伤眉心,留下刀痕,只能用花钿遮掩。后来才到叔叔身边,最终嫁给韦固。花钿,用金翠珠宝制成的花形首饰。韦固,唐朝李复言所撰志怪小说《续幽怪录》中的人物。

⑥贵妃之乳服诃(hē)子,为禄山之爪所伤:语本宋·刘斧《青琐高议(前集卷六)·骊山记》:"(安禄山)复引手抓贵妃胸乳间,……贵妃虑帝见胸乳痕,乃以金为诃子遮之。后宫中皆效之,迄今民间亦有之。"宋·高承《事物纪原·衣裘带服部·诃子》:"本自唐明皇杨贵妃作之,以为饰物。贵妃私安禄山,以后颇无礼,因狂悖,指爪伤贵妃胸乳间,遂作诃子之饰以蔽之。"杨贵妃被安禄山抓伤了乳房,就绣了件胸衣罩在乳房上遮挡抓痕。服,穿。诃子,妇女的饰物,抹胸之类。禄山,即安禄山(703? —757),唐营州柳城(今辽宁朝阳)胡人。本姓康,初名"轧荦山",又作"阿荦山"。少孤,随母嫁突厥安延偃,遂姓安,更名"禄山"。及长,巧黠多智,通六蕃语,为互市郎。幽州节度使张守珪异之,拔为偏将,收为养子。积战功为平卢兵马使、营州都督。入朝,为唐玄宗、杨贵妃宠信,迁平卢、范阳、河东三镇节度使。官至尚书左仆射。唐玄宗天宝十四载(755)冬于范阳起兵叛乱,先后攻陷洛阳、长安。次年自称"雄武皇帝",国号燕,建元圣武。后为其子安庆绪所杀。

⑦姜氏翕(xī)和,兄弟每宵同大被:语本《后汉书·姜肱传》:"姜肱字伯淮,彭城广戚人也。家世名族。肱与二弟仲海、季江,俱以孝行著闻。其友爱天至,常共卧起。及各娶妻,兄弟相恋,不能别寝,以系嗣当立,乃递往就室。"唐·李贤注引《谢承书》曰:"肱

性笃孝,事继母恪勤。母既年少,又严厉。肱感《恺风》之孝,兄弟同被而寝,不入房室,以慰母心。"东汉人姜肱、姜仲海、姜季江三兄弟感情极好,睡觉同盖一条大被子。翕和,和睦,协调一致。《诗经·小雅·常棣》:"兄弟既翕,和乐且湛。"

⑧王章未遇,夫妻寒夜卧牛衣:语本《汉书·王章传》:"王章字仲卿,泰山钜平人也。少以文学为官,稍迁至谏大夫,在朝廷名敢直言。……初,章为诸生学长安,独与妻居。章疾病,无被,卧牛衣中,与妻决,涕泣。其妻呵怒之曰:'仲卿!京师尊贵在朝廷人谁逾仲卿者?今疾病困厄,不自激卬,乃反涕泣,何鄙也!'后章仕宦历位,及为京兆,欲上封事,妻又止之曰:'人当知足,独不念牛衣中涕泣时耶?'章曰:'非女子所知也。'书遂上,果下廷尉狱,妻子皆收系。"西汉名臣王章早年家中贫穷,曾与妻子同卧牛衣。王章(?—前24),字仲卿,西汉泰山钜平(今山东泰安)人。少学于长安,尝贫病,卧牛衣中涕泣与妻诀。其妻以正言激励其志,后以文学为官。稍迁至谏大夫,敢直言。汉元帝初,擢为左曹中郎将,劾奏中书令石显,被陷免官。汉成帝立,征为谏大夫,迁司隶校尉,大臣贵戚敬惮之。后为京兆尹。时帝舅王凤辅政,王章虽为王凤所举,斥王凤专权。后为王凤所陷,下狱死。未遇,未被赏识重用。牛衣,供牛御寒用的披盖物,如蓑衣之类。唐·颜师古注:"牛衣,编乱麻为之,即今俗呼为'龙具'者。"宋·程大昌《演繁露·牛衣》:"牛衣者,编草使暖,以被牛体,盖蓑衣之类也。"因王章之典,后世以"牛衣"喻贫寒。亦代指贫寒之士。

⑨缓带轻裘,羊叔子乃斯文主将:语本《晋书·羊祜传》:"(祜)在军常轻裘缓带,身不被甲,铃阁之下,侍卫者不过十数人,而颇以畋渔废政。尝欲夜出,军司徐胤执棨当营门曰:'将军都督万里,安可轻脱!将军之安危,亦国家之安危也。胤今日若死,此门乃开耳。'祜改容谢之,此后稀出矣。"缓带轻裘,宽缓的腰带,轻暖

的衣裘,形容从容闲适。羊祜身为一军主将,而着此便装,可见从容。羊叔子,羊祜(221—278),字叔子,魏晋之际泰山南城(今山东新泰)人。乃蔡邕外孙、司马师之妻弟。初以上计吏仕魏,钟会被诛后,渐居要职,官至中领军,掌兵权。晋武帝代魏之后,官拜尚书右仆射、卫将军。泰始五年(269),迁都督荆州诸军事。在州垦田屯粮,与吴将陆抗使命交通,各保分界,传为一时美谈。官至征南大将军,封南城侯。在官清俭。咸宁四年(278),卒。临终,举杜预自代。《晋书》有传。斯文主将,富有文人气质的儒将。

⑩葛(gé)巾:用葛布制成的头巾。《宋书·隐逸传·陶潜》:"郡将候潜,值其酒熟,取头上葛巾漉酒,毕,还复着之。"野服:村野平民服装。《礼记·郊特牲》:"大罗氏,天子之掌鸟兽者也,诸侯贡属焉。草笠而至,尊野服也。"唐·孔颖达疏:"尊野服也者,草笠是野人之服。今岁终功成,是由野人而得,故重其事而尊其服。""葛巾野服"四字连用,是唐宋以来习用语,比喻隐士衣着俭朴。亦代指隐居生涯。《旧唐书·颜师古传》:"师古既负其才,又早见驱策,累被任用,及频有罪谴,意甚丧沮。自是阖门守静,杜绝宾客,放志园亭,葛巾野服。然搜求古迹及古器,耽好不已。"

⑪陆地神仙:多用作对隐士的誉称。唐宋以来古诗文习用语。

⑫服之不衷,身之灾也:语本《左传·僖公二十四年》:"郑子华之弟子臧出奔宋,好聚鹬冠。郑伯闻而恶之,使盗诱之。八月,盗杀之于陈、宋之间。君子曰:'服之不衷,身之灾也。《诗》曰:"彼己之子,不称其服。"子臧之服,不称也夫。《诗》曰:"自诒伊戚",其子臧之谓矣。'"晋·杜预注:"衷,犹施也。"杨伯峻注:"'不称其服'与'服之不衷'义同。"意为穿着不合身份,可能引来灾祸。不衷,不合适,不恰当。

⑬缊(yùn)袍不耻,志独超欤(yú):语本《论语·子罕》:"衣敝缊袍,与衣狐貉者立,而不耻者,其由也与!"朱子集注:"敝,坏也。

缊,枲着也。袍,衣有着者也,盖衣之贱者。狐貉,以狐貉之皮为裘,衣之贵者。子路之志如此,则能不以贫富动其心,而可以进于道矣,故夫子称之。"孔子的学生子路志向高远,穿着旧麻袍,站在穿皮裘的人中间,也不觉得羞耻。缊袍,以乱麻衬于其中的袍子。古代穷人的服装。因置办不起丝絮,只能以乱麻做衬子。

【译文】

唐文宗衣服洗了多次还在穿,晋文公舍不得穿厚毛皮衣。

衣服鞋子不到穿坏用旧,便不肯再做新的,世人为此称颂尧帝;"哪件衣服不是从新的用成旧的?"这是桓冲妻子劝他不要太过节俭所说的话。

王氏在眉心贴一枚花钿,是为了掩饰她幼年时被丈夫韦固派人用剑刺中的伤痕;杨贵妃用诃子罩着乳房,是为了掩饰被安禄山抓伤的痕迹。

姜家兄弟感情和睦,每天晚上同睡一条大被;王章尚未显贵之时,夫妻在寒夜里只盖一件牛衣。

松缓地系着衣带、身着轻巧的皮衣,羊叔子尽显儒将之风;戴着葛布头巾、身穿村野服装,陶渊明真是地上的神仙。

穿着不得体,甚至引来杀身之祸;穿破衣而不因此觉得羞耻,是因为志向出众!